广东海洋大学人文社会科学研究
建党100周年献礼红色著作专项丛书

国际话语权转移及中国国际话语权的提升研究

汪树民 著

GUOJI HUAYUQUAN ZHUANYI
JI ZHONGGUO GUOJI HUAYUQUAN DE TISHENG YANJIU

中山大学出版社
SUN YAT-SEN UNIVERSITY PRESS
·广州·

版权所有　翻印必究

图书在版编目（CIP）数据

国际话语权转移及中国国际话语权的提升研究/汪树民著.—广州：中山大学出版社，2021.12

（广东海洋大学人文社会科学研究建党100周年献礼红色著作专项丛书）
ISBN 978 - 7 - 306 - 07372 - 3

Ⅰ.①国… Ⅱ.①汪… Ⅲ.①对外政策—宣传工作—研究—中国 Ⅳ.①D820

中国版本图书馆 CIP 数据核字（2021）第 256027 号

GUOJI HUAYUQUAN ZHUANYI JI ZHONGGUO GUOJI HUAYUQUAN DE TISHENG YANJIU

| 出 版 人：王天琪
| 策划编辑：曾育林
| 责任编辑：叶　枫
| 封面设计：曾　斌
| 责任校对：邱紫妍
| 责任技编：靳晓虹
| 出版发行：中山大学出版社
| 电　　话：编辑部 020 - 84111996，84113349，84111997，84110779
　　　　　　发行部 020 - 84111998，84111981，84111160
| 地　　址：广州市新港西路 135 号
| 邮　　编：510275　传　真：020 - 84036565
| 网　　址：http://www.zsup.com.cn　E-mail：zdcbs@mail.sysu.edu.cn
| 印 刷 者：广东虎彩云印刷有限公司
| 规　　格：787mm×1092mm　1/16　13.75 印张　247 千字
| 版次印次：2021 年 12 月第 1 版　2021 年 12 月第 1 次印刷
| 定　　价：48.00 元

如发现本书因印装质量影响阅读，请与出版社发行部联系调换

广东海洋大学人文社会科学研究
建党 100 周年献礼红色著作专项丛书编委会

主　任：曹俊明
副主任：刘东超　谭北平
委　员：鲁义善　欧卫军

前　　言

国际话语权近年来受到越来越多学者的关注，研究的领域也相当广泛。中国作为世界上有影响力的大国，理应在国际事务上掌握较大的话语权。然而由于历史的原因，中国的国际话语权既与今天中国的综合国力不完全相称，也与当前中国的发展形势需要不匹配。因此，对这个问题进行研究，有助于从理论上正确看待中国的国际话语权。

笔者认为，国际话语权的概念始于新航路开辟之后，此前的世界处在各自孤立、有限交往的状态，各国没有追求世界话语权的迫切需求。西方国家殖民活动兴起之后，在追求世界霸权的过程中，国际话语权成为其维护霸权的重要手段，因而国际话语权也就成了他们追求的目标之一。进入20世纪，国际话语权已经成为一个国家实力的重要象征。

话语权的转移表现为话语权从一个国家转移到另一个国家的手中。比如英国曾经是世界上最强大的国家，如今美国则是世界上唯一的超级大国，伴随着国家实力的变化，话语权也会发生转移。这种变化就是典型的国际话语权转移。近500年来，国际话语权已经发生多次转移，尤其是一个国家在这几百年的发展过程中，其话语权一定会经历起伏，犹如股票曲线，忽上忽下，不可能永远处在高位。

国际话语权不是每一个国家都可以拥有的，只有那些在世界上有实力、有影响力的国家才可能有国际话语权。对于绝大多数国家而言，它们在国际上也只是"存在"而已，缺乏影响国际局势的能力，对于国际局势既无实力左右，也无意愿实质参与。出现国际格局混乱的局面与原来掌握国际话语权的国家突然衰落密切相关。

大致说来，16世纪以来，掌握过国际话语权的国家并不太多，最早的是西班牙和葡萄牙。这两个国家是最早进行新大陆探险的国家，也最先成为殖民主义国家，一度占有广大的殖民地。荷兰则以贸易立国，一度占据了世界贸易尤其是欧洲贸易的绝大部分份额。这三个国家依靠其强大的经济实力都执掌了一定时期的国际话语权。然后，世界就开启了国际话语权的接力过程。先是英国，再是美国和苏联。自苏联解体至今，一直是美国一国话语权独大的局面。

英国以工业起家，以广大的殖民地为支点，是地球上第一个"世界工厂"，执掌国际话语权近一个世纪。美国则从英国手中接过国际话语权的接力棒，继续在地球上呼风唤雨。苏联曾在一段时期内与美国分享国际话语权，在东欧及第三世界国家具有广泛的影响力。然而好景不长，苏联在第三次工业革命的进程中大大落后于美国，加之民族问题突出，经济改革不成功，政治改革则彻底葬送了社会主义，结果把已经分享到的国际话语权又拱手出让。

进入21世纪，美国虽然是世界上唯一的超级大国，但是国际号召力有所下降，国际话语权的影响力也不如从前。不过，美国依然拥有多种捍卫国际话语权的手段，而且有些手段是别国所无法具备的。所以，指望美国像苏联（俄罗斯）一样国际话语权立即下降是不现实的，在实践当中轻视美国的国际话语权更是有害的。

中国的国际话语权近年来有所提升，尤其是进入新时代以来，官方、媒体、民间团体都为提升中国的国际话语权做了很多工作，也取得了一定的成效。不过，对于提升中国国际话语权仍然需要放平心态、稳扎稳打，要找准突破口，要找对目标群体。希望立即提升中国的国际话语权是不现实的，也是当前做不到的。所以，提升中国的国际话语权一定要坚持有所为，有所不为；要有日拱一卒、功不唐捐的心态和准备；要用"农村包围城市"的办法，先在广大发展中国家扩大中国的影响力，提升中国在这些国家的国际话语权。中国所要努力构建的国际话语权与欧美国家的话语霸权有着明显的区别。在中国国际话语权建设过程中，我们既要吸取借鉴他们的一些具有积极意义的成果，但是也要坚决摒弃他们一些不受欢迎甚至受他国厌恶的做法。另外还应看到，国际话语权与一个国家的综合国力及历史影响力有着密切的联系。总体而言，我们当前还处在国际话语权的上升期。之所以强调这一点，是希望无论是学者还是政界人士，或者是关心中国国际话语权的民间人士都能清楚地认识到，国际话语权的提升不是一件轻而易举的事情。

  本书的写作采用了一些最新的资料，相关资料在网络上有一些报道，而在其他媒体则仍不多见。比如有关苏联、美国的军事实力，美国的科技实力，美国为了维护自己的霸权对欧洲盟友等国的无情打压等。在国际话语权的研究上，苏联（俄罗斯）、美国、中国这三个国家占了本书的较大篇幅，因为在笔者看来，第二次世界大战以后，这三个国家无疑是"上镜"频率最高的国家，也是当前国际话语权领域最有影响力的大国。尤其作为中国学者，笔者当然更关心中国的国际话语权。当然，由于笔者水平有限，资料无尽，个人时间有尽，研究肯定存在一些不足之处，还望读者批评指正。

汪树民

2020 年 10 月

于湛江

目　　录

第一章　新航路的开辟与国际话语权 ……………………………… 1
　第一节　国际话语权时代的到来 ……………………………………… 3
　第二节　第一个霸权国家
　　　　　——西班牙国际话语权的衰落 ……………………………… 11
　第三节　荷兰的独立和西班牙财政危机 …………………………… 13

第二章　荷兰、英国的崛起及英国的国际话语权 ………………… 17
　第一节　荷兰、英国、法国登上世界舞台 ………………………… 17
　第二节　英国霸权的兴衰 …………………………………………… 27

第三章　苏联的国际话语权 ………………………………………… 33
　第一节　苏联称霸的军事实力 ……………………………………… 33
　第二节　苏联强大的经济基础 ……………………………………… 36
　第三节　苏联国际话语权的形成和发展 …………………………… 38
　第四节　苏联共产党自我革命精神的缺失与苏联解体 …………… 64

第四章　美国的国际话语权 ………………………………………… 81
　第一节　美国国际话语权的基础 …………………………………… 81
　第二节　支撑美国霸权的因素分析 ………………………………… 87
　第三节　当前美国维护自己霸权的手段 …………………………… 108

第五章　当前西方民主制度失灵与话语权下降 …………………… 116
　第一节　选不出有能力的领导人 …………………………………… 116
　第二节　支持率迅速下滑，上台往往意味着下台倒计时 ………… 125
　第三节　执政思路有问题 …………………………………………… 133
　第四节　今天的西方民主已经是弊多利少 ………………………… 141

第六章　世纪之交中国提升国际话语权受到的制约 ……………… 154
　第一节　以美国为首的西方国家对中国国际话语权的打压 ……… 155

第二节　周边国家及广大发展中国家对中国国际话语权的支持不足
　　　　　　………………………………………………………… 160
　　第三节　过去一段时间中国自身掌控国际话语权的经验不足……… 169

第七章　习近平提升中国国际话语权的积极实践
　　　　　——以施政方略为视角………………………………………… 178
　　第一节　一直以来，西方国家试图围堵中国的国际话语权
　　　　　　………………………………………………………… 178
　　第二节　大力反腐，为提升中国国际话语权塑造良好的政治形象
　　　　　　………………………………………………………… 183
　　第三节　弘扬大国外交、秉承亲诚惠容的理念，提升中国的大国
　　　　　　地位…………………………………………………… 185
　　第四节　提出"一带一路"倡议，提升中国在世界经济发展中的
　　　　　　话语权………………………………………………… 189
　　第五节　积极参与全球治理，提升中国在全球治理中的话语权…… 193
　　第六节　提出人类命运共同体理念，提升中国在人类发展道路上
　　　　　　的话语权……………………………………………… 196

主要参考文献………………………………………………………… 202

第一章　新航路的开辟与国际话语权

国际话语权的转移是指国际话语权从一个国家转移到另一个国家手中。引起国际话语权转移的原因在于各国实力的不断变化，当然也与一国是否积极争取有关。在国际竞争中，一国难以长期保持自己在国际舞台上的优势，此消彼长实属正常现象。一直以来，国家间政治经济发展不平衡是不以人的意志为转移的客观规律。16世纪以来，拥有国际话语权的国家主要有西班牙、荷兰、英国、美国、苏联等。苏联曾在一段时期内拥有举足轻重的国际话语权，并与美国对更大的国际话语权展开了激烈的争夺。不过，随着苏联的解体，苏联的话语权也就不复存在；俄罗斯虽然继承了苏联的"衣钵"，但其国际话语权完全不能与苏联时期同日而语。今天拥有强大国际话语权的国家其实就一个——美国。尽管美国在"冷战"结束后，成为世界上唯一的超级大国，但是美国的国际话语权在缓慢下降也是不争的事实，尤其是特朗普就任美国总统以来。挪威著名学者约翰·加尔通在2013年公开出版的《美帝国的崩溃：过去、现在与未来》一书中甚至明确把美国崩溃的时间定格在2020年。

权力话语理论是福柯在1970年当选法兰西院士时发表的题为《说话的秩序》的就职演说中提出来的。福柯认为，一切事物都可以归结为两样东西：权力和话语。话语与权力密切相关，甚至可以说话语本身就是一种权力，即话语权。[①]所谓话语权实质就是讲话有人听，说话管用。说话人人都会（哑巴除外），但关键是得有人听。国际话语权不仅是一个国家在世界上"说话"的权利，更指"说话"的有效性和威力（影响力）。陈正良等认为，国际话语权是一国的"话语"表达在国际上的有效性和影响力，内含了"一国对国际议程的设置能力、政治操作能力、对国际舆论的主导控制能力与理念贡献能力，对国际事务或国际事件的定义、各种国际标准和游戏规则的制定上的影响能力，以及对国际事务的主导权、市场定价权与利益分配权等，其所涉及的内容包括政治、经济、军事、文化、外交、传媒

---

① 辛斌：《福柯的权力论与批判性语篇分析》，《外语学刊》2006年第2期。

等多个方面，本质上体现的是一国在国际社会权力结构中的地位影响力"①。笔者比较认同这个定义。进入21世纪以来，国际话语权呈现出新的特点，首先，"国际话语权竞争已进入战略领域，成为关系一个国家生存与发展的决定性因素，'不战而屈人之兵'等思想已从战略理念变成了战略现实"；其次，"国际话语权竞争的议题、内容也在不断更新、升级，涉及领域越来越广泛"；再次，"各国争夺话语权优势的投入力度越来越大，使用的技术手段和装备也越来越先进"；最后，"在国际话语权竞争中，西方与非西方的争斗更加阵线分明"。②国际话语权与世界霸权有一定的关系，但两者之间又有着明显的区别。笔者认为，国际话语权是过往许多国家维护世界霸权的手段，在今天更多体现为一国依靠自身实力优势而获得的一种令他国跟随和服从的制约权。

必须指出的是，中国所主张的国际话语权与欧美国家所争夺的国际话语权有着明显的区别。中国的国际话语权更多是向外界表达中国共产党和中国政府对于国际合作及发展的主张，维护中国的正当权益，就某些西方国家对于中国内政不怀好意的干涉和种种诬蔑予以严正的驳斥。正如2011年10月中国共产党十七届六中全会通过的《中共中央关于深化文化体制改革、推动社会主义文化大发展大繁荣若干重大问题的决定》所要求的，"创新对外宣传方式方法，增强国际话语权，妥善回应外部关切，增进国际社会对中国基本国情、价值观念、发展道路、内外政策的了解和认识，展现中国文明、民主、开放、进步的形象"。

在话语权的研究方面，中外学术界涌现了不少学术成果，为本书今天的研究提供了很好的视角和丰富的材料。同一时代不同国家国际话语权的大小不一样，比如在过去几十年中真正拥有强大话语权的只有美国一家。不同时代同一国家的国际话语权大小也不一样。比如，美国也只是在第二次世界大战以后才开始主导国际话语权。之所以如此，就是一国实力的变化导致国际话语权的转移所致。简言之，国际话语权转移，从时间上来看，体现为一国话语权在不同时期的影响力不一样，从空间上看，表现为国际话语权的执掌者不断变化。国际话语权的议题甚至还从国际公共事务延伸到个别国家的国内事务，从国家间的相互尊重变成对他国的恐吓和威胁。国际话语权的转移就是在不同时期话语权在各个国家之间的转移。国际话

---

① 陈正良、周婕、李包庚：《国际话语权本质析论——兼论中国在提升国际话语权上的应有作为》，《浙江社会科学》2014年第7期。
② 林利民：《国际"话语权"：21世纪战略竞争制高点》，《政工研究文摘》2008年第5期。

语权的转移研究主要看各国实力的变化，尤其是综合国力的变化。

第一节　国际话语权时代的到来

一、新航路开辟之前不存在真正的国际话语权

中国是世界上为数不多的文明古国，而且一直保持着文明的连续性。这点与其他文明国家不同。提起中国的汉唐雄风、两宋繁华、明朝郑和七下西洋，每一个中国人都会自然而然地充满民族自豪感，因为中国曾经也是世界上非常强大且有影响力的国家。但是有影响力并不一定等同于有国际话语权，因为国际话语权更多的是把视角和注意力移到本国之外。农业社会时代，一个国家无论依靠经济实力、军事实力还是宣传手段都无法把一国的影响力持久地延伸到本国之外的更多地方。笔者认为，在古代中国强盛的时候，中国虽然拥有掌握国际话语权的实力，却没有执掌国际话语权的事实。有些学者认为，中国古代与周边国家存在的友好往来甚至形成朝贡体系，可视为世界上最早掌握国际话语权的例子。对此，笔者尚未发现学术界有公开的提法，而且笔者并非主攻中国历史，亦不好轻易做出判断。因此，这个问题有待相关领域的专家学者进行更为具体且令人信服的研究。①

严格来说，某些国家执掌国际话语权是近代以来才有的事情，只是随着国际交往的日益密切和全球化的日益加深，国际话语权才开始具有现实意义。农业社会时代，各国之间交往非常有限，即使彼此之间开展商业贸易也更多是出自民间自愿，而且规模小，所以不存在国际话语权的问题。16世纪以后，随着新航路的开辟，世界逐渐连成一个整体，各国对国际霸权的争夺越来越激烈，而国际话语权作为争夺及维护国际霸权的重要手段，也就越来越受重视。

理解国际话语权概念应该注意三个问题。第一，国家之间的交往日益密切是国际话语权产生的前提。农耕时代，绝大多数人的生活范围不大，国家之间的频繁交往更加谈不上，一国之主很少迈出国门，对于他国的事务缺乏足够兴趣，所以就不存在国际话语权这回事。第二，笔者认为，真

---

① 如吴贤军在其论著《中国国际话语权构建：理论、现状和路径》（复旦大学出版社 2017 年版）中认为中国国际话语权的构建始于中国共产党创立之时。

正第一次执掌国际话语权的国家是西班牙,而在人类历史上国际话语权影响力最大的是大英帝国,今天真正拥有强大国际话语权的是美国。第三,国际话语权按类型可分为政治话语权、经济话语权、文化话语权、生态话语权等。如果按照话语权效力的强弱,可以分为话语霸权、一般话语权和基本话语权。

国际话语权与国家软实力密切相关。在古代,中国虽然没有国际话语权的意识,但由于话语地位和国家实力都客观存在,"天朝上国"的形象深入人心;在近代,由于西方列强持续不断地侵略中国,中国的国际话语权遭受严重削弱,就连周边原来向中国朝贡的国家也游离于中国影响力之外;在改革开放以前,中华人民共和国话语权意识有所觉醒,比如周恩来提出的和平共处五项原则、毛泽东提出的"三个世界"理论受到国际社会的高度评价和广泛认可,但话语权更多还是体现在国际政治领域;近40年来,中国综合国力不断增强,并且淡化意识形态之争,争取和掌握了一定的话语权,整体国家形象已明显有所改善,国际话语权也不断提升。[1]

世界交往的普遍出现,是国际话语权的需要和产生的前提。马克思指出:"生产本身是以个人之间的交往为前提的。这种交往的形式又是由生产决定的。各民族之间的相互关系取决于每一个民族的生产力、分工和内部交往的发展程度。这个原理是公认的。然而不仅一个民族与其他民族的关系,而且一个民族本身的整个内部结构都取决于它的生产以及内部与外部的发展程度。"[2]

交往的水平与生产力发展程度密切相关,世界交往的前身是邻近国家之间的小范围交往;当生产力持续增长和社会生产扩大到一定程度时,才会形成局部地区之间的交往;新航路开辟之后,人类社会进入世界历史阶段,由于生产力和社会分工的空前发展,各国间普遍交往的格局已经形成,世界政治、经济、文化思想一体化的趋势日益明显,各个国家和民族被卷进世界交往的大潮,不得不登上世界竞争的舞台。

世界交往是国际话语权的基本前提,而在交往中自然会形成一些话语权强大的国家,这既是交往的结果,也是一个国家实力强大的自然体现,与一个国家的积极努力有关。

---

[1] 近年来中国国际话语权建设的重要成果在第六章、第七章有详细论述。
[2] 马克思、恩格斯著,中共中央马克思恩格斯列宁斯大林著作编译局译:《德意志意识形态》,人民出版社1987年版,第24页。

二、新航路开辟的简要经过

1. 葡萄牙西班牙最早的探险

提起欧洲的海外扩张,人们自然会想起葡萄牙王子"航海家"亨利以及哥伦布、麦哲伦等勇敢的冒险家们。其实除此之外也少不了基督教的功劳,尤其是新教提倡致富光荣的思想。当然更重要的是当时欧洲少数城市——特别是葡萄牙的里斯本和西班牙的塞维利亚中,有一些联系紧密的利益集团将远航的理想付诸实际行动。因为光有理想没有行动就等于空想。1492年哥伦布在航行途中所写的日记——这份真实资料很清楚地反映了当时欧洲的冒险家们出海远航的动机。具体来说,远航异域冒险的动机是当时欧洲统治阶级的贪婪心理以及当时欧洲教会使人改宗的愿望。另一现实原因则是当时欧洲突然陷入经济萧条。欧洲在14世纪就遭遇了经济萧条,尽管到了14世纪末已经有所缓解,但是在某些地区则一直延续到15世纪初。经济萧条加剧了绝大多数普通民众生活的窘迫程度,而民众在窘迫情况下改变处境的愿望也就更为强烈。于是,很多人为了谋生而不顾一切。所以说,只有在这种极为艰难的环境中,探险者才有可能招募到足够的船员去远航。事实上,当时去参加远航的船员更多是被蒙骗而来的,① 他们带着发财的梦想去遥远的他乡,除了极少数人实现了发财的目标,绝大多数人只不过是成了后世殖民者的铺路石。

16世纪初前后,欧洲地区尤其是伊比利亚半岛的人口迅速增长,城市人口增长更快。人口的增加会产生更多的需求,间接有助于经济发展。然而,当时欧洲封建社会的生产力无法满足居民的食物需求(粮食与肉类),除非大规模扩大耕地及牧场面积,同时采用先进技术增加产量。而在伊比利亚半岛,通过扩大耕地及牧场面积提高食物产量事实上已经行不通了,因为伊比利亚半岛早就没有扩大耕地及牧场面积的空间了。于是,唯一途径只能是向外扩张。

东西方贸易虽然没有中断,但是面对人口日益膨胀也无能为力。一方面,东西方的贸易通道依然畅通,比如13—14世纪,欧洲尤其是东南欧与东方国家一直进行国际贸易。不过这条传统的贸易路线也存在诸多不足,一路上只要某一个环节出了问题,就可能导致贸易中断,从而影响到欧洲

---

① [韩]朱京哲著,刘畅、陈媛译:《深蓝帝国:海洋争霸的时代1400—1900》,北京大学出版社2015年版,第113—116页。

中上阶层的日常生活。最主要的困难是陆上贸易路线过长，几经辗转，从东方运到西欧的商品价格往往会高出成本数倍。另一方面，那时东西方商路经过的地区无论是气候环境还是人文环境都极为复杂，一支商队从欧洲到东方，需要雇人走过奥斯曼帝国、阿拉伯、波斯、莫克兰、印度、中亚、中国等地，沿途潜在风险太多；语言上需要掌握阿拉伯语、波斯语、突厥语、回鹘语，甚至蒙古语、意大利语、汉语，对于大多数商队来说本身就是一件难以完成的任务；这还不算一路上的沙漠、盗贼、关税、疾病……历经多个世纪的欧洲与中国的丝绸之路基本是靠接力完成的，所进行贸易的货物往往经过多次转手，价格翻了好几倍也就不足为奇。

如果能组建一支船队去亚洲做生意，香料、茶叶、瓷器等商品最多经两三次转手甚至不用转手就可以运送到西欧，这些东西的价格自然就会大幅下降。当时的欧洲已经处于一日不能无香料、一日不能无糖的状况，同时需要为自己不断发展的纺织工业寻找新的市场，还必须解决对于黄金白银的需求。因为在当时的东西方贸易中，黄金白银已经成为硬通货。

鉴于黄金白银已经成为当时欧亚多数国家的硬通货，想方设法获得更多的黄金白银就成为当时欧洲人的目标。从苏丹及非洲其他地区运抵马格里布港口的黄金大大推动了欧洲经济的发展。欧洲人不仅用黄金来铸造货币或者制造首饰，而且还用它和亚洲国家交换物品。在亚洲很多国家，黄金很受欢迎，因为它被广泛用于装饰庙宇、宫殿，以及加工成贵族的服饰。在15世纪中叶，中欧的白银产量虽然较过去有所增加，但仍不能满足市场日益增加的需求。

为什么在欧洲众多国家当中，葡萄牙是最早向外扩张的呢？原因有以下方面：葡萄牙靠近大西洋及地中海，地理位置极为优越；当地民众一直以来有航海的传统、造船技术有所进步；政治上步入稳定期；社会上的新兴阶级渴望攫取海外利益，而教会同样也有向外扩张的强烈需求。

地理大发现的宏大事业是在"航海家"亨利（1394—1460年）的倡导下有组织、有步骤地开始的。这位颇具毅力和创新精神的葡萄牙王子，身边汇集了各色人才，包括犹太人、穆斯林、基督徒，王子还经常向他们灌输一种使命感，使这些来自不同地方、不同阶层的人们都团结一致，努力去实现梦想。必须特别指出的是，亨利王子在萨格雷斯建立了一所独特的航海学校。这所学校与当时流行的宗教学校完全不同，具有很强的实用性及目的性，在教学当中注重航海实践、造船技术以及对仪器的改进，有了这些仪器便可以根据星辰来定方位，并且可以改善地图绘制术。这所学校的学员后来成了海外探险的主力军。

2. 15—17世纪西方殖民者踏遍整个地球

葡萄牙的扩张从1420年发现并占领马德拉群岛（位于摩洛哥西北角大西洋上，由马德拉、圣港等岛屿组成，距离葡萄牙本土1000多公里，葡萄牙著名足球运动员C罗就出生在马德拉群岛）开始。占领马德拉群岛后，葡萄牙开始向其中的马德拉岛和圣港岛移民。这也从另一角度证实伊比利亚半岛人口压力比较大，只有通过向外殖民才能缓解。这些移民为葡萄牙殖民者继续扩张提供了基础。不久之后，他们又占领了亚速尔群岛。此外，葡萄牙殖民者还占领了弗洛雷斯岛和科尔武岛。这些无人居住的岛屿很快就变成了移民点以及葡萄牙殖民帝国的试验田。粮食、葡萄和甘蔗很快被引进马德拉群岛种植。甘蔗成为马德拉群岛的巨大财富，也是葡萄牙的主要出口产品之一。葡萄牙人在占领马德拉群岛之后一边向北非出发，1415年占领休达；一边沿着非洲西部海岸向前航行，寻找新的根据地和财源地，1460年到达塞拉利昂。不过，由于亨利的去世以及扩张政策的改变，葡萄牙此后一段时间的扩张行动以征服摩洛哥为主要目标。1483年起，葡萄牙人继续在非洲西海岸耕耘，与贝宁、扎伊尔等西非一些沿岸国建立了密切的贸易联系。1488年，迪亚士绕过南非的好望角，这意味着葡萄牙人已经开启了通向东方世界的门户。同时，葡萄牙人还获取了大量的香料贸易及印度洋航行的珍贵情报。依靠这些情报，葡萄牙人掌握了赴印度航路的钥匙。在新航路的开辟过程中，葡萄牙人是当之无愧的先锋。

当葡萄牙人不停地探险并且不断传出好消息时，旁边的西班牙人早已按捺不住了。1492年，西班牙的收复失地运动以胜利告终。也就在这一年，野心勃勃的西班牙女王伊莎贝拉就决定资助意大利人哥伦布远航。哥伦布率领船队横渡大西洋到达美洲，发现了古巴及中美洲等地。他返回西班牙时受到举国上下的热烈欢迎，人们把他当作英雄。随即哥伦布又接受了新任务。他进行第二次航行，到达安的列斯群岛，后又发现了特立尼达岛，并且登上了今天的洪都拉斯所在之处。哥伦布无意中发现了广阔的美洲大陆，为日后西班牙殖民帝国的建立打下了基础。眼看西班牙殖民者后来居上，葡萄牙殖民者也不甘原地踏步。1498年，葡萄牙人达·伽马开辟了通往印度的航路。这样一来，西方殖民者通过海路可以到达东方，获得他们梦寐以求的香料、茶叶及瓷器。这对东西方贸易具有划时代的意义。1500年，葡萄牙国王曼努埃尔命令阿尔瓦雷斯·卡布拉尔率领一支12艘船的强大船队出航，任务是进入东方，但是船队在航行途中却搞错了方向，一直向西方航行，结果是阴差阳错到达了巴西。1519年，受西班牙政府资助的麦哲伦率领由5艘船组成的船队用3年的时间艰难地完成了环球航行。这样除了北美洲外，人类能够生存的地方都在西班牙和葡萄牙的视野之内。

新航路开辟之后，人类的联系突然密切起来。原本东方诸多古老国家、非洲和美洲的人民一直以自己的方式生活，除了少数人依靠东西方贸易过着优裕的生活之外，绝大多数人的活动范围都在自己家园附近，他们对于远方发生的重大事情既得不到准确及时的信息，也不能施加任何影响。然而，随着西方殖民者的到来，他们的生活轨迹将逐渐改变，他们的命运也将发生剧烈的变化，他们后代的命运更将被彻底改变。

西班牙、葡萄牙的海外探险成果累累，欧洲其他国家坐不住了。

15—18世纪，英国、法国和荷兰紧随西班牙、葡萄牙开启了新一轮的对外扩张。英国、法国的实力比起西班牙、葡萄牙有过之而无不及，荷兰作为一个新兴的资本主义国家，对于海外扩张有现实需求。伊比利亚的两个国家能够远渡重洋占领一块又一块处女地，每次回来都能够收获满满，英国、法国、荷兰自然不能落人之后。英国政府支持意大利水手让·卡伯特及其子塞巴斯蒂安为英国寻找西北通道，这两父子为英国发现了从弗吉尼亚到纽芬兰的美洲海岸；16世纪50年代，弗朗西斯·德雷克攻击了从东方运载香料的葡萄牙大帆船及从美洲返航的满载黄金白银的西班牙帆船，收获累累，英国殖民者的强盗行径暴露无遗。

1577—1580年，弗朗西斯·德雷克试图发现神秘的西半球大陆，进行了第三次环球航行。他越过大西洋，穿过麦哲伦海峡，抵达加利福尼亚，为英国殖民者开发美洲奠定了基础。16世纪末，伦敦港已经成为西方世界贸易新轴线的中心。商人、冒险家和船主利用发达的大西洋贸易给伦敦港提供了大好机会。莫斯科维公司（1558年）、皇家贸易公司（1568年）、东印度公司（1600年）、弗吉尼亚公司（1606年）相继建立起来，为英国成为全球殖民帝国奠定了基础。英国人的成功一方面要归功于葡萄牙人的懒散，另一方面也要归功于英国人的坚韧不拔。据统计，18世纪30年代英国人在葡萄牙首都里斯本的生意做得很大，其规模超过其他各国规模的总和。① 同时，英国还卡住了葡萄牙的经济命脉，使得从巴西运往葡萄牙的所有黄金最终都流向了英国。比如波尔图葡萄酒是该地区唯一值得重视的出口商品，而收购商却是一家英国商行。这家英国商行要求每个葡萄园园主按照英国人的价格出售产品。当外国商人插手生产和初级市场时，这个国

---

① ［法］费尔南·布罗代尔著，顾良、施康强译：《十五至十八世纪的物质文明、经济和资本主义》第二卷上册，商务印书馆2018年版，第237页。

家就成了外国商人的殖民地。①

法国殖民者把目光对准了欧洲以南的地区，主要在西非沿海地区活动。不过也有一些探险者直接沿着北大西洋航线往西走，抵达了北卡罗来纳和纽芬兰。另一位经验丰富的海员雅克·卡蒂埃则在1534—1541年发现了加拿大。

到了17世纪，欧洲殖民者的远洋航行活动与前几个世纪又有所不同。一方面经济利益始终占据主要地位，另一方面科学兴趣也日益重要。欧洲文化的发展，各地学院的纷纷兴起，一些大学的开放态度，耶稣会或奥拉托利会的宗教性作用，这些都促使人们想要更好地认识地球。

此时，欧洲大陆的荷兰共和国在活跃的资产阶级领导下，一时成为强大的海上势力、主要的金融中心以及享有盛名的文化中心。荷兰船队征服了各个海洋，因为它拥有勇敢无畏的"海洋驾驶员"，他们掌握最先进的航海技术，熟悉由荷兰当时著名的地图学校绘制的地图，并配备优良的运输船及十分精良的武器。1602年及1621年，荷兰先后成立了强大的东印度公司及西印度公司，逐步占领了从前由西班牙或葡萄牙独霸的地盘，从事各种商品贸易。

自16世纪末期起，荷兰的远征活动规模进一步扩大。探险家巴伦支勘察北冰洋，掌握了葡萄牙航海奥秘的航海家豪特曼抵达印度尼西亚，为荷兰打开了远东的大门。1616年，哈尔托赫沿着澳大利亚西海岸航行，发现了一片新的大陆，另一位荷兰大航海家塔斯曼抵达新西兰、汤加群岛、斐济群岛、所罗门群岛。自1620年起，澳大利亚就吸引了荷兰探险家的目光。

英国也不甘落后。英国人哈得孙进行了4次远征，先后勘察了俄罗斯以北的海岸、美洲沿岸以及后来以他的名字命名的哈得孙湾。1600年，英国成立了著名的英国东印度公司，直接参与香料及其他东方商品的贸易。

通过雅克·卡蒂埃，法国人迅速对利润丰厚的皮毛生意、渔业及加拿大的木材产生了兴趣。路易十四的财政大臣柯尔伯主政期间大力发展航海业，向船主们提供补贴，让他们在国外更加方便地购船。尚普兰在北美远征多次，使出浑身解数与土著人民进行接触。他勘察了圣劳伦斯河及新英格兰海岸，在魁北克建立了商业货栈，从而开辟了拓殖加拿大的道路。1682年，拉萨尔穿越密西西比河流域，建立了路易斯安那殖民点。在安的列斯群岛，法国占领了由西班牙人发现的瓜德罗普岛、马提尼克岛及伊斯帕尼

---

① ［法］费尔南·布罗代尔著，顾良、施康强译：《十五至十八世纪的物质文明、经济和资本主义》第二卷上册，商务印书馆2018年版，第238页。

奥拉岛的一部分。

这一时期的航海活动中也包括海盗行为,关于这一点,相关的论文和研究已经多有提及。西方殖民者之所以被殖民地居民称为强盗,来源就在这里。西欧各国政府都公开支持可获大利的海盗行为。海盗事业的迅速发展,同时促进了武器的改良,并且彻底更新了航海战略。

3. 18世纪各国对太平洋的勘察

18世纪,航海技术比起以前又有了明显进步,尤其是在定位导航方面。从今天的角度来看,那时的远洋航行仍然是一个极大的考验和挑战,尽管船上的生活条件已经大大改进了,比如当时航海的船员已经可以食用长期保持营养素的柠檬、芹菜、啤酒,大大增强了身体的抵抗力,但海上航行时间太长、航行中可能遇到无法预测的风浪及海上生活过于乏味等难题依然无法解决。

1725—1741年,为俄罗斯帝国效力的丹麦大航海家白令进行了2次远航,目的在于确定俄罗斯的北部海岸。他到达后来以他名字命名的白令海峡,他所绘制的俄罗斯太平洋海岸地图十分精确,但这些地图长期被俄罗斯海军部束之高阁。不过在当时来看,俄罗斯人这么做的原因其实也不难理解——过于严寒的气候导致人类在开发利用这些领土方面暂时无法取得进展,今天日益萧条的俄罗斯远东地区也从另一个角度证明了这一点。差不多同一时期,英国人詹姆斯·库克循着同胞瓦利斯走过的航线,试图抵达南方大陆,据说这片大陆应该位于南回归线以南。他在1769—1778年的航行中,到达了新西兰及澳大利亚东海岸。他还发现了夏威夷群岛,并且也发现了南极圈,与他同行的科学家在植物学方面有了重大的发现。

法国人布干维尔也是18世纪的大探险家。1766—1769年,他率领一批科学家完成了首次环球航行。路易十四交给他一个任务,即勘察亚洲与美洲海岸之间的大洋和寻找传说中的南方大陆。布干维尔通过麦哲伦海峡进入太平洋,看见澳大利亚,并一直抵达马鲁古群岛。他留下了关于积分的重要科学著作以及有趣的《环球航行》。在法国航海学会的组织下,拉帕鲁兹在太平洋中航行,先后抵达智利、墨西哥、阿拉斯加、中国及澳大利亚。最后,他的船队在新赫布里底群岛附近连人带船全部失踪,但是其《航行日记》却从堪察加半岛被带到凡尔赛宫。到了18世纪末,人们除了对非洲内陆仍然所知不多之外,广大的亚洲、南北美洲及大洋洲已经被欧洲殖民者圈占完毕。

新航线的开辟是整个人类历史发展的转折。随着西方殖民者足迹踏遍地球,人类之间的交往日益密切,西方殖民者在世界各地到处寻找发财致富的机会，各个民族之间的冲突变得更为直接、更为激烈。在这些冲突当中，被发现的地区几乎都处于下风，因为它们的科技水平、军事装备与西方殖民者存在着明显的代差，无论是经济贸易还是激烈的军事对抗，广大的亚非拉地区都将长期处于西方的蹂躏之下。如果说此前人类对于国际话语权不感兴趣，那么在此后，争夺国际话语权就成了一件不是想不想做，而是要怎样做的事情。对于一个大国来说，如果没有了国际话语权，为生存和发展都将成为问题；至于小国或者部落，没有话语权，很多都会在历史记忆中被抹去。

第二节　第一个霸权国家

——西班牙国际话语权的衰落

一、流水一般的海外财富

西班牙是第一个真正拥有国际话语权的国家，不过它的国际话语霸权保持一个世纪左右就衰落了。西班牙国际话语权的衰落可以从今天西班牙在国际上的地位及西班牙的现状窥见一二，尤其是近些年移民去西班牙的亚洲人及去西班牙旅游的外国游客对此更有体会。事实上，对于今天的西班牙，外界更为关注的恐怕是它的足球和旅游，而它如今的国际话语权影响力远不如16世纪时。其后荷兰、英国相继夺取了西班牙的国际话语权。当然我们也知道，尽管荷兰、英国在一段时期内拥有雄厚的实力和强大的国际话语权，但同样没有摆脱日后没落、失去国际话语权的命运。

西方殖民者海外扩张的套路是，先派人寻找目标，早期的海外探险就是一个寻找目标的过程，尤其是地广人稀的地方更受青睐。一旦确定目标，下一步就是组织军队，抢占海外领土。西班牙作为最早开展远洋探险的国家，在抢占海外领土方面也走在最前面。西班牙在对外扩张过程中虽然军队人数不多，但纪律严明，还拥有令当时印第安人闻风丧胆的两种武器：大炮与骑兵。当时的美洲原住民与欧洲殖民者比起来，武器装备存在着明显的代差，失败不可避免。而且这种对抗极不对称，侵略者可能仅仅死伤几个人，而原住民一方就会遭受全军覆没或者政权土崩瓦解的厄运。西班牙侵略者还会充分利用当地各个部落之间的矛盾，运用合纵的策略，很快鲸吞了远比自己国家版图辽阔的南美洲广大地区，占领了除巴西之外的整个南美洲及中美洲。具体经过是，1519年，埃尔南·科尔特斯在几个土著部落的支持下,战胜了强大的阿兹特克人联邦,占领了阿兹特克首都铁诺第兰这座拥有宫殿、庙宇、花园及约10万人口的城市。1532—1533年,弗兰西斯科·皮萨罗战胜了印加帝国,夺取了其首都库斯科及大量珍宝。1540年,佩特罗·巴尔迪维亚占领智利。佩特罗·门多萨于1532年勘察了拉普拉塔河地区,建立了布宜诺斯艾利斯城。① 事实上,15世纪前后的美洲并不是什么新大陆,印加人在南美洲创造了辉煌的印加文明,而野蛮的西班牙征服者对于当地伟大而神秘的文化并不了解,他们把当地人的偶像当作恶魔彻底摧毁,并且霸占了他们的财富。

西班牙热衷于在中美洲和南美洲扩张,主要是看中了当地丰富的黄金和白银。前面笔者已经提及,黄金和白银已经成为当时贸易的硬通货。恩格斯在《论封建制度的瓦解和民族国家的产生》中说:"黄金一词是驱使西班牙横渡大西洋到美洲去的咒语,黄金是白人踏上一个新发现海岸时所要的第一件东西。"在西班牙殖民者的疯狂掠夺下,美洲很快成为西班牙的黄金宝库。据统计,在殖民统治的300年间,西班牙从拉丁美洲掠夺了约2500吨黄金和10万吨白银。在16世纪,西班牙垄断了世界金银总产量的80%左右,成为名副其实的"黄金帝国"。西班牙、葡萄牙占领整个南美洲不是偶然的,因为当时论自然环境,南美洲比北美洲更有优势。值得一提的是,英法之所以选择深耕北美洲,不是因为看不上南美洲,而是因为英法殖民者到达美洲时,西班牙人和葡萄牙人已经把南美洲占领并且瓜分完毕了。

黄金白银的大规模流入,使得西班牙一时成为欧洲最富裕的国家。西班牙凭借雄厚的经济实力,打造了"无敌舰队",联合同宗的奥地利哈布斯堡王朝一同称霸西欧。1580年,西班牙国王腓力二世用武力吞并了当时第二号殖民国家——葡萄牙王国。这一年是西班牙霸业的顶峰。不过好景不长,1581年,荷兰便宣布脱离西班牙独立;1588年,西班牙派去讨伐英国的"无敌舰队"惨败于英吉利海峡……一系列的军事失败,让西班牙的霸主地位摇摇欲坠。

二、"过路财神"

是什么原因导致西班牙迅速从巅峰走向了衰落?所谓"解铃还须系铃

---

① [法]德尼兹·加亚尔、贝尔纳代特·德尚著,蔡鸿滨、桂裕芳译:《欧洲史》,海南出版社2000年版,第344页。

人",西班牙的崛起和黄金白银密不可分,而西班牙的衰落也和金银有关。由于金银的大规模流入,西班牙王室变成世界上最富裕的享受者。他们肆意挥霍财富,到欧洲各国和东方大规模购买奢侈品。这样做的结果就是金银如流水一样从美洲流入西班牙,又如流水一样匆匆流向欧洲各国,西班牙没有完成资本的原始积累。西班牙只不过是名副其实的"过路财神"。同时,金银的大规模流入,导致西班牙境内物价飞涨,引发了所谓的"价格革命"。西班牙的手工业和商业因为物价飞涨而失去了同荷兰、法国、英国等国竞争的能力,纷纷走向破产。然而西班牙王室却不以为然,他们认为西班牙有花不完的财富,所以忽视甚至打压工商业的发展。用今天的话来说,西班牙的经济走向了"空心化",实体经济大幅下滑。西班牙唯有凭借强大的"无敌舰队"来维持其全球金融霸主地位,一旦其军事力量被击溃,那么西班牙的经济霸权也会随之结束。

从财政方面来看,西班牙殖民帝国也不可能持续称霸。卡洛斯一世时期,尽管西班牙表面看起来军事力量强大无比,但经济基础的脆弱已经非常明显。卡洛斯一世统治下的西班牙实行重税政策,严重损伤了西班牙国内经济。而连年的对外征战,也使西班牙背上了沉重的债务负担。1516年,西班牙国债已经达2万锂;到1556年,又上升到700万锂。在腓力二世时期,西班牙财政曾于1557年、1560年、1575年和1596年四次宣告破产。历史证明,一个国家的财政危机往往是引发其他危机的导火索,最终必然会导致一个政权的崩溃。

第三节 荷兰的独立和西班牙财政危机

一、荷兰——"西班牙的奶牛"

1516年,卡洛斯成为西班牙国王,随后,他又继承了奥地利和神圣罗马帝国的皇位,统治了西欧将近一半的土地,这其中就包括富裕的尼德兰。尼德兰位于莱茵河入海口一带,这里地势低洼,被称为"大陆低地",却是当时欧洲资本主义最发达的地区之一。尼德兰走在西欧资本主义发展的前列,渔业、造船业、纺织业规模均位居欧洲第一。尼德兰北部的阿姆斯特丹是当时欧洲著名的商业和手工业中心,南部的安特卫普是欧洲当时的金融中心,这一时期欧洲许多国家的公司和商行在安特卫普设立了1000多家代办处。可以说,荷兰就是"西班牙的奶牛",为西班牙提供了大量财富。

哈布斯堡王朝时期，西班牙国库有一半收入来自尼德兰，可见尼德兰对于西班牙经济的重要性。奇怪的是，西班牙居然实行了一系列限制荷兰资本主义发展的措施，如拒付国债、提高西班牙羊毛出口税率、限制尼德兰商人和商船进入西班牙港口等，确实让人难以理解。西班牙不仅在经济上剥削和打压尼德兰，还在政治和文化上加强专制统治。卡洛斯一世在尼德兰设立了宗教裁判所，颁布"血腥诏令"，镇压宗教改革运动。他还试图破坏尼德兰的自治，在尼德兰设立了财政院和枢密院，并且派遣总督和驻扎军队。显然，卡洛斯一世企图利用高压政策来维护他的地位与利益。

同样由卡洛斯一世统治的神圣罗马帝国于16世纪中叶兴起宗教改革运动。1531年，由信仰新教的德意志诸侯国组成的施马尔卡尔登联盟成立，开始反抗卡洛斯一世的宗教独裁。1555年，卡洛斯一世在军事上受到挫折，被迫和施马尔卡尔登联盟签订《奥格斯堡和约》，承认神圣罗马帝国内部的宗教自由。卡洛斯一世经历这一失败后，信心受挫，决定退出政坛。他将哈布斯堡王朝分为西班牙和奥地利两大分支，其中西班牙、尼德兰由其儿子腓力二世统治。

腓力二世上台后，继续在尼德兰实行高压的宗教政策。1566年，尼德兰爆发"破坏神像运动"，人们打着宗教自由的旗号开始了独立战争。整个战争过程复杂而漫长，双方长期僵持不下。最终尼德兰分裂为两部分，南方10个省于1578年成立了"阿拉斯同盟"，向西班牙妥协，这一部分地区就是现在的比利时；北方的7个省组成了"乌得勒支同盟"，并于1581年宣布成立荷兰共和国。之后，西班牙的"无敌舰队"被英国击败。1607年，荷兰又袭击了西班牙的直布罗陀港，使得西班牙无力继续开战，被迫与荷兰共和国签订停战协定。

在尼德兰独立战争期间，西班牙不仅要镇压尼德兰的独立运动，还要和奥斯曼土耳其帝国、法国、英国等频繁开战。长期的争霸战争耗尽了西班牙的国库，西班牙多次出现财政破产的局面。在16世纪后期，从美洲运来的黄金和白银已经无法补充西班牙四处开战的消耗。西班牙打造"无敌舰队"花费了1000万金币，而当时西班牙在美洲的年收入却只有200万金币。[①] 荷兰的独立更是给西班牙的经济造成致命一击。1598年，腓力二世去世，留给西班牙的是1亿金币的债务。衰败的西班牙在没落的路上继续狂奔。

---

① 王加丰：《西班牙葡萄牙帝国的兴衰》，三秦出版社2005年版，第310页。

二、狂热的宗教热情和战争泥潭

西班牙还是一个长期和伊斯兰世界斗争的天主教国家。因为阿拉伯帝国于公元7世纪兴起后就一直寻求向欧洲扩张，而伊比利亚半岛就成为阿拉伯帝国向欧洲扩张的桥头堡。经历了几个世纪的收复失地运动，天主教才将伊斯兰势力赶出伊比利亚半岛。西班牙王国成立之初，其国王斐迪南二世和伊莎贝拉一世被称为"天主教双王"。伊莎贝拉在西班牙建立宗教裁判所，以残酷的手段来镇压异教徒和异端分子。在西班牙建立早期，统一思想有利于中央集权国家的建立，但是不利于文化的发展。

16世纪，西欧兴起了轰轰烈烈的宗教改革运动。德意志、法国、瑞典、瑞士、英国等纷纷脱离了罗马教会的控制，建立了服务于本国政府的"新教"。然而此时的西班牙依然固守天主教，而且还不断干预西欧各国的宗教改革运动。由于新教影响的不断扩大对于西班牙的天主教是一个极大的威胁，腓力二世在1585年派军队参加法国第八次宗教战争，企图干涉法国的宗教改革，但最终失败。

不过，西班牙并不打算就此放弃。为了保持哈布斯堡王朝的霸主地位，1609年，西班牙和奥地利联合，组建了"天主教联盟"。而此前的1608年，英国、法国等已经组建了"新教联盟"。1618年，捷克发生了反抗奥地利哈布斯堡王朝统治的起义，奥地利派军队镇压起义并实行宗教独裁，随后，欧洲两大联盟的主要国家先后加入战争。这就是历史上有名的"三十年战争"。在战争中，西班牙军队在陆地上和海上双双遭受失败。战争打到1648年，最终双方都无力再战，只好做出妥协，签署了《威斯特伐利亚和约》。《威斯特伐利亚和约》承认了新教的合法地位，也宣布了哈布斯堡王朝称霸欧洲的目标落空。"三十年战争"对于西班牙来说是一个充满陷阱的战争泥潭。在这30年间，葡萄牙宣布独立；荷兰趁机占领了东印度群岛，垄断了东方的贸易；英国和法国相继在北美洲建立殖民地，打破了西班牙独霸美洲的局面。对西班牙更不利的是，法国崛起了，成为欧洲陆上霸主。1659年，西班牙和法国签订《比利牛斯和约》，向法国割让了鲁西永、富瓦、阿图瓦和洛林等地区，昔日强大的西班牙此时已经无力和法国对抗了。

1665年，西班牙哈布斯堡王朝的最后一位国王——卡洛斯二世上台，这是一位患有多种遗传病以及智障和癫痫的人物，由于无法亲自处理政务，国家的实际权力被他母亲玛丽亚·安娜掌握。卡洛斯二世在位期间，西班牙经济多年停滞，而其他国家则蒸蒸日上。随着国力迅速衰落，西班牙的国际威望也直线下降。此时法国正值路易十四在位,他在法国建立了强大的王权,组建了45万人的常规军,号称欧洲的"太阳王"。1700年,卡洛斯二世去世,西班牙哈布斯堡王朝宣告结束。这一年,法国和奥地利为了争夺西班牙的王位继承权而发动持续13年之久的"西班牙王位继承战争"。曾经强大无比的西班牙已经成为明日黄花。

西班牙的霸权衰落后,其国际话语霸权也就随之结束。尤其到了19世纪末,新兴起的美国通过1898年美西战争使西班牙丧失了海外殖民地古巴和菲律宾,西班牙的殖民帝国彻底终结,被迫缩回本土。西班牙的兴衰沉浮的经验教训实在太多,到今天仍值得学者好好总结和反思。

第二章 荷兰、英国的崛起及英国的国际话语权

第一节 荷兰、英国、法国登上世界舞台

一、荷兰、英国、法国等四处扩张

当葡萄牙和西班牙在美洲等地攻城略地攫取暴利时,西欧及北欧殖民者此时向外扩张条件并不充分具备,不过他们并不甘心在一旁充当看客。从16世纪下半叶起,特别是在17世纪,财力、人力都相当丰富的西欧国家对外扩张明显积极多了。英国、法国、荷兰利用伊比利亚地区经济结构的弱点及政治形势,相继建立了自己的殖民帝国。他们以重商主义理论作为指导,将殖民地看作本国商品的市场。殖民地广大的市场能为宗主国提供工业发展所必需的原材料以及消费国内出卖的产品。

英国、荷兰、法国等国的大公司采取股份有限公司的形式或与国家有关联的商人联合会的形式,垄断了全部海外贸易,对殖民帝国的形成起到决定性的作用。英国与荷兰的东印度公司和西印度公司就是典型的例子。在法国,公司也起着重要作用,但是王室的干预比英国、荷兰要多一些,往往通过对公司采取补贴等措施进行扶持。

欧洲在海外的殖民活动具有不少共同特点,尤其是在四个方面几乎完全相同:与殖民地进行商品交换、在殖民地建立商业网点、控制战略地区、成立移民点或者种植点。殖民地是宗主国王室的附庸,那里的法律、体制是按照宗主国的法律、体制建立的,虽然在实施过程当中有一定的独立性。

荷兰的殖民运动与重商主义经济结构的顺利运转,与组织海外贸易的大公司的高效率密不可分。爪哇岛的巴达维亚城(今印尼首都雅加达)建于1621年,后来发展成转口贸易中心,如波斯丝绸、印度棉花、中国瓷器、日本的铜、帝汶岛的檀香木以及马鲁古群岛的香料都经由巴达维亚运到欧洲。

荷兰人一度占有东方的广大领土,不仅如此,他们在美洲大陆的东海岸,在圭亚那和安的列斯群岛,也设有商站。委内瑞拉海岸北部的库拉索

岛是荷属安的列斯群岛中人口最多、经济最发达的地方，它成为与西属美洲进行走私活动的枢纽。荷兰人还在北美洲的哈得孙河口建立了新阿姆斯特丹城，后来在英国统治下改名为纽约；在非洲，荷兰控制了两个战略要地：一是开普敦——在大西洋及印度洋航行的船只在此中途停靠；另一个是几内亚——这是奴隶买卖的基地之一。

在英国，殖民活动是由大公司领导的，国家仅仅给予垄断权、契据及颁布规程。一些移民机构纷纷建立，目的是鼓励新移民在殖民地，特别是到新大陆定居。1587年，瓦尔特·雷利在美洲建立了移民点，为了纪念女王伊丽莎白一世取名为弗吉尼亚（意为"处女地"，因伊丽莎白一世终身未婚，有"处女女王"之称）。从17世纪开始，殖民活动逐渐向西展开，一直延续到整个18世纪。1620年，一小批移民乘坐"五月花号"来到美洲，他们大部分是受到迫害的清教徒。欧洲当时面临着宗教矛盾，三十年战争对欧洲社会产生了重大影响，许多人逃往新大陆；克伦威尔时期的政治动荡，各种宗教反对派的迫害，英国爆发革命，再加上被判刑者流放的习俗，这一切因素促使英国大批移民迁往美洲，并且建立了许多新的移民点。居住移民点一般建立在温带，种植移民点大多建立在热带。甘蔗、稻米、棉花的大种植园需要大量劳动力，于是移民便使用奴隶来进行生产劳动，这样罪恶的奴隶贸易就兴起了。

在印度次大陆，英国人沿着马拉巴尔海岸和科罗曼德干海岸设立商站，占领了马德拉斯、孟加拉地区以及恒河流域。英国对亚洲的征服是由东印度公司实现的，它善于抓住其他殖民帝国衰落的时机逐步蚕食其势力范围。

法国的殖民运动是在16世纪由雅克·卡蒂埃揭开序幕的。17世纪初，大探险家尚普兰建立了新法兰西殖民地。法国首相黎塞留为了使殖民者留在这个气候寒冷的辽阔地区，便成立了股东公司，并允许它垄断利润丰厚的皮毛贸易。在柯尔伯当政时期，法国扩大了殖民运动的规模，因此成立了许多公司，如北方（巴尔干）公司、东方公司、塞内加尔公司、东印度公司，不同的公司垄断不同地区的商业贸易。自17世纪下半叶起，法国在世界海上贸易中占有很大的份额。

法国各个殖民地的管理体制有所不同。在美洲的新法兰西殖民地，实行的是领主式管理。法国人在海地、马提尼克岛、瓜特罗普岛定居下来，发展与宗主国的贸易，同时与西班牙殖民地开展走私活动及奴隶买卖；在路易斯安那，他们建立了种植园，主要是种甘蔗、烟草及染料作物。在印度，本地治里城发展成重要的经济中心，1673年法国人在这里开设了第一家商馆，1761年本地治里城落入英国人之手。法国的殖民势力也一度扩展到摩洛哥以及撒哈拉沙漠以南的非洲地区，在塞内加尔建立了圣路易斯移民点，在马达加斯加建立了多凡堡移民点。

17世纪，英国与荷兰的敌对状态已为英法之间的斗争所取代，英国人一心要维护自己的殖民帝国，而法国人更重视争夺欧陆霸权。冲突是在新大陆的法国与英国殖民地上爆发的，然后扩展至亚洲与非洲。英法两国展开了长达7年的战争（1756—1763年），有些欧洲国家也参与进来。1763年，两国签订了《巴黎条约》。作为战败的一方，法国彻底丧失了争夺世界霸权的机会，不仅没能进一步扩大殖民权益，反而向英国让出了不少势力范围。具体来说，法国向英国让出了加拿大、密西西比河与五大湖区之间的辽阔土地，非洲塞内加尔及法国在印度的大部分属地。英国控制了海洋，一举成为世界最大的殖民强国。

英国的快速发展一方面是因为自身的各种有利因素，另一方面也得益于葡萄牙的快速衰落。葡萄牙的繁荣和葡萄牙人的懒惰为英国人提供了难得的崛起机会。英国人具有灵活的经济头脑，很快就在经济领域掌控葡萄牙。他们在北方种植葡萄，酿造出非常有名的波尔图葡萄酒；负责向里斯本供应小麦和桶装鳕鱼；运进成包呢绒，使葡萄牙农民都有衣穿，并使遥远的巴西市场呢绒泛滥。当时黄金和钻石是硬通货，拥有黄金和钻石就可以买到所有这些商品，葡萄牙人在巴西攫取的黄金在到达里斯本后又流往英国。在英国的商品倾销和贸易冲击面前，葡萄牙原本可以采取一些保护主义的措施，保护民族市场，建立本国工商业，但英国人的办法使得葡萄牙几乎无计可施，货物比价也对葡萄牙不利：英国呢绒价格在下跌，而葡萄牙出口产品却涨价。英国人用这种手段逐渐控制了市场。对巴西贸易是葡萄牙的财源所在，但这需要资金，而且因为流通周期长，该项资金不易周转。英国人在里斯本所扮演的角色相当于在塞维利亚的西班牙人：他们以赊账形式提供运往巴西的商品。法国虽然在里斯本影响力也不小，有不少法国人从事贸易，但是法国缺少一个像伦敦或阿姆斯特丹那样能够提供长期贷款的商业中心。这是对法国商人最不利的因素。同时，荷兰人对这个市场也不感兴趣。一名法国人在1730年说："英国人在里斯本的生意做得最大，据不少人的估计，其规模与其他各国加在一起同样大。这个成就要归因于葡萄牙人的懒散，也要归诸于英国人的坚韧不拔。"当时的情形是，英国卡住了葡萄牙的脖子，巴西的所有黄金都流向英国。①

---

① ［法］费尔南·布罗代尔著，顾良、施康强译：《十五至十八世纪的物质文明、经济和资本主义》第二卷上册，商务印书馆2018年版，第237页。

据法国历史学家布罗代尔的描述,当时巴西的主人是葡萄牙王国的商人,首先是国王,其次是里斯本和波尔图的批发商。这些人自己或者由代理人在累西腓、帕拉伊巴、当时的首都巴依亚、1763年后的新首都里约热内卢设立了众多的商业经营点。这些刚富裕起来的葡萄牙商人戴着硕大的戒指、使用银制餐具,蒙骗这些暴发户是巴西人莫大的乐趣,但要骗过他们却不容易。每当巴西开辟新的财源——食糖、黄金、钻石、咖啡时,葡萄牙的商业贵族总是从中渔利,他们的日子也更加富裕。大批财富经塔霍河口运来:皮革、食糖、粗红糖、鲸油、染料、棉花、烟草、金屑、装满钻石的首饰盒……"据说葡萄牙国王是欧洲最富有的君主,他的城堡宫殿除简朴以外丝毫不输凡尔赛宫。里斯本像寄生植物一样滋长蔓延,四郊原有的耕地被棚户所替代。富人变得更富,穷人沦为赤贫。然而,高工资把'许多加利西亚省的西班牙人'引来葡萄牙,我们这里称之为'杂役','他们像在巴黎和法国大城市中的萨瓦人一样,在葡萄牙首都和主要城市充当仆役、小工和搬运工'。"① 到了18世纪末,葡萄牙经济一片萧条,社会秩序也大不如前,一片混乱。而对于这种突如其来的变化,葡萄牙人完全无力改变,只能听之任之。事实上,葡萄牙经历了一段时间的繁华之后,马上就走向衰败,而这其中最大的得益者却是英国。

二、英国执掌国际话语权的策略

1. 执掌国际话语权的基础——灵活务实的外交政策

英国能够以一个中等国家的体量,长时间掌握国际话语权,成为一个真正的日不落帝国,很多人都会想到它的各种硬实力,比如孤悬海外的地缘优势、最先进行工业革命、拥有超过本土面积百倍的辽阔殖民地、强大的海军以及发达的经济、成功的外交政策,等等。在这些优势当中,外交政策尤其值得一提。

自从西罗马帝国灭亡以来,欧洲一直处于纷争之中,到了18世纪同样如此。欧洲各国在海外的殖民地持续发生各种各样的利益冲突,欧洲大陆上各种势力同样因为各种利益争端大打出手。可以说,欧洲大陆一直未曾有过多少和平时光。英国在参与欧洲大陆的争斗时总是不断变换结盟对象,谁都有可能成为英国的朋友,谁都可能变成英国的下一个敌人。在1756—

---

① [法]费尔南·布罗代尔著,顾良、施康强译:《十五至十八世纪的物质文明、经济和资本主义》第二卷上册,商务印书馆2018年版,第236页。

1763年的七年战争中，英国第一次与普鲁士结盟，打败了战斗的另一方——法国、奥地利、俄国。战后英国成为世界第一殖民大国，普鲁士成为欧洲列强之一。

七年战争爆发的直接原因是普鲁士和奥地利对富饶的西里西亚的争夺。西里西亚原本在奥地利的统治之下，18世纪40年代的奥地利王位继承战争使奥地利丧失了对它的统治权。抢到这块"肥肉"的是欧洲的政治新星——普鲁士。普鲁士原来只是一个贫困的小邦，但在国王腓特烈一世、腓特烈·威廉一世、腓特烈二世祖孙三代的苦心经营下，渐渐脱颖而出。到了腓特烈二世时，普鲁士因为占领富庶的西里西亚，疆域与人口骤然增加了30%。领土的丧失让奥地利女王玛丽亚·特蕾西娅耿耿于怀，收复西里西亚、重振帝国雄风成为她最迫切的愿望。为了争取更多的盟友站在自己一边，玛丽亚·特蕾西娅派出自己的外交大臣到欧洲各国游说寻求支持。当时的欧洲，除了普奥这对冤家，其余各国的关系也并不和谐。英国试图夺取法国的殖民地，垄断海上霸权；法国则力图吞并英国国王在欧洲的世袭领地汉诺威，保护法国在美洲和印度的殖民地，遏制普鲁士的势力；普鲁士试图吞并萨克森，变波兰为自己的附属国；瑞典试图夺取普鲁士的波美拉尼亚；俄国力图阻止普鲁士东侵，并扩大自己在西方的领地。在女王特使的纵横捭阖下，各国纷纷权衡利弊。英国与新兴的普鲁士结为联盟；英国的老对头法国则与奥地利摒弃前嫌，结成同盟；俄罗斯抛弃"老相好"英国，加入法奥联盟中……经过这次外交重组，欧洲形成以英、普为一方，法、奥、俄为另一方的两大军事阵营，其他国家也纷纷选择阵营加入。欧洲大陆硝烟弥漫，一场大战一触即发。

1756年5月15日，英国向法国宣战，正式拉开了这场持续7年、欧洲各国相继卷入、战场范围大、对世界格局影响深远的战争的序幕。在这场战争中，英国是最大赢家。法国在1763年2月10日的《巴黎和约》中被迫同意将在加拿大的全部殖民地割让给英国，并基本从印度撤出，只保留5个市镇。英国成为海外殖民地霸主，迈向日不落帝国的传奇。这次战争结束后不久，北美爆发了独立战争，而法国也在此后的几十年内爆发了大革命。七年战争是欧洲列强之间争霸的必然结果，是自三十年战争之后又一场全欧洲混战，其规模仅次于20世纪发生的两次世界大战。除了欧洲大陆的主战场，英法两国还在北美和印度的殖民地上燃起战火，甚至当地的部落、大邦也被卷入这场战争中。丘吉尔后来评价说，这才是真正意义上的世界大战。

2. 七次反法同盟

1789年法国爆发大革命以后，英国为了继续称霸欧洲，对法国革命进行疯狂的反扑,先后组建了7次反法同盟。英国统治阶级深知,法国如果在欧洲大陆建立霸权,那将绝对是英国的噩梦。1793年2月,在英国的策动下,荷兰、普鲁士、奥地利、西班牙、撒丁、那不勒斯、俄国等国组成第一次反法同盟,从各个方向进攻法国。1794年6月,法军在比利时的弗勒吕兹大败联军,第一次反法同盟开始瓦解;1796年,拿破仑在意大利重创奥军,使第一次反法同盟完全解体。1798年年底,英国、俄国、奥地利、土耳其等国组成第二次反法同盟。法国督政府无力抵抗进攻,拿破仑乘机发动政变(史称"雾月政变"),掌握了国家权力。1800年,拿破仑在马伦哥战役中打败奥军主力,迫使奥地利和英国分别与法国签订和约,第二次反法同盟瓦解。

由于英国与法国在争夺殖民地和世界霸权方面有着不可调和的矛盾,英国纠集俄、奥等国于1805年组成第三次反法同盟。拿破仑在奥斯特里茨的辉煌胜利迫使奥地利再次向法国屈辱求和,第三次反法同盟瓦解。1806年9月,英国策动普鲁士、俄国、瑞典等国组成第四次反法同盟。战斗正式开始仅6天,法军就在耶拿和奥尔斯泰特战役中全歼普鲁士军队,随后长驱直入柏林,普鲁士立即宣布投降。1807年,法军在埃劳和弗里德兰两次战役中大败俄军,再加上法俄在瓜分东欧领土问题上达成协议,俄法签订和约后,俄国退出同盟。第四次反法同盟失败。1809年普鲁士、奥地利等国联合组成第五次反法同盟,奥地利偷袭法国在德意志的领土,拿破仑不等西班牙战事结束,匆忙率兵回国,东征奥地利,奥地利军队虽然一开始取得优势,但后来战争形势逆转,法军取得决定性胜利,奥地利被迫签订《维也纳和约》,再一次割地求和。第五次反法同盟失败。1813年,法国在俄法战争中遭受惨败后,欧洲国家组成第六次反法同盟,拿破仑率军40万与联军作战。不料,各附庸小邦国乘机联合起来摆脱法国控制,使拿破仑陷入困境。莱比锡战役中,同盟军击败拿破仑的军队。1814年3月,联军攻陷巴黎,拿破仑被迫退位。波旁王朝复辟,路易十八登上王位。第六次反法同盟成功。1815年3月,拿破仑进占巴黎,建立了"百日王朝"。第七次反法同盟组织了70多万的军队扑向法国。代表英国参加维也纳会议的威灵顿公爵亲赴前线指挥作战。由于在之前的长期征战尤其是征俄战争中法国精锐部队和老兵的大量损失,此时法军的战斗力远不及拿破仑南征北战的时期,在军队人数上,法军也只有28万人,处于绝对劣势,而威灵顿公爵更是因屡屡在劣势情况下击败法军而闻名。1815年6月18日,法军与以英普为主力的反法联军展开了历史上著名的滑铁卢会战,此战以法军大败告终。拿破仑在失败后返回巴黎,同年6月22日,被迫宣布再次退位。第七次反法同盟以同盟军方面获得最终胜利而结束。同年10月，拿破仑被流放至圣赫伦那岛，从此再也没有能返回法国。1821年5月5日，拿破仑在圣赫伦那岛上病逝。在此后很长一段时间里，欧洲大陆上没有一个国家能够挑战英国的霸权。英国能七次组织反法同盟，一方面基于其国际影响力和外交能力，另一方面也是基于其强大的经济基础，以及对于欧洲局势的精准掌握。通过七次反法同盟，法国彻底丧失对抗英国的实力。英国推行"大陆均势"政策也就更加得心应手。

3. 克里米亚战争

克里米亚战争是1853—1856年在欧洲爆发的一场战争，作战的一方是俄国，另一方是奥斯曼帝国、法国、英国，后来撒丁王国也加入了这一方。这场战争一开始被称为第九次俄土战争，但因为时间最长和最重要的战役是在克里米亚半岛上爆发，所以后来被称为克里米亚战争。俄国的目的是在南部觅得一出海口，而此时孱弱的奥斯曼土耳其无疑是最好的打击目标，而对于一心想维持霸主地位的英国来说，遏制俄国的南下与打击法国同样重要。绝对不能在欧洲大陆出现一个能与英国实力匹敌的大国。

1853年7月3日，俄军进军多瑙河沿岸。1853年10月16日，奥斯曼帝国向俄国宣战。1854年3月27日和3月28日，英国和法国分别对俄国宣战，8月16日，俄国在波罗的海奥兰群岛的一个要塞被占领。12月2日，英国、法国和奥地利在维也纳签署反俄同盟协定。1855年1月16日，撒丁加入这个同盟。9月14日，奥地利迫使俄国从多瑙河撤军，但并没有帮助英法围攻克里米亚半岛上的塞瓦斯托波尔要塞。奥地利在这场战争中扮演了一个重要的角色，虽然它并没有主动参加这场战争。1855年9月8日，英法联军围攻塞瓦斯托波尔349天后占领了这个重要的堡垒。1856年3月30日，奥斯曼帝国、俄国、撒丁、法国、英国、奥地利和普鲁士签署《巴黎和约》，正式结束克里米亚战争。俄国被迫放弃所有已占领的奥斯曼帝国土地，并且不得在黑海沿岸区域驻军，奥斯曼帝国的领土完整得到列强保证。

这三次外交联盟对于英国来说具有十分重大的意义，它避免欧洲大陆出现能够真正挑战英国霸权的国家，换言之，欧洲绝不能有一个国家比英国更强大；如果哪个国家拥有向英国叫板的实力和野心，那英国就要"枪打出头鸟"，拉拢欧洲其他国家一起对付它。普鲁士通过与英国结盟，打败了强大的奥地利，这样普鲁士就成为一个与奥地利相匹敌的中等国家，它们之间相互牵制，维护着欧洲大陆的均势，谁也消灭不了谁，谁也不可能挑战英国。七次反法同盟更是如此，尤其是拿破仑致力于打造一个统一强大的欧洲，如果此目的达到，对于英国的霸权将是一个巨大的打击。应该说，长期以来，英国与法国是有不共戴天之仇的，然而不到40年后，当俄国准备南下时，英国又与法国结成联盟，共同对抗俄国。因为一旦俄国成功南下扩张到地中海沿岸，对于欧洲其他国家将是一个巨大的威胁，甚至英国也不是其对手。英国人的欧洲大陆平衡战略虽然对于维持其长久霸权有利，但是从长远来看，损害的是整个欧洲的利益。如果拿破仑统一了欧洲大陆，一个强大的欧洲绝对是当今世界上一股重要的力量，尤其是能够与美国抗衡的力量。然而，现实的欧洲依然是一个碎片化的松散欧洲，连中国2000多年前就实现的书同文、车同轨、统一度量衡都没有做到，距离挑战美国霸权的实力还相差甚远，只能在"美国利益优先"的霸权政策面前小心翼翼地讨价还价。今天，欧洲更不可能诞生拿破仑那样的卓越人物了。欧洲未来的衰落与欧洲昔日的强大一样不可避免。

三、英国霸权的模式——商业和对外贸易

与西班牙野蛮掠夺式霸权不同，英国霸权看起来要"高大上"一些。它是以商业和对外贸易为目标，以"大陆均势"政策为手段，以军事力量为支撑，以欧洲本土内部的体制改革和创新为保障的全新霸权模式。一位18世纪的英国人曾经评价说："大不列颠的确是各国中最适合商业的国家，这是由于它的岛国位置，同样也是由于它的政体的自由和优越性所致。"①

作为欧洲西北部的一个面积不大的岛国，英国国内市场相对狭小，人口不多，腹地也不深，除了少数资源如煤铁之外，其他资源也较为匮乏，但英伦三岛却拥有许多天然良港和令人羡慕的海上资源，所以在大航海时代发展经济还是具有明显优势。托马斯·孟曾说："对外贸易是增加我们的财富和现金的通常手段，在这一点上我们必须时刻谨守这一原则。"②

英国通过发展对外贸易，不仅拓展了殖民地和市场，而且也获得了源源不断的资源和财富，同时推动了工业革命的兴起。因为贸易范围扩大后，传统生产方式已经越来越不能满足市场的需求，对生产领域进行重大的变革成为必然要求，这样工业革命就随之兴起了。工业革命一方面导致社会

---

① [法]保尔·芒图著，杨人梗、陈希秦等译：《十八世纪产业革命：英国近代大工业初期的概况》，商务印书馆1983年版，第71页。
② [英]托马斯·孟著，袁南宇译：《英国得自对外贸易的财富》，商务印书馆1965年版，第13页。

分工进一步细化,企业生产产品的成本大幅下降;另一方面产品数量成倍增长、质量不断提升,使得英国的产品在国际市场上竞争力进一步增强。英国通过对外贸易给自己带来了源源不断的海量财富,促进英国资本主义的发展,反过来又推动英国政治变革和社会创新。

英国隔着狭窄的英吉利海峡与欧洲大陆相邻,地理上相对独立于欧洲大陆,所以英国一直不希望欧洲大陆上出现一个能对自己形成威胁的强大国家。英国维护自己霸主地位的方式其实很简单,概括为一句话就是,谁是潜在的挑战者就打压谁。① 英国对于这一规则运用得心应手,在16世纪,英、法、荷三国共同打击西班牙的强势地位时,英国女王伊丽莎白一世曾说:"法国末日到来之时,亦正是英国行将灭亡之日。"所以,英国一直实行"大陆均势"政策。腓力二世统治下的西班牙如日中天,对其控制下的荷兰发生的"叛乱"果断实施镇压。这对英国来说是打压老牌殖民帝国西班牙的大好时机。所以,本来充当旁观者的英国决定和法国联盟援助荷兰,共同遏制西班牙。西班牙经此一役后进一步衰弱,荷兰则日益强大和繁荣起来。凭借良好的地理位置和高超的航海技术,荷兰垄断了世界贸易将近一半的份额,被称为"海上马车夫"。眼看荷兰又强大起来,英国又马上把打击目标转向荷兰。1651年克伦威尔当政时,英国议会通过了《航海条例》,这是一部专门用于打击荷兰海上优势的法令。《航海条例》颁布之后,荷兰的海上运输业务大为缩减,对于荷兰的经济造成很大的压力。荷兰当然不甘心受英国的打压,双方冲突不断,先后与英国发生3次战争。结果荷兰失败,从而衰弱了。但是让荷兰过度衰弱也不符合英国的利益,英国又和荷兰缔结和约以抑制法国崛起,并在1674年退出了英法联盟。19世纪初在反法同盟战争胜利之后,英国又特别注意不要过分削弱法国从而导致俄国过于强大。基于同样的理由,第一次世界大战德国战败后,英国也反对过分打压和削弱德国。英国正是通过这样的"大陆均势"政策,使自身的霸权地位得到充分巩固。

英国的均势政策从来不以传统的友谊和敌对情绪为主导,而是以英国的国家利益为主导,根据英国的现实需要来调整。正如17世纪英国政治家哈利法克斯所声称的:"法国取代西班牙成为扩张的威胁表明,国家权力的扩张是自然而然的,今天的盟友可能成为明天可怕的敌人。"② 昨天还花前月下,今天就反目成仇,英国的外交如同川剧变脸,说变就变。当然,如

---

① 美国打压苏联、日本、中国的做法与过去英国打压欧洲大陆国家的手法如出一辙。
② 张曙光:《近代英国霸权的两个支柱:均势政策和自由贸易》,《传承》2009年第8期。

果缺乏强大的军事力量，英国想维持大陆均势也是不可能的，正是海军力量的强大才使得英国在维持均势的战争中取得一次又一次的胜利。在1701—1714年的西班牙王位继承战争之后，英国维持了一支欧洲最为强大的海军。随着海军实力的增长以及殖民地的扩大，英国的商业势力随之扩展到全世界，英国的影响力也逐渐迈出欧洲走向世界。1756年爆发的七年战争，是英国走出欧洲，与法国争夺世界霸权的一场决定性战争，英国大获全胜，标志着其成为世界上最庞大的殖民帝国。

英国霸权的树立，也与其国内的各种改革和创新密切相关。内部的变革首先是社会结构的变化。随着资本主义经济的发展，英国传统的"地主—农民"式的社会结构被打破，新的社会阶层开始涌现，形成了一种具有开放性、流动性的弹性社会结构。"哪一个国家最先完成社会结构的转轨，它就走在历史潮流的前面。"① 这是因为，社会阶层的流动不仅是个人身份地位的变化，而且还会引起社会阶层力量的演变和转向。在社会阶层的流动中，贵族后代的落魄，使其中的大部分人流向了社会中间阶层，有的甚至沦为社会的下层；原有的社会下层人员通过把握机遇和自己的努力奋斗，也可以跻身中间阶层。社会结构不断分化与整合的总体趋势，是多数人向中间阶层聚集，中间阶层力量不断壮大并逐渐占据社会的主导地位。相比欧洲其他国家，英国最早完成社会结构的转型，可以称得上是"走在历史潮流的前面"。而且正如学者所分析的，"创新是一个国家崛起的重要推进剂"②。英国在建立霸权的过程中，不断地改造旧制创新新制，因此才能够不断适应形势的发展，日益变得强大。1688年光荣革命，英国建立起了稳定的君主立宪政体，国家权力中心逐渐由国王转向议会，责任制内阁和首相的产生标志着议会权力中心正式形成。这种新型的政治制度营造了一种宽松、自由、开放的环境，有利于英国把充足的力量投身于国家经济发展和海外殖民扩张，这就为资本主义迅速发展奠定了基础。尤其值得指出的是，英国的议会制度与其他国家又不一样，它是一种精英政治，能够最大限度地维护英国的利益，比简单实行一人一票的票决制度有很大的优势，这是英国建国几百年来一直拥有较大国际影响力的原因。18世纪，亚当·斯密的《国富论》等自由贸易学说又为开展自由贸易和废除关税保护制度从而扫除工商业发展的障碍提供了理论依据和有力的支持，同时促使

---

① 钱乘旦、陈晓律：《在传统与变革之间——英国文化模式溯源》，浙江人民出版社1991年版，第82页。

② 刘金源：《论近代英国霸权崛起的几个要素》，《历史教学》（高校版）2008年第7期。

英国议会最终废除妨碍资本主义工商业发展的《谷物法》和《航海条例》。英国通过自由贸易，建立了自由经济模式和全球市场，确立了其在全球的霸权地位。

第二节 英国霸权的兴衰

一、霸权基础——产业革命

英国霸权以 19 世纪 70 年代为分界线，前后显著不同。自拿破仑帝国覆灭到 19 世纪 60 年代末，是英国霸权的鼎盛时期。在这近百年当中，大英帝国凭借它发达的工商业、海上军事的绝对优势、广阔的殖民地确立了霸权，拥有无可比拟的优势和无法撼动的地位。英国的霸权比起西班牙、葡萄牙、荷兰的霸权更为持久，影响也更为深远。即使是到了今天，英国在国际上的影响力仍然比西班牙、葡萄牙、荷兰等国要大。

英国从 18 世纪 60 年代开始进行工业革命，是世界上最早进行工业革命的国家。工业革命对英国社会经济的发展具有重大的影响，而且这种影响一直持续到今天。正如马克思和恩格斯在《共产党宣言》中指出的：

> 资产阶级在它的不到一百年的阶级统治中所创造的生产力，比过去一切世代创造的全部生产力还要多，还要大。自然力的征服，机器的采用，化学在工业和农业中的应用，轮船的行驶，铁路的通行，电报的使用，整个大陆的开垦，河川的通航，仿佛用法术从地下呼唤出来的大量人口——过去哪一个世纪能够料想到有这样的生产力潜伏在社会劳动里呢。①

英国的工业革命是以棉纺织工业为主导，并以蒸汽机的使用为代表的技术进步。英国完成工业革命后的初始状况正如恩格斯所描述的：

> 约在上一世纪中叶，英国是棉纺织工业的主要中心，由于对棉纺织品的需要急剧增长，那里自然就成了发明机器的地方，这些机器借助于蒸汽发动机，首先完成了棉纺织业的革命，接着完成了其他纺织

---

① 《马克思恩格斯选集》第 1 卷，人民出版社 2012 年版，第 229 页。

工业的革命。大不列颠大片容易开采的煤田，由于采用了蒸汽，现在已成为本国繁荣的基础。伸延很广的铁矿紧挨着煤田，便于制铁业的发展，而对发动机和其他机器的需要，更使制铁业获得了一种新的刺激。以后，在整个工业体系的这场革命中，发生了反雅各宾战争和拿破仑战争，约有25年，战争几乎把所有竞争国家的船只从海上赶了出去，从而使英国的工业品在大西洋彼岸的所有市场和欧洲某些市场上获得了实际的垄断地位。当1815年和平恢复时，拥有使用蒸汽的工厂的英国，已经能够供应全世界，而其他国家当时还几乎不知道蒸汽机。在工业生产方面，英国已远远走在它们的前面了。①

1763年，詹姆斯·瓦特着手改良蒸汽机，1768年获得成功。以蒸汽机的广泛应用为标志，英国的工业革命迅速推进，带动了纺织业及其他行业的快速发展。以棉纺织业为例，1770年英国籽棉的输入量不到500万磅，1800年增加到5400万磅，1836年又增加到36000万磅。② 1833年英国生产了1026400万绞纱（总长度在50亿英里以上），印染了35000万埃勒棉织品，当时有1300家棉纺织工厂在进行生产，纺工和织工共有237000人。纱锭有900万个以上，蒸汽机100000台，手工织机240000台，针织机33000台，络丝机3500台，棉花加工机器所使用的动力为蒸汽动力33000匹马力，水力11000匹马力，直接或间接靠这一工业部门生活的有150万人。从1801年以来，棉纺织品的输出量已经增加了7倍。③

麻纺织业也发展起来了。英格兰的利兹、苏格兰的邓迪和爱尔兰的贝尔法斯特都成了麻纺织业的中心。1833年英国向其他国家输出的麻纺织品的总额比1820年增加了2700万码，1835年有347个纺麻工厂在进行生产，其中170个在苏格兰，这些工厂有33000工人。④ 丝纺织业也发展起来了。从1824年起，由于取消了关税，生丝的输入量增加了1倍，工厂数目增加到266个，共有30000工人。⑤

---

① 《马克思恩格斯全集》第19卷，人民出版社2016年版，第326页。
② ［德］恩格斯：《英国状况 十八世纪》，《马克思恩格斯全集》第1卷，人民出版社2016年版，第668页。
③ ［德］恩格斯：《英国状况 十八世纪》，《马克思恩格斯全集》第1卷，人民出版社2016年版，第669页。
④ ［德］恩格斯：《英国状况 十八世纪》，《马克思恩格斯全集》第1卷，人民出版社2016年版，第670页。
⑤ ［德］恩格斯：《英国状况 十八世纪》，《马克思恩格斯全集》第1卷，人民出版社2016年版，第670页。

除纺织业外，英国工业的主要部门是金属加工业，其主要中心是伯明翰和伍尔夫汉普顿。这里很快就采用了蒸汽动力，再加上实行了分工，结果使金属制品的生产费用降低了 3/4，同时，从 1800—1835 年，输出量增加了 3 倍，1800 年输出了 8600 担铁制品和同样多的铜制品，1835 年输出了 32 万担铁制品，21 万担钢制品和黄铜制品。扁铁制品和生铁的输出只是在这时候才占有相当的地位，1800 年输出了 4600 吨生铁，1835 年输出了 92000 吨扁铁和 14000 吨生铁。①

采矿业也发展起来了。铁矿石产量大大提高，1740 年一年开采了 17000 吨，1835 年开采了 553000 吨。1770 年以来，锡矿和铜矿的开采量扩大了两倍，煤的产量的增加更是无法计算。

交通也大为改善。从 1818—1829 年，英格兰和威尔士修筑了总长 1000 英里的新公路（小村道不算在内），苏格兰公共事业局自 1803 年以来兴建了 1000 多座桥梁，开凿了 2200 英里的运河，爱尔兰南方广阔的沼泽地在 1835 年左右已经变成道路纵横的地方了。② 以蒸汽作为动力的轮船有 550 艘。铁路从 1801 年开始修建，到了 1835 年左右，整个英国已经密布了铁路网，伦敦和曼彻斯特成为重要的铁路枢纽。

蒸汽机通过传动机推动工作机运转，形成一个发达的生产体系。随着英国机器制造业的发展，机器生产走向标准化，英国生产的蒸汽机、纺织机和蒸汽机车等开始向国外出口。而英国政府也鼓励机器出口，于 1825 年废除了机器出口的禁令。由于英国是最早进行工业革命的国家，英国的机器在国际市场上具有很强的竞争力，牢牢占据垄断地位。

这一时期，英国的对外贸易发展也很快。根据官方估价，1801—1850 年，英国出口额从 2490 万英镑增加到 17540 万英镑，即增加 6 倍多。在 1820 年，英国在世界贸易总额中占 18%，1850 年则上升为 21%。英国在世界工业、贸易、运输、科技等方面均领先于世界各国，因此成了"世界工厂"。英国"世界工厂"地位的确立，从英国国内来看，是以蒸汽机广泛应用于纺织、煤炭、钢铁、交通运输，并以机器制造机器、大机器工业替代手工业占主导地位，于 19 世纪 40 年代工业革命的基本完成为基本特征的；从国际范围来看，是以英国在工业品的输出和先进技术的输出方面具有垄

---

① ［德］恩格斯：《英国状况 十八世纪》，《马克思恩格斯全集》第 1 卷，人民出版社 2016 年版，第 672 页。

② ［德］恩格斯：《英国状况 十八世纪》，《马克思恩格斯全集》第 1 卷，人民出版社 2016 年版，第 673 页。

断地位而言的。具体表现为英国成为世界各国的工业品、先进技术与设备的主要供应者,而其他各国相应地成为英国的原料产地和廉价商品推销地。

二、对于他国的掠夺和压榨

工业革命改变了英国,英国的发展带动了欧洲的发展,却让其他几大洲的国家吃尽了苦头。英国主导国际事务长达一个世纪之久。在大英帝国最辉煌的时期,它控制了全球近3400万平方公里的土地,是历史上最大的殖民国家,甚至美国的崛起很大一部分原因都要归到英国的身上。虽然现在的英国早已没有了当年的风采,不过影响力依旧还有一些。

英国不仅拥有庞大的殖民地,而且还剥削压迫其他主权国家,其对于中国的掠夺就很典型。从1840年到1860年,英国对中国发动两次鸦片战争。获取了大量的侵略权益。第一次鸦片战争迫使中国政府开放了5个通商口岸,割让香港岛,赔偿军费2100万银圆,允许英国人在中国享有领事裁判权等。1856年第二次鸦片战争,中国方面损失得更多,不仅皇家园林圆明园被付之一炬,无数珍宝毁于一旦,而且被迫开放的口岸继续增加。自从英国人打开中国国门之后,法国人、美国人、俄国人等也蜂拥而至,中国的主权遭受西方国家的不断蚕食。此外,英国也把侵略的目标指向了中国的西藏、新疆等边疆地区。尤其是对于西藏的入侵,英国不仅侵占中国领土,还模糊历史边界,给今天中国与印度的边界谈判制造了巨大障碍。

不仅如此,英国对于南亚地区的侵略和奴役也很严重。今天整个南亚地区都曾是英国的殖民地,其中印度更是英国殖民地中的"皇冠",为英国带来大量财富。英国的历史专家根据英国殖民印度的史料,认为英国200年间从印度获得的财富多达54万亿美元,大约相当于现在英国GDP的近20倍。如果把这54万亿美元分摊到200年时间里面,每年高达2700亿美元,这确实是一个天文数字。① 鉴于印度对于大英帝国的极端重要性,所以印度独立之后,英国的殖民体系开始瓦解。

英国入侵南亚还有一个极为严重的后果——培养了一个英国式的霸权国家——印度。1947年英国撤离印度前夕,炮制出一个"蒙巴顿方案",即印巴分治方案。英属印度分为印度与巴基斯坦两个独立国家,今天的孟加拉国当时也是巴基斯坦的一部分,即东巴基斯坦。该地与巴基斯坦其他地

---

① 《英国统治印度200年,掠夺多少财富?数字你绝对想不到》,搜狐新闻,2019-03-05,https://www.sohu.com/a/299308640_609645。

区并不相连,中间隔着印度,这就为1974年孟加拉国的独立埋下了伏笔。印度独立后,由于意识形态的因素,加之地理位置的优势,尤其它是南亚地区独一无二的大国,因此成为英国、美国乃至苏联争相拉拢的对象,在南亚的扩张行动搞得风生水起。1975年锡金被并入印度。而今天印度领导人把南亚地区视作禁脔,不丹长期以来受印度的实际控制,尼泊尔也长期受印度的影响,此外斯里兰卡、马尔代夫,甚至东非的马达加斯加都被印度看成是自己的势力范围。而中印边界近年来老是出现各种摩擦,也与印度的扩张野心密切相关。

三、强大的海洋力量

英国是称霸世界一百多年的老牌殖民帝国。自从1588年打败西班牙"无敌舰队"之后崛起并成为海上强国,一直到"二战"结束霸主地位由美国取代,中间这几百年间,英国并非一帆风顺,也曾经遇到强大的挑战者,但是在每次关乎国运的重大对外战争中,英国最终都获得了胜利,这保证了英国的世界霸权。

在1588年英国舰队与西班牙"无敌舰队"的决战结束后,西班牙便丧失了制海权。获胜后的英国继续扫荡西班牙的海上残余势力,而没落的西班牙为弥补国库空虚则疯狂掠夺美洲殖民地,不过,他们从美洲劫掠来的财富大部分在海上被劫掠。例如,1702年,西班牙满载价值2000多亿英镑财宝的"黄金舰队"遭英荷联合舰队150多艘战船拦截,战败的西班牙人焚毁了大部分船只,其余的被联合舰队俘获,所获财富达数百亿英镑。此后,西班牙进一步衰落,英国获得了海上霸主的地位,建立了庞大的殖民帝国。英国人在长期的海战中总结海盗作战的经验,创造了以火炮和快速帆船为主的侧舷炮战模式,击溃了对方战术呆板陈旧的"无敌舰队",使侧舷炮战取代了舰体冲撞和步兵跳舷格斗,并且成为之后几个世纪的主要海战模式。在多年的殖民统治过程中,英国人也逐渐发展了一套战略体系,便是依靠海权获得殖民地,依靠陆上基地保持海军战斗力获得海权,这对后世的海军发展产生了重大影响。

第一次世界大战前夕,帝国主义列强之间的矛盾日益尖锐,列强竞相扩张,海上霸权的争夺十分激烈。英国拥有最庞大的海外殖民地,而且它本身生存与海外殖民地紧密相关,因此英国一直在努力保持它的海洋霸主地位。长期以来,为了保持自己的海上优势,英国屡屡打压法国和俄国海上军事力量。进入20世纪后,英国为了防止德国过于强大,又开始打压德国的海上力量，力图一直确保自己的领先优势。

英国海军全称皇家海军（Royal Navy），是英国的海上作战力量，更是英国获得并且维持霸权的主要依靠。如果追溯其发展史，军舰早在中世纪就被英国国王用于军事作战，在英法百年战争期间第一次海战时英国就出动了皇家海军。现代皇家海军起源可以追溯到16世纪初，也算是英国最古老的军种。从17世纪中叶开始，又经历18世纪，英国皇家海军先后与荷兰、法国争夺过海上霸权。从1692年拉和岬（拉乌格）海战到第二次世界大战初期，皇家海军一直是世界上最强大的海军，直到第二次世界大战期间才被美国海军超越。"冷战"期间，皇家海军的作用主要是充当美国海军的眼哨，建立一支先进的反潜力量，以监视苏联潜艇的动向。今天皇家海军仍然是一支实力不容小觑的海上力量，由于其悠久的海军传统和丰富的海战经验，许多英联邦国家如澳大利亚、新西兰等国的海军官兵，仍然定期前往英国接受训练。

大英帝国在其最辉煌时期，在全球拥有3400多万平方公里的领土，控制世界半数以上的人口，堪称执世界牛耳。今天的英国已经失去了海外广大的殖民地，只剩下了本土24万平方公里的国土，6000多万人口，但俗话说，瘦死的骆驼比马大，英国目前依旧是世界上有影响力的大国。尤其是英国至今还是联合国安理会常任理事国，而且在金融业、高等教育、传媒、高科技行业仍然占有重要地位。所以，英国在国际舞台上依然扮演重要角色，甚至有人说英国还能保持强大很长时间。当年英国强大，并且雄霸世界那么多年，其实靠的是工业，工业遥遥领先，才有了威震世界的力量。但其实早在"一战"前后，英国就已经开始走上去工业化的道路，导致整个国家产业空心化、经济泡沫化，国家综合实力也就不断下降，而且北爱尔兰、苏格兰的独立运动已经闹了很多年，加上"脱欧"大戏，所以英国的前景很难令人乐观。

第三章 苏联的国际话语权

苏联是人类历史上第一个社会主义国家,也是第一个享有国际话语权的社会主义国家。苏联拥有国际话语权的时间不够长,拥有国际话语权的深度也不如英国。不过,苏联仍然是历史上为数不多的享有过国际话语权的国家之一,其相关经验及教训依然值得回顾和研究。

第一节 苏联称霸的军事实力

"冷战"时期的苏美争霸一度为人津津乐道。两国争霸从20世纪50年代开始一直到苏联解体,共经历了约40年的时间。在几十年的争斗中,两国各有千秋。美国的优势是显而易见的,无与伦比的经济规模、强大的工业制造能力、超高水准的科学技术、遍布世界各地的军事基地让美国一直以来傲视群雄。而苏联则在军事领域一度具有无可比拟的优势。在"冷战"白热化的20世纪七八十年代,苏联的军力更是达到了顶峰,号称3个月就可以扫平欧洲,极大地震慑着北约。

巅峰时期的苏联军事力量到底如何呢?我们来看一看20世纪80年代苏军的几组数据。40年前的苏联军队不仅人员数量多,而且军兵种也多。苏联军队共有陆军、海军、空军、防空军、战略火箭军五大军种,除此之外还有边防军和内务部队。苏军在数量方面也远超今天俄罗斯军队的规模,总兵力竟然一度达到513万人,而这还不包括边防军和内务部队。还必须指出的是,苏联最鼎盛时期同样在多国驻有军队,如东欧国家、阿富汗、蒙古等国。虽然比不上美国的海外驻军基地数量及人员数量,但也是美国之外第二个拥有众多海外驻军的国家。

"20世纪80年代,苏联拥有陆军199万,分为16个军区。编为51个坦克师、142个摩托化步兵师、7个空降师、约10个空中突击旅和16个方面军炮兵师,装备主战坦克5.5万辆、装甲战斗车辆6.3万辆、火炮2.9万门、地对地导弹发射架约1570部。同样在20世纪80年代,苏联拥有海军45.1万,分为4个舰队和1个区舰队。装备弹道导弹潜艇79艘,巡航导弹潜艇和攻击潜艇268艘,主要水面作战舰只193艘,小型水面作战舰只797艘,登陆舰艇187艘,主要辅助船只269艘。拥有巡航导弹核潜艇44艘,攻击核潜艇65艘,此外还有常规潜艇100多艘。20世纪80年代,苏联拥有空军45.3万,其中远程航空兵约10万,编为5个集团军。装备中远程轰炸机752架;方面军航空兵约31.5万人,编入12个军区和驻东欧四国苏军集群的空军序列,装备歼击机、歼击轰炸机和强击机5167架,此外还有运输机620架、直升机220架。国土防空军63.5万人,装备有防空截击机2370架。20世纪80年代,苏联拥有战略火箭军(苏联首创军种)29.8万,编为6个火箭集团军,有发射控制司令部300个,拥有洲际导弹1398枚。此外还有边防军25万,内务部队35万。"① 如前所述,苏联最强盛时期曾在多国驻军(比如东欧各国、阿富汗、蒙古等),并与不少中东国家(比如叙利亚、伊拉克、埃及)、非洲国家(比如安哥拉)、拉丁美洲国家(比如古巴)以及东南亚国家(如越南)等军事交流与合作频繁。当时苏联的影响力可谓遍及全球。

强大的军事力量离不开苏联先进的军事工业。第二次世界大战之前,苏联就开启了工业化进程,包括军事工业在内的现代工业突飞猛进。"冷战"高峰时期,苏联的军事工业更是迎来了前所未有的发展机遇,各种进攻性利器和防守武器苏联都能自主研制。据相关数据统计表明,20世纪80年代,苏联年产坦克3000辆左右,装甲车辆4000～6000辆,洲际弹道导弹300～500枚,地空导弹50000枚,固定翼作战飞机和直升机2000～3000架,军用运输机200～400架,潜艇10艘,水面主力舰10艘,轻型作战舰艇60～70艘。② 相比于今天俄罗斯军事力量的急剧萎缩,当年的苏联军队真是如日中天。

一、常规军事力量

苏联:"主战坦克55200辆(包括海军陆战队装备的),各型压制火炮/火箭炮51700门/辆,共有坦克和机械化步兵师193个,炮兵师10多个,机械化空降师7个,战术攻击机4900架。共计:193个重装机械化师,7个轻装机械化师。整个华约阵营装备坦克数量超过70000辆。"③

---

① 《七八十年代的苏联的经济和军事力量达到了历史的双巅峰》,长沙生活网,2018 – 07 – 27,http://www.hncstv.com/mil/6438.html。
② 《七八十年代的苏联的经济和军事力量达到了历史的双巅峰》,长沙生活网,2018 – 07 – 27,http://www.hncstv.com/mil/6438.html。
③ 《如果海湾战争时美军面对的是同等数量的苏军,结果会如何?》,2018 – 01 – 11,http://k.sina.com.cn/article_6192463498_171197e8a001002en4.html。

美国：主战坦克 11920 辆（包括海军陆战队装备的），各型压制火炮/火箭炮 9130 门，共有重装师（装甲师和机械化步兵师）9 个，步兵师 3 个，空降/空降突击师 2 个，海军陆战师 3 个，战术攻击机 3210 架。共计：9 个重装机械化师，6 个步兵师，2 个轻装步兵师。整个北约阵营装备坦克数量 26000 多辆。整个北约阵营的主战坦克加起来还不足苏联的一半，而苏联/华约与美国/北约坦克数量之比达到了 3∶1。苏联坦克不仅数量众多，质量也很优良。苏联在 20 世纪七八十年代便率先大量装备了 T-64、T-72、T-80 这些先进型号的坦克，不仅装甲防御力良好，而且其 125 毫米滑膛炮的威力也相当巨大，美国与北约方面装备的坦克很难与之正面对抗。总之，从常规军力上看，整个北约都未必是苏联的对手。①

二、核力量

核力量在整个"冷战"期间占有极为重要的地位，正是双方都拥有大量的核武器，地球才达到了一种"恐怖的和平"。苏联尽管核武器研制起步晚，但发展十分迅速。到了 20 世纪 80 年代，苏联核弹头总数量超过了 40000 枚，已经超过了美国；按爆炸当量来计算，苏联核武器爆炸总当量为 100 亿吨 TNT 炸药。同时，在洲际导弹数量方面，苏联明显多于美国，这对美国也是一个现实的威胁。

美国是世界上第一个研制出核武器的国家，但美国朝野也认识到拥有太多的核武器并不利于国民经济的发展，因为对于任何一个国家来说，资源总是有限的，大炮与黄油不可兼得。20 世纪 60 年代以后，美国开始逐步削减核武器的数量。20 世纪 60 年代初期，美国最多时曾经拥有 30000 枚核弹头，但到 20 世纪 80 年代时，核弹头数量不升反降，只有不到 25000 枚。②

综上所述，美苏对峙期间，苏联/华约集团对比美国/北约集团拥有一定的军事优势。假设两大阵营真的爆发全面战争，苏联及华约集团凭借成熟的大纵深作战理论，依靠庞大的装甲集团军优势，或许真的可以在 1 个月内横扫欧洲。不过，尽管苏联及华约方面建立了令美国及北约方面长期坐立不安的军事力量，但是在经济建设方面却相形见绌，真正对抗起来，苏

---

① 《超级强悍：冷战顶峰时期美苏两大阵营的军力对比》，2009-05-01，http://blog.sina.com.cn/s/blog_5f112dfb0100cpl4.html。

② 《苏联鼎盛期间军事实力到底多强大？》，2018-05-13，https://www.sohu.com/a/232561336_100163579。

联及华约方面的后勤支撑是一个大问题。甚至有学者认为，苏联企图称霸世界的军事机器，却最终成为自己的包袱，成为碾碎自己的粉碎机，并成为苏联解体与东欧剧变的重要诱因。

第二节 苏联强大的经济基础

有一段时期，苏联的经济实力与其鼎盛时期的军事力量不太相称，不过仍令资本主义世界不可轻视。自"冷战"开始到20世纪80年代以前，苏联都是世界第二大经济体；尽管没有美国富裕，但经济总量最顶峰时能够达到美国的2/3左右，也实属不易。苏联实行计划经济，国民经济发展不平衡问题相对突出。苏联政府特别重视军事工业、重工业的发展，且在这两个领域与美国几乎不存在差距，有些产品产量甚至超过了美国，在有些尖端领域也不逊色于美国。当然，苏联由于过于重视军事工业、重工业，对于民用工业的投入相对不足，导致其民众生活水平提升较慢，尤其与美国方面比较差距较大。但是在当时，苏联人民就已经享有完善的社会保障和福利待遇。事实上在今天的俄罗斯，认为当前的生活水平不如苏联时期的大有人在。

除退休金之外，苏联人民还可以享受到补助金、医疗保健等福利。由于苏联计算经济的方法与欧美发达国家不一样，我们甚至无从通过 GDP 之类的常用统计口径来衡量苏联的经济实力，但是如果将各种产品的产量进行统计，我们还是可以看出当时苏联实力的非同一般。苏联一些产品产量超过美国，有些产品产量接近美国，当然也不容否认有部分产品产量与美国的差距比较大。苏美经济实力的对比见表3-1。

表3-1 1980年的苏联和美国经济实力对比①

比较对象	苏联	美国	苏联对应美国的比例
人口	26450 万	22260 万	119%
国民总收入	7054 亿美元	10528 亿美元	67%
人均国民收入	2667 美元	4730 美元	56%
钢产量	14800 万吨	10380 万吨	143%
发电量	12950 亿千瓦时	24750 亿千瓦时	52%

---

① 参见周荣坤、郭传玲等编：《苏联基本数字手册》，时事出版社1982年版。

续表 3-1

比较对象	苏联	美国	苏联对应美国的比例
石油产量	60300 亿吨	43000 亿吨	140%
天然气产量	4060 亿立方米	6000 亿立方米	67.7%
商品煤	65300 万吨	78400 万吨	83.3%
家用轿车	133 万辆	658 万辆	20.2%
塑料	360 万吨	1386 万吨	26%
化学纤维	117.6 万吨	390 万吨	30%
化肥	2480 万吨	2240 万吨	111%
水泥	12500 万吨	7700 万吨	162%
纺织品	71 亿平方米	40 亿平方米	178%
联合收割机	11.3 万台	3.18 万台	355%
拖拉机	55.7 万台	27 万台	206%
粮食产量	18910 万吨	26370 万吨	71.7%
肉制品产量	1500 万吨	2670 万吨	56.2%
奶制品产量	9060 万吨	5830 万吨	155.4%
棉花产量	332 万吨	238 万吨	139.5%
捕鱼量	920 万吨	350 万吨	262.9%
商船吨位	2262.2 万吨	1618.8 万吨	137.5%
财政收入	4572 亿美元	4659.4 亿美元	98.1%
对外贸易额	1225.4 亿美元	3962.4 亿美元	30.9%

从以上数字可以看出，1980 年，苏联经济实力达到美国的 2/3 以上 [如果考虑到通货膨胀因素，1980 年苏联的国民收入比今天的俄罗斯联邦大概要高 10 倍以上，即使加上独联体其他国家的产值（这些国家国民收入总和还没有俄罗斯多），这一比例仍然是极其惊人的]，由于苏联的人口比美国要略多一些，苏联以上指标的人均数字为美国的 60% 弱。考虑到苏联成立之前，沙俄与美国之间的巨大差距，以及苏联在第一次世界大战、国内战争和卫国战争中受到的巨大损失（1946—1950 年，苏联国民收入为美国的 20%，而沙俄时代这个数字还要小得多），苏联在短短的几十年时间能够取得这样的经济成就，堪称人类历史上的奇迹。

过去人们常常认为，苏联时代整个国家产业结构不平衡，忽视生产消费品的轻工业，而且农业发展水平很低。工业产品中主要的消费品有小汽车和棉织品。从统计情况来看,家庭小汽车这一项,苏美两国差距比较大。这跟两国人民的消费结构层次有关系,苏联高档消费品产量相对较少,但中低档的很充足,而且即使是这样,家用轿车产量能够达到美国的1/5也不是一个小数字了。而在棉织品产量这一项,苏联则大大超过美国。

苏联轻工业品产量相比美国还是要少一些的,而且可能会有一些产品质量不太好,但是考虑到苏联的贫富差距远较美国为小,因此总体上人们的生活水平是可以达到甚至超过美国的2/3的。在农产品方面,苏联肉和粮食的产量分别为美国的56.2%和71.7%,数字是要少一些,却又比人均国民收入比例的数字(56%)要高,可见苏联农业并不是很弱,考虑到苏联自然条件要比美国恶劣得多,其农业发展能取得这样的成绩已经很不简单了。而从拖拉机和联合收割机的数量我们可以看出,苏联农业机械化的水平应该比美国高。而且美国是世界上的主要粮食出口大国,国内的粮食消费水平又很高,因此苏联的粮食应该是够吃的,而且人均消费量也不低;至于奶制品、鱼类和棉花这几种产品,苏联产量都远远高于美国。因此,如果认为美国的农业很发达的话,那没有理由认为苏联的农业就是很落后的。

第三节　苏联国际话语权的形成和发展

毋庸讳言,苏联曾经是一个到处扩张、威胁他国安全(包括威胁中国安全)的霸权主义国家。苏联霸权主义政策的形成经历了一个从斯大林时期的民族利己主义、大国沙文主义到赫鲁晓夫时期从大国沙文主义到霸权主义的过渡,直到勃列日涅夫时期完全形成的过程。①

一、斯大林的称霸战略

俄罗斯民族对于领土情有独钟。苏联对于领土的过度追求与美国争夺世界霸权还是有区别的,这既与俄罗斯的扩张传统密不可分,也是苏联解体后俄罗斯与周边诸多国家关系迟迟难以正常化的原因。由于历史缘故,俄罗斯周边一些国家一直对于俄罗斯的领土野心感到惶恐不安。

斯大林时期的苏联霸权主义政策表现在"为了自己经济的发展,苏联向东欧国家索取大量战争赔款,拆走大批厂矿设备,实行不平等贸易。向

---

① 桂立:《苏联霸权主义的形成和发展析论》,《宁夏社会科学》1999年第2期。

社会主义国家强行推行自己高度集权的国家体制、经济体制模式,在一切可能的地方实行斯大林式的社会主义,而无视他们的民族特点。甚至公开损害周边一些社会主义国家的主权,横加干涉他们的内政"①。斯大林是否从一开始一直就致力于和美国争夺世界霸权,目前材料还不能予以充分的证明。不可否认,斯大林有向外扩张的野心,这从苏联通过与周边国家的冲突往往能获得对方一两处重要的土地可以看出来。但如果不是在美苏打败法西斯侵略者之后西方国家马上掉转枪头围堵苏联,苏联的反应或许不至于如此强烈。斯大林时期的对外政策有谋求世界霸权的一面,也有出于自身安全的考虑。

随着"二战"胜利后"冷战"铁幕的落下,美苏在各个领域的对立和对世界霸权的争夺日益明显。斯大林很清楚,要谋求世界霸权,单靠苏联一国的力量远远不够,因为苏联面临众多敌人,而且苏联原本在国际上也没有几个朋友,盟友就更没有,所以苏联必须打造一个以自己为中心的战略同盟,抵御资本主义阵营的战略进攻。斯大林做的第一件事,就是建立一个以苏联为核心的阵营联盟。近代以来,俄国为了争夺霸权也是非常积极地结交盟友的,尤其是在与奥斯曼帝国的争斗当中。在斯大林之前,列宁就有过建立同盟、强化自己同盟圈的想法,并且有过实际行动。列宁创建的共产国际就是这样一个国际性组织,列宁试图通过共产国际领导更多的国家发动无产阶级革命,走上社会主义道路,从而壮大世界社会主义阵营。共产国际的使命就是团结世界无产阶级进行革命,对包括中国在内的很多国家的无产阶级革命都有过指导,而这也是列宁世界革命的思想。第二次世界大战爆发以后,为了适应世界反法西斯战争的需要,斯大林曾经一度解散共产国际。但在"二战"后期,美苏两国的战略目标越来越远,双方的分歧也日益明显,美国把主要力量放在西欧及亚太地区,而苏联则竭力凭借自己的地缘优势,把周边数个国家囊括在自己的势力范围之内。

必须指出的是,第二次世界大战后斯大林以东欧为基础一手打造的社会主义阵营的使命与列宁的共产国际还是有明显的区别。列宁创立共产国际是为了鼓动更多国家的无产阶级发动无产阶级革命建立社会主义制度,斯大林创建的社会主义阵营更多是为了保卫无产阶级革命胜利的果实。也就是说,如果没有列宁的第一步,斯大林的第二步便无从谈起。斯大林的目标从本质上来说是保障苏联的安全,为苏联建立更多更广的缓冲区。为了实现苏联对社会主义阵营的领导和控制,斯大林在建立社会主义阵营以

---

① 桂立:《苏联霸权主义的形成和发展析论》,《宁夏社会科学》1999年第2期。

后就以近似强迫的方式要求东欧国家实行与苏联相同的经济制度,大力推广苏联模式,把这些中小国家紧紧绑在自己的战车上。

为了真正让这个社会主义阵营发挥效用,斯大林对社会主义阵营国家实行"恐怖统治",而这原本是苏联模式的"精髓",却也用到了社会主义阵营身上。这种"恐怖统治"不仅给苏联带来了重大灾难,也是苏联后来与绝大多数社会主义国家反目的重要原因,更直接导致了社会主义阵营的瓦解。自从列宁逝世以后,斯大林大权独揽,其个人的诸多毛病也展露无遗。苏联的这种领导制度将不可避免地给整个国家带来消极影响。为了树立绝对的权威,打击潜伏在党和人民之中的反革命分子,苏联社会主义制度建立不久,即20世纪30年代,斯大林便在国内展开了规模浩大的肃反运动。在肃反运动中遭到迫害的不仅是党和军队的干部,还包括工业专家、科学家、艺术家、厂长等。据估计,企业中上层管理人员中有50%~75%的人遭到清洗;工业界中,军事工业、化学工业和机械制造业所遭受的打击特别惨重。"大清洗"时期,不仅人文领域,而且科技工作者也未能逃脱厄运,世界闻名的育种学家、农业科学研究院第一任院长瓦维洛夫,植物学家米歇耶夫,著名外科医生科赫,坦克设计师扎斯拉夫斯基,无后坐力炮发明者库尔切夫斯基,飞机设计师图波列夫,第一批火箭发动机的研制者、火箭科学研究所所长克列伊梅诺夫,喀秋莎火箭炮的设计者朗格马克,苏联第一颗人造卫星的总设计师科罗廖夫,实用矿物学创始人费多罗夫斯基等都被逮捕或处决。①

20世纪30年代苏联国内轰轰烈烈的肃反运动,其实并没有那么多反动分子可抓,大多数被整治的人所获得的各种罪名不过是捕风捉影。事实证明,这场肃反运动制造了大量的冤假错案。许多元帅、将军、党中央委员、高级干部、学者专家、文艺工作者在肃反运动当中被清除,不仅引起了苏联国内的严重混乱,也产生了很坏的国际影响,尤其对苏联的经济建设、社会发展乃至军队的战斗力都产生了重大的负面影响。到了20世纪50年代,苏联秘密警察制度又被推广到了社会主义阵营国家中,尤其是在波兰、匈牙利等国家,来自莫斯科的克格勃成了波兰、匈牙利等国家秘密警察机构的实际统治者。当时的国际共产主义运动,真正的领导者其实只有斯大林一人。在东欧众多社会主义国家,斯大林享有崇高的威望和说一不二的话语权,如果有谁敢质疑斯大林、质疑苏联模式,谁就会受到惩罚,谁就

---

① 《大清洗:一场恐怖的人间悲剧》,人民网,2014-11-06,http://history.people.com.cn/n/2014/1106/c372326-25989237.html。

不会有好下场。比如南斯拉夫的铁托就很不听话,做了一些"强调南斯拉夫独立性"的事情,尽管斯大林没能直接派兵进入南斯拉夫境内把他赶下台,但斯大林还是从经济、舆论等方面不断压制南斯拉夫,直接把南斯拉夫踢出了社会主义阵营,并且公开宣称铁托为"帝国主义的间谍"①。这样一来,其他国家就再也没有人敢于同斯大林唱反调了。即使是中国,在斯大林去世前后,毛泽东等领导人也感受到了很大的压力。

在苏联领导人看来,"二战"结束以后,东欧各国虽然在苏联的帮助下建立了社会主义制度,但是东欧国家内部依然存在着大量的不稳定因素,资产阶级力量十分强大。在这些国家的政府机关、学术界、舆论界,反对社会主义,主张走资本主义道路的大有人在,也有不少人对社会主义路线阳奉阴违,其中不乏身居高位的领导人。以斯大林为首的苏联领导人面对这种复杂的局面,当然不能坐视不理,因为这既关系到苏联的老大哥地位,也关系到整个社会主义大家庭能否延续下去。1948年苏联与南斯拉夫发生冲突时,波兰领导人哥穆尔卡强调波兰要独立自主,并明确提出"走向社会主义的波兰道路"。在1948年9月波兰工人党中央全会上,在苏联的授意下,哥穆尔卡以"右倾民族主义"的罪名遭到批判,被撤销总书记职务;1949年1月,被解除政府职务;同年11月,被开除出中央委员会;1951年7月入狱,直至1954年年底才获释。不仅哥穆尔卡本人被批判,波兰工人党近5万党员也遭到清洗,随即波兰工人党和波兰社会党顺利合并为波兰统一工人党,波兰一党执政的政治体系就此形成。作为一个中等国家,波兰出现这种事情足以令人震惊,然而事情到此并没有完全结束,在此后两年时间里,又有26万党员被开除出波兰统一工人党。这次事件是对波兰政治的一次"大清洗"。

1947年以后,匈牙利劳动人民党(匈牙利共产党与社会民主党合并后的名称,1956年匈牙利反革命事件后改组为匈牙利社会主义工人党)的主要领导人拉科西·马加什不顾本国的历史传统与现实,完全照搬苏联模式,并且大搞个人崇拜和集权政治。拉科西的所作所为不仅损害了国家的利益,更伤害了匈牙利人民的感情。②据统计,拉科西在位期间,匈牙利有35万人被开除出党,还有相当多的人被处决。1953年3月斯大林去世后,赫鲁

---

① 张汉清:《论20世纪世界的第三次大剧变与社会主义的前途》,《国际政治研究》1993年第1期。

② 《1956年匈牙利事件真相,苏联两次出兵镇压》,网易,2013-02-22,http://war.163.com/07/0507/14/3DT80S7N00011232.html。

晓夫对苏联的外交政策进行了一些调整。匈牙利时任部长会议主席纳吉·伊姆雷立即实施了"新方针",这个新方针的宗旨是开启"非苏联模式化"进程,意味着匈牙利决心走自己的路,摆脱苏联的影响。尽管赫鲁晓夫的个人性格及执政理念与斯大林有所不同,但在维护苏联的权威和影响力方面两人的政策区别不大。赫鲁晓夫同样不允许这些周边社会主义国家偏离苏联太远,在苏联的强力干预下,匈牙利的"新方针"实行不到2年即宣告停止。纳吉之后又通过著书立说展开舆论宣传,提出以匈牙利社会主义道路取代苏联模式、以主权独立与民族平等反对苏联控制,这些思想在党内知识分子中产生了共鸣。"新方针"中断后,匈牙利又回到了旧政策的道路上,国内的政治、经济形势随之恶化,人民生活水平不断下降,党和政府与民众之间的矛盾有恶化的趋势。面对这种复杂的局面,拉科西等人一方面想办法掩饰过去的错误,另一方面准备用暴力手段来回应党内外要求改革的呼声。不过,在苏联方面的坚持下,1956年7月,拉科西被迫去职,新上台的纳吉则公开与苏联决裂,苏军被迫撤出,而共产党员和积极分子遭到大规模的清算,酿成所谓的"匈牙利事件"。据统计,1948—1956年,匈牙利劳动人民党有35万名党员被开除党籍,而在此期间匈牙利被处决的党员人数,居然超过霍尔蒂统治时期(即匈牙利依附纳粹德国的时期)。

在保加利亚的肃反运动中,保加利亚共产党领导人特拉伊乔·科斯托夫也被指责有民族主义和反苏情绪,1949年12月被判处死刑。人口不多的捷克斯洛伐克在1948—1951年开除了数十万名党员,7万多名党员干部遭到迫害,甚至连捷共中央总书记鲁道夫·斯兰斯基也未能幸免。斯兰斯基是仅次于捷共领袖克莱门特·哥特瓦尔德的党内第二号人物,在1948年共产党反对爱德华·贝奈斯联合政府、夺取政权的行动中发挥重要作用,其后任副总理,1949年积极参加捷克斯洛伐克共产党改组工作。随着斯大林加强对东欧的控制,一大批具有自主思想的领导人被列入清洗名单。斯兰斯基在1951年9月被解除总书记职务,11月被囚禁,在强大的压力下他被迫承认自己是"犹太复国主义代理人",为西方从事间谍活动。1952年11月他和另外13人一起受审,其中包括他在内的11人被判处死刑,并于当年12月2日遭到处决。他的罪名包括"托洛茨基分子""铁托分子""犹太复国主义分子"等。① 阿尔巴尼亚劳动党则有近1/4的党员被开除。阿尔巴尼亚内务部部长佐泽被指控为"铁托分子",1949年被处决。据统计,1948—

---

① 张建伟:《政治与法律题材的完美联姻》,《检察日报》2015年1月16日。

1952年，东欧各国被开除的党员有250万人，被监禁的有12.5万～25万人，受害者中有3位总书记、1位总统、几位副总理、几十位部长等党和政府的高级领导人，100名将军。① 这种政治斗争，不仅令东欧各国领导人及共产党人噤若寒蝉，也加剧了他们对苏联的离心倾向。

通过对东欧社会主义国家大规模及长时间的整肃，斯大林从苏联的最高领导人上升到整个社会主义大家庭的最高领导人。东欧绝大多数社会主义国家在内政外交方面都要征求苏联领导人的意见，面对苏联的高压，只能跟着苏联的步伐，完全模仿苏联的发展模式，本国国内的路线之争暂时被搁置和隐藏起来了。遗憾的是，斯大林之后的历届苏联领导人继承了霸权主义的外交路线，甚至变本加厉地侵犯东欧社会主义国家的主权。苏联也就从一个社会主义国家逐渐变成了霸权主义国家。到勃列日涅夫时期，甚至提出了所谓的"有限主权论"。显然，"有限主权"的只是周边的社会主义小国，苏联的主权是不可能有限的，它远远超过了自己的国界。此时的苏联表现得比美国还霸道，美国为了拉拢广大的欧洲、亚洲国家一同对抗苏联，有一段时期它对欧洲、亚洲国家的态度比苏联对东欧国家的态度要好得多，因此苏联一旦瓦解，自然会众叛亲离。

斯大林领导下的苏联之所以产生霸权主义思想，是有一些客观原因的。一是苏联为获得反法西斯战争的最后胜利付出了极为惨重的代价。苏联虽然是第二次世界大战的胜利国，但是这种胜利其实难以言笑。整个反法西斯战争期间，国内2700多万人（包括平民）死亡，伤残的就更多了，国内几乎没有一个家庭是完整的，每家每户都有成员因战争或伤或亡。在与德军的多次交战中，苏军不仅失败次数多，而且伤亡特别大。物质方面损失同样巨大。据统计，苏联在第二次世界大战期间遭受的直接物质损失，折合为1941年价格达18900亿卢布。法西斯军队破坏了32000个工业企业、65000公里铁路、13000座铁路桥梁和4100个火车站，毁坏和焚毁了1710座城市和70000个大小村庄。② 胜利后的苏联几乎满目疮痍，苏联多年积累起来的财富的1/3被毁于战火。所以面对战争刚一结束美苏再次对立的形势，斯大林其实内心很清楚，如果不能建立一个社会主义大家庭，苏联有可能再次面临亡国的危险。事实上，1945年苏联刚刚赢得反法西斯战争的

---

① 《二战后东欧各国也开展了清洗运动，惨烈程度堪比斯大林肃反》，2017-12-05，https://c.m.163.com/news/a/D4RJCO0V0523GHUD.html。

② ［苏］苏联科学院经济研究所编，张贤务等译：《苏联社会主义经济（1917—1957）》，生活·读书·新知三联书店1959年版，第266页。

胜利，国际环境对苏联就极为不利。"以美国为首的西方国家在战争结束之后立刻就开始实行'实力地位'政策。这种政策反映出这些国家中最富有侵略性的分子力图镇压工人运动、民主运动和民族解放运动，力图破坏社会主义阵营和建立他们的世界霸权。这种政策实际上就是：无限制地扩充军备；沿着苏联和人民民主国家的国境建立军事基地；拼凑针对社会主义阵营国家的侵略集团；展开反对社会主义国家的所谓'冷战'，准备新的流血战争。"① 美苏战时合作气氛完全消失，美国似乎又替代法西斯德国，成为苏联人民的新威胁。

在苏联领导人看来，一场战争刚结束，另一场战争又将扑面而来。为此，斯大林联共（布）带领苏联人民加强国民经济建设，尤其重视国防建设，以抵御来自西方的威胁。主要采取三个方面的政策和措施。

一是尽快恢复和发展苏联国民经济，增强苏联的防御能力。1946年3月，苏联最高苏维埃通过了第四个五年计划（1946—1950年），把因战争中断的五年计划重新进行下去。"四五计划"规定的中心任务是重建国家受害地区，把工业和农业恢复到战前水平，然后大大超过战前水平。计划明确要求：首先恢复、发展重工业和铁路运输业，其次大量生产主要消费品，并使国民经济各部门的技术不断取得进步。在第四个五年计划期间，苏联的机械制造、化学、冶金等一系列重要工业部门迅速发展起来，同时建立了火箭和原子工业、无线电和遥控力学等新兴工业。苏联很快建立了一系列飞机制造厂、拖拉机厂、造船厂和汽车制造厂，大大加强了国防工业的建设。② 第五个五年计划明确规定优先发展重工业，重点加强国防建设。苏联的工业尤其与军事相关的重工业在斯大林时代获得了快速发展。这一成绩不能否认，也不能抹杀。

二是加强军队建设，全面提高军队的战斗力。1945—1953年，苏联处于战后重建阶段。总体来说，这个阶段斯大林非常担心本国和美国发生战争，尤其担心美国的原子弹威胁。因此，苏联在军事上实行武装盟国，将本国前线向前推进的战略，对美国则采取避让政策。同时大力提高军队的人员素质，加强军队的纪律建设，改进军队的武器装备。

三是建立安全缓冲区。为了防止德国和日本军国主义东山再起，苏联

---

① 《苏联共产党第二十次代表大会文件汇编》下册，人民出版社1956年版，第1159页。

② 《苏联第四个五年计划》，百度百科，https://baike.baidu.com/item/%E8%8B%8F%E8%81%94%E7%AC%AC%E5%9B%9B%E4%B8%AA%E4%BA%94%E5%B9%B4%E8%AE%A1%E5%88%92/3047872?fr=aladdin。

必须在一定程度上打压德国和日本。苏联占领日本的库页岛南部、千岛群岛以及德国东部正是出于这样的考虑。同时为了避免在此后的冲突中自己首当其冲，有必要建立一个缓冲区、安全区。正是在这种思想的指导下，周边一些地区就被并入了苏联的版图，苏联的领土面积也达到了历史上的新高度，与其他国家直接控制的领土相比，俨然庞然大物。即便苏联解体了，今天的俄罗斯领土面积也还有1700多万平方公里，依然是世界面积最辽阔的国家。

其实在"二战"之前，斯大林领导下的苏联就已经表现出对周边其他国家领土的极大兴趣。如果关注及了解俄罗斯及苏联的发展历史，就会发现俄罗斯的壮大史就是一部对外侵略、扩张、吞并的历史。由14世纪时的一个蕞尔小邦莫斯科公国发展到领土面积达到2288万平方公里的巨无霸国家俄罗斯帝国，从中可以看出俄罗斯民族对于土地的极度渴望。虽然布尔什维克党建立了社会主义国家苏联，列宁也曾经表示过对沙俄侵占周边国家领土的歉意，但是苏联历届领导人对于领土的兴趣并没有止步。第二次世界大战结束时，苏联不仅是两大超级强国之一，而且领土面积又在原来的基础上增加了60多万平方公里。如此庞大的土地，苏联都是从哪儿得来的呢？

第一部分，库页岛南部、千岛群岛，总面积大约5万平方公里。库页岛自古以来就是中国的领土。但是进入19世纪40年代后，世界上几乎所有主要的资本主义国家都将侵略的魔爪伸向了中国。由于国力的孱弱，清政府不断丧师失地。沙俄在1860年通过《北京条约》侵占了乌苏里江以东的40多万平方公里的土地，其中包括库页岛。1905年，日本在与俄罗斯的战争中获胜，侵吞了库页岛南部地区。1945年2月，美苏英三国在雅尔塔召开会议，尽管中国方面没有出席，但是会议作出的决议却与中国密切相关。会上斯大林提出了苏联出兵中国东北打击日本的条件，即苏联将在结束对德战争3个月内对日宣战，作为对日宣战的"报答"，库页岛南部和邻近的一切岛屿、千岛群岛交给苏联。这一条件得到了与会的美国、英国领导人的默许。苏联解体之后，俄罗斯继续控制这一部分土地。

第二部分，波兰东部地区，面积约有20万平方公里。波兰是典型的"丫鬟身子小姐心"，国力不强却热心扩张，结果在近代屡次被各列强所蹂躏，领土面积越来越小。在18世纪末，波兰被沙俄、普鲁士、奥地利瓜分过3次，酿成了亡国的悲剧。在20世纪，波兰依然还是欧洲列强侵占的目标。1939年第二次世界大战刚刚爆发时，苏联和纳粹德国达成了密约，纳粹德国闪电打击波兰之后，苏联毫不犹豫地出兵将波兰东部领土纳入自己的控制中。第二次世界大战胜利之后，苏联并没有交还强占的波兰领土。从波兰与俄罗斯几百年的关系演变来看，两国关系几无改善的可能，波兰不可能凭自己的力量收回被俄罗斯占领的领土，俄罗斯也不可能把已经吃下去的领土吐出来。正如普京总统所说，"俄罗斯是世界上面积最辽阔的国家，但没有一寸土地是多余的"。波兰即便投靠北约，能守住目前的领土已经算不错了。

第三部分，波罗的海三国，总面积大约为18万平方公里。波罗的海沿岸的爱沙尼亚、拉脱维亚和立陶宛三个国家，面积不大，但地处战略要地，一直以来经济发展相当不错，也一直有独立之心。1918年趁沙俄灭亡之际，三个国家随即宣布独立。继承了俄罗斯帝国衣钵的苏联并不甘心三国脱离自己的控制，一直在等待时机。第二次世界大战爆发初期，苏联与纳粹德国达成协议，将波罗的海三国划到自己的势力范围内。随后，苏联毫不犹豫地将这三个国家吞并，变成自己的加盟共和国。然而，波罗的海三国并非心甘情愿加盟苏联，所以1991年苏联解体时，爱沙尼亚、拉脱维亚、立陶宛三个国家最先宣布独立，而英法德美等国马上宣布承认三国独立，欧洲的政治版图再次更新。可以说，这三个国家与沙俄是两合两分，对于其中的体会感触肯定最深。而这几个国家与波兰一样，反俄的立场始终如一，与俄抗衡的唯一希望是欧洲继续强大，拥有抗击俄罗斯的实力。

第四部分，芬兰的卡累利阿等地区，面积大约有7万平方公里。1939年，苏联和德国划定势力范围时，芬兰被划入了苏联的势力范围之内。1939年11月26日，苏联军队制造了"曼尼拉事件"，宣称芬兰军队炮击了曼尼拉村，造成数名苏联士兵的死亡，进而要求芬兰政府赔礼道歉，并将军队后撤20～25公里。① 芬兰政府理所当然地拒绝这个要求，苏联以此为借口调动23个师共45万军队越过苏芬边界，迅速抵达曼纳海姆防线，开启了"冬季战争"。在这场苏芬战争中，虽然苏联红军表现不堪，伤亡损失远远大于只有几万人的芬兰军队，不过苏联毕竟国力远强于芬兰，所以取得了战争的胜利。最终，苏联与芬兰达成了"莫斯科和平协定"，芬兰失去了卡累利阿地区。

第五部分，东普鲁士原本约1.5万平方公里土地。从名称上就可以知道，东普鲁士原本是德国领土，但随着第二次世界大战德国战败，苏联与

---

① 苏联解体后，俄罗斯历史学家提出了新的结论，认为该事件是由NKVD（苏联内务人民委员部，克格勃的前身）策划的，11月26日并没有苏联士兵遭到炮击身亡。1994年，俄罗斯总统叶利钦承认"冬季战争"是一场彻头彻尾的侵略战争。

波兰把德国军国主义的老巢东普鲁士瓜分了,苏联占领东普鲁士北部地区,把居住于此的德国人驱逐,迁入大量俄罗斯人,并且把东普鲁士首府哥尼斯堡改名为加里宁格勒。这样一来,这部分地区也彻底成了苏联的领土。应该说,苏联在侵占他国领土并且把对它的统治永久化方面还是很有一套的。今天的德国哪怕再强大,也不可能要回这块地方了,因为这块地方的德国痕迹已经没有了。

第六部分,外喀尔巴阡和比萨拉比亚地区,总面积约为5万平方公里。比萨拉比亚原属罗马尼亚,1940年被苏联强占。第二次世界大战胜利之后,强盛不可一世的苏联自然没有归还此地的意愿,罗马尼亚也只能承认苏联对比萨拉比亚的主权。外喀尔巴阡是乌克兰、斯洛伐克和匈牙利接壤地区。1945年,苏联以该地区是乌克兰人的聚居地为由,将其强行占领并划归乌克兰,成为乌克兰最西部的一个州。除了这些被直接吞并的领土之外,苏联还间接控制了不少地方。例如通过《雅尔塔协定》从中国独立出去的外蒙古,就一直处在苏联的控制之下,甚至有"苏联的第十六个加盟共和国"之称。

所以说,尽管在"二战"中损失巨大,苏联却是"二战"中获利仅次于美国的国家。① 近现代俄国及苏联通过战争获得了大量土地,这些领土既是今天俄罗斯敢于叫板美国的本钱,也是俄罗斯国内问题不断的重要原因。

二、赫鲁晓夫对于苏联霸权政策的调整

赫鲁晓夫上台后,苏联的经济实力得到迅速恢复,中国抗美援朝战争的胜利,也大大提振了社会主义国家的声威,对于苏联也是一种实质性支持。苏联面临的国际环境也有所改善,东西方的"热战"一时打不起来,赫鲁晓夫有更多的精力来处理苏联国内问题,例如改革斯大林时代一些不合适的制度,调整对外政策。与斯大林相比,赫鲁晓夫的政策相对要缓和一些。他制定了同美国"和平共处""和平竞赛"并且在第三世界进行"和平渗透"的"三和"政策。"三和"路线实质是在"和平共处"的基础上,加强同美国的"和平竞赛",力图在竞争中加强自己的经济和军事实力,同时向第三世界进行"和平渗透",扩大苏联的势力范围,最终实现与美国平起平坐,与美国共同主宰世界。赫鲁晓夫宣称和平共处为苏联对外政策的

---

① 《第二次世界大战期间,苏联一共强占了他国多少领土?》,搜狐网,2018-11-06,https://www.sohu.com/a/273664927_100259636。

总原则和总路线,认为和平共处不仅意味着两种制度之间不爆发战争,而且还意味着两种制度之间在经济方面进行和平竞赛,在经济、政治和文化方面进行具体合作。① 尽管这条路线引起过不同的争论,但是笔者觉得仍要客观地看待这一段历史,也不能过于武断地评价它好还是不好。

赫鲁晓夫坚持认为,苏联的经验证明社会主义制度拥有相当大的优越性,这种优越性体现在可以达到比美国快得多的经济发展速度。赫鲁晓夫认为,苏联在经济增长速度和产品的绝对增加量方面都超过了美国。在过去的一段时间里,苏联经济增长速度是美国的3倍,所以他认为苏联经济赶上美国很容易。赫鲁晓夫甚至预言,苏联20年后就可以把美国抛在后面。

赫鲁晓夫对于无产阶级国际运动同样充满信心,他希望改造第三世界新独立的国家。赫鲁晓夫相信,那些摆脱了殖民主义统治而获得政治独立的国家,在苏联的影响和援助下发展民族经济,就可以走上"非资本主义"发展道路,实现向社会主义的过渡,从而实现苏联向这些国家进行"和平渗透"的目的。

在提高苏联国际地位方面,赫鲁晓夫确实取得了不俗的成绩。1956年的第二次中东战争,虽然美国、苏联没有直接参战,但是两国均不支持英国、法国、以色列的行动,并且一边援助战争的另一方埃及,一边向英国、法国、以色列强硬施压。最后,三国不得不接受美苏的停火建议,以色列被迫撤出西奈半岛。② 这次事件是苏联国际地位提高的一个重要标志。

赫鲁晓夫对于国际局势的看法并不完全是误判。一方面,在他的努力下,苏联与美国的关系实现了一定程度的缓和,1959年,赫鲁晓夫应美国总统艾森豪威尔的邀请成功访美。这是苏联政权建立40多年来,苏联最高领导人首次踏上美国领土。赫鲁晓夫访美虽然没有改变美苏对抗的局面,但是双方能够交流总比没有好。

另一方面,赫鲁晓夫时代,苏联自身的实力也在继续增长,甚至声称自己"即将实现共产主义",国际合作也打开新局面,在国际上拥有一批追随自己对抗美国的力量。苏联向20多个亚非国家提供了38亿美元的经济援助,确实使它在第三世界有了不少立足点,也拥有一定的号召力。③ 赫鲁晓夫下台时,苏联局面相当不错,经济军事蒸蒸日上,航天技术甚至一度领

---

① 《赫鲁晓夫言论》第11集(1959年1—4月),世界知识出版社1965年版,第83页。
② 刘火雄:《中东系列战争之2:埃及大战以色列英法联军 第二次中东战争:喋血苏伊士运河》,《文史参考》2011年第22期。
③ 王书中主编:《美苏争霸战略问题》,国防大学出版社1988年版,第46页。

先美国，1961年苏联航天员加加林成为造访太空第一人。但是，赫鲁晓夫的大国沙文主义、民族利己主义和某种程度的霸权主义也在进一步发展。赫鲁晓夫时期苏联虽然继续用各种援助来笼络他国，不过赫鲁晓夫对于他国的援助并非无条件的，而是带有明显的扩张意图。其目的是培植代理人，建立卫星国。正是这些错误理论的指导，导致赫鲁晓夫当政时期的苏联与东欧国家及中国的关系未能向好的方向发展。①

总而言之，赫鲁晓夫时期，苏联外交战略的主要目标：第一，为苏联及社会主义阵营的经济恢复和社会发展营造一个和平安宁的外部环境。因为从1947年起，美苏两大阵营开始对立，苏联面临着新的外部威胁，需要通过化解双方的敌对状态，消除战争威胁，营造一个和平的发展环境。第二，改变苏联和东方阵营在东西对立当中所处的被动防守的外交态势，争取与美国平起平坐，共同对国际事务发声。第三，协调苏联与社会主义大家庭其他成员的关系，各国理解并执行苏联的社会主义发展路线，配合和协调苏联的外交立场。

三、勃列日涅夫的国际争霸政策

列昂尼德·伊里奇·勃列日涅夫于1964年接替赫鲁晓夫成为苏联党政军最高领导人。勃列日涅夫属于技术型官僚，当过工人，从政后上过农业大学，获得工学学士学位，也曾拥有冶金工程师职称。他堪称"官场老手"，上位前极其沉稳，不骄不躁地努力工作，几十年不间断地学习进步；政治上从不站队，既不投机钻营，也不落井下石，对权力表现得很平淡，从不贪恋权势。② 正因为其一贯的出色表现，勃列日涅夫在凶险的苏联官场一直福星高照，好运连连。尽管在他去世之后，苏联的国力急剧下降，有人甚至把苏联解体这笔账也算在他的头上，但是客观而言，他还是有一定能力的。尽管外界对他执政时期的得失评价不一，但是由于他去世之后不久苏联政局发生翻天覆地的变化，绝大多数的群众在他去世之后生活质量急剧下降，因而怀念他执政时光的也大有人在。

1. 勃列日涅夫执政时期苏联经济实力可圈可点

勃列日涅夫针对当时苏联高度集中的计划经济体制进行了改革，改革之后一定程度上促进了苏联的经济发展，主要体现为苏联在他执政前期经

---

① 桂立：《苏联霸权主义的形成和发展析论》，《宁夏社会科学》1999年第2期。
② 刘吉同：《勃列日涅夫的"理论创新"》，《唯实》2012年第11期。

济实力有所增强。遗憾的是，到了勃列日涅夫执政后期，苏联的经济增长速度持续下降。据统计，1965—1981 年，苏联国民经济固定生产基金增长 2.42 倍，高于同期美国的发展速度，社会生产总值增长 1.46 倍。1965 年苏联的国民收入仅相当于美国的 62%，到 1975 年提高到相当于美国的 67%，增长 1.44 倍。同期苏联的工业产值占工农业总产值的比重则从 65% 提高到 80%，增长 1.77 倍。农业平均产值在"十五"计划期间比"七五"计划期间增长 50%。但自从 1979 年开始，农业连年减产，农业产值 1979 年、1980 年和 1981 年分别下降 3.1%、2.5% 和 1.9%。农业不振也影响了国民经济的其他部门，特别是轻工业和食品工业的发展，造成市场供应紧张。值得指出的是，当时的苏联已有 20 余种重要产品产量雄居世界之首。①

正是在勃列日涅夫执政期间，苏联的经济总量翻了一番，进一步缩小了与美国的差距。在勃列日涅夫执政的 18 年间，苏联人民生活水平也有明显提高。1965 年苏联国家职工月平均工资为 96.5 卢布，1981 年提高到 172.7 卢布；1965 年苏联集体农庄庄员月平均劳动报酬为 51.3 卢布，1981 年提高到 120.6 卢布。住房面积也有改善，1965 年苏联人均居住面积 10 平方米，1981 年提高到 13 平方米。② 尽管总体来看与西方国家仍有差距，但考虑到当时苏联社会的各种福利，人民群众的日子其实过得还是很不错的。

勃列日涅夫执政期间对于发展重工业尤为重视，提出"发展重工业，过去和现在都是苏联经济政策的不变原则"，是完成一切国民经济任务的前提。为此，他把 85% 以上的工业投资用于发展重工业。苏联经济的不足在于对于石油资源的过于倚重。勃列日涅夫执政初期，继续推进油田的开发，建设了苏尔古特等大型油气田。1974 年，苏联的第二条西伯利亚大铁路——贝阿铁路建成通车，通车里程长达 3100 公里，西伯利亚丰富的油气资源可以沿这条铁路线西去苏联欧洲部分国土、东欧国家和西欧，东去太平洋。大量的石油出口到国际市场，给苏联带来大量外汇，凭借这些外汇，苏联得以从世界各国进口大量的粮食、副食品和生活日用品。在大好的形势下，勃列日涅夫宣布降低物价。③ 物价下降，苏联人民大都能够从中获益。

在社会主义发展阶段论上，勃列日涅夫及其他苏联领导人有点过于自

---

① 高萌：《对中央高度集权经济建设模式的改革尝试——赫鲁晓夫和勃列日涅夫时期的经济改革》，《学理论》2013 年第 23 期。
② 秦葆世：《勃列日涅夫时期苏联社会经济的发展和问题》，《今日苏联东欧》1983 年第 1 期。
③ 秦葆世：《勃列日涅夫时期苏联社会经济的发展和问题》，《今日苏联东欧》1983 年第 1 期。

信。1967年11月,勃列日涅夫首次提出"发达社会主义"的概念,并且向世界宣称苏联已"建成发达的社会主义社会",即"各尽所能,按劳付酬的原则占统治地位的社会"。1977年,他进一步阐述说,"成熟的发达的社会主义阶段,是从资本主义走向共产主义道路上一个相当长的发展阶段",这个社会的宗旨是"依靠强大的先进工业,依靠大规模的高度机械化农业,把越来越充分地满足公民的多方面需要作为社会发展的直接的主要目标"。①

2. 大力发展军事力量,积极与美国争夺世界霸权

勃列日涅夫执政时期,美苏争霸进入白热化,苏联自感在对抗中没有足够的优势和把握,因而把绝大部分资源用于发展重工业和军事工业,特别强调重点发展战略核武器和远洋海军。在上述方针指导下,苏联军费逐年增加,从1965年的326亿卢布增加到1981年的1550亿卢布,增加了3.75倍。每年的军费开支约占苏联国民生产总值的12%~14%,约占苏联财政支出的1/3以上。② 对比今天世界各国的军费开支,苏联国防投入的比例过大,而这势必导致对民生及其他行业投入的减少。

苏联把过多的资源和财力放在军事上,效果也很明显,很快就改变了美苏军事力量的对比。勃列日涅夫执政期间,苏联海军由原来的近海防御舰队发展为具有远洋作战能力的武装力量;战略核武器方面,拥有洲际弹道导弹1300枚,首次超过了美国1054枚洲际弹道导弹的数量。20世纪70年代初,美苏军事力量基本达到均衡,此后甚至朝着有利于苏联的方向发展。通过勃列日涅夫的努力,苏联用了不到10年的时间就取得了对美国的战略均势地位,步入超级大国行列。苏美在军事力量上的势均力敌,使得双方在全球范围内的争霸愈演愈烈,对于苏联领导人来说,有强大的武力作为后盾,在与美国叫板时也就更有底气。

1972年5月,美国总统尼克松到莫斯科访问,与苏联最高领导人勃列日涅夫签署了《限制反弹道导弹系统条约》《限制进攻性战略武器的某些措施的临时协定》等缓和军备竞赛的协议。③ 事实上,美国对于这类国际条约或者双边条约从来没有打算履行,有的时候只不过把它作为一条捆住对方手脚的绳索;而国力不断上升的苏联也自然不会为这张纸上协议所束缚。因此两国关系并没有就此走上缓和轨道,而勃列日涅夫在1979年发动入侵

---

① 高萌:《对中央高度集权经济建设模式的改革尝试——赫鲁晓夫和勃列日涅夫时期的经济改革》,《学理论》2013年第23期。
② 《苏联GDP只有美国三分之一,但军费却经常反超》,新浪网,2019-09-20,http://k.sina.com.cn/article_2693866973_a09125dd00100jqiw.html。
③ 吴兴佐:《〈反弹道导弹条约〉的兴废始末》,《国际资料信息》2002年第1期。

国际话语权转移及中国国际话语权的提升研究

阿富汗的战争更是导致美苏两国走向全面对抗。苏联进攻阿富汗的后果是使自己深陷战争泥潭,耗费了大量人力物力却得不偿失,也损害了自己的国际形象,到1989年不得不宣布撤兵。可以说,出兵阿富汗的行动对于苏联的解体也是一股催化剂。

3. 积极扩张,谋求霸权

在勃日列涅夫的领导下,苏联的大国沙文主义逐渐演变成霸权主义。苏联极力向东欧和中国推销自己的社会主义模式,而且不允许这些国家在实践当中进行改革,如果一旦有某个国家要改变原有的苏式社会主义制度,苏联就会甚至不惜动用军队来干预。1968年1月起,捷克斯洛伐克开展被称为"布拉格之春"的政治民主化改革。8月20日,20万华约军队、5000辆坦克开进了捷克斯洛伐克领土,并很快控制了其首都布拉格。在苏联的高压下,捷克斯洛伐克"带有人性面孔的社会主义"改革归于失败。① 之后苏联最高领导人勃列日涅夫推出了"有限主权论",为苏联出兵捷克斯洛伐克作辩护。勃列日涅夫认为,当国内外社会主义敌人直接行动威胁社会主义阵营共同利益的时候,就要采取"军事方式援助兄弟国家来消除这种威胁的行动"②。1970年6月,勃列日涅夫对苏联人民发表讲话时说:"苏联是个位于欧洲和亚洲广阔区域上的社会主义国家。这就使我国的对外活动负有特殊的责任。而我们也不能回避这一责任。"③

勃列日涅夫执政期间,在"有限主权论"的指导下,苏联对外进行了一系列的势力范围扩张活动,包括1969年3月和8月先后侵犯中国领土珍宝岛和铁列克提地区,1979年12月出兵入侵阿富汗等军事行动。不过,勃列日涅夫这种越界越权的做法遭到中国、南斯拉夫、阿尔巴尼亚等国领导人的多次批判,而且苏联也基本上不能控制这几个国家。④

1972年5月22—30日,尼克松、基辛格访问莫斯科,同勃列日涅夫进行双边最高首脑会晤之后,东西方关系一度得到很大改善,友好对话开始代替了剧烈对抗。苏联与西方国家的经济交往明显增多:苏联与西方的贸

---

① 《布拉格之春》,百度百科,https://baike.baidu.com/item/%E5%B8%83%E6%8B%89E6%A0%BC%E4%B9%8B%E6%98%A5/17371?fr=aladdinhttps://baike.baidu.com/item/%E5%B8%83%E6%8B%89%E6%A0%BC%E4%B9%8B%E6%98%A5/17371?fr=aladdin。

② 《有限主权论是在什么背景下出现的?有限主权论的影响》,趣历史,2018-09-19,http://www.qulishi.com/article/201809/296734.html。

③ 张建华:《国家利益视野下勃列日涅夫时期的对美关系》,《杭州师范大学学报》(社会科学版)2008年第2期。

④ 勃列日涅夫在逝世前的几次讲话中,表示"真诚地希望同中国关系正常化",愿与中国"继续就边界问题举行谈判,就改善关系的措施达成协议"。

易额由 1970 年的 46 亿卢布增至 1980 年 316 亿卢布，增长了近 6 倍；1964—1970 年，苏联从西方得到的长期贷款仅 38 亿美元左右，而 1971—1980 年间，贷款额增至 300 多亿美元。可见苏联凭借推行"缓和"政策不仅实现了双方经贸合作，还获得了以前在对抗中不可能带来的益处。①

苏联在意识形态斗争上继续全球出击。"二战"期间及"二战"后，亚洲、非洲及拉丁美洲独立运动一浪高过一浪，到了 20 世纪 70 年代末 80 年代初，许多国家实现独立并且已经成长起来。这一时期，苏联打着支持民族解放运动的旗号，援助第三世界进行反帝、反殖斗争，客观上造成了有利于苏联的局面，苏联领导人一度认为本国在世界命运发展方面具有越来越重要的决定性作用。随着国家经济实力的提升、军事实力的膨胀以及国际形势向有利于苏联的方向发展，到 20 世纪 70 年代中期，苏联的国家战略开始转向进攻性战略，霸权主义色彩表现得越来越浓。

第一，与更多国家缔结军事同盟，充当这些国家的保护伞和军事顾问。1971 年 5 月，苏联与非洲大国埃及签订《苏埃友好合作条约》，向埃及提供 50 亿美元的经济、军事援助，派遣军事专家顾问 1.8 万多人。1971 年 8 月，苏联与南亚大国印度缔结《苏印友好合作条约》。② 1971 年 10 月，印度入侵巴基斯坦，并使得东巴基斯坦（孟加拉国）独立，在这一过程中，苏联向印度提供了大量的武器装备。当美国刚从越南撤出不久，苏联马上上去填补空白，1978 年 11 月，与越南签订《苏越友好合作条约》。苏越缔约后不到 1 个月，越南便入侵柬埔寨，而越南 10 万大军的实际指挥者就是苏联的军事顾问。③ 苏联对越南的输血，进一步加重了苏联的经济负担。整个 20 世纪 70 年代，像这样带结盟性质的友好合作条约，苏联一共与 10 多个第三世界国家签订过。

第二，利用代理人进行战争。"冷战"期间，不仅美国擅长打代理人战争，苏联同样如此。对于一些距离苏联较远的国家，苏联一般在幕后支持一方反对另一方，把代理人战争手段同样玩得得心应手。1975 年，苏联通过古巴对安哥拉内战进行了大规模的武装干涉，把近 2 万人的古巴军队和大批武器装备运入安哥拉。苏联自己的军事人员包括飞机和坦克驾驶员、军

---

① 张建华：《国家利益视野下勃列日涅夫时期的对美关系》，《杭州师范大学学报》（社会科学版）2018 年第 2 期。

② 《前苏联的扩张引发的失血》，豆瓣网，2018 - 12 - 28，https://www.douban.com/note/701601813/。

③ 《前苏联的扩张引发的失血》，豆瓣网，2018 - 12 - 28，https://www.douban.com/note/701601813/。

事顾问等也直接参与了军事行动。1977—1978年,苏联又利用埃塞俄比亚和索马里在欧加登地区的武装冲突,在"非洲之角"实行大规模的军事介入,其间向埃塞俄比亚运送了1.7万多名古巴军人和大批军火,苏联军事顾问还指挥了古巴和埃塞俄比亚军队的联合军事行动。与此同时,苏联还通过古巴军队插手扎伊尔〔今刚果(金)〕和南也门的内政。①

第三,加强经济渗透。在20世纪70年代后半期,苏联还普遍加强了对第三世界国家的经济和军事援助,尤其是军事援助。1970—1974年,苏联对第三世界的军事援助额为140亿美元,1975—1979年,猛增到300亿美元。②

通过四处签订友好条约,加上重金援助,许多第三世界国家与苏联在经济及军事方面都保持着较为紧密的关系,这些国家的领导人都成了亲苏派。苏联不仅在国际上扶持了一批亲苏政权,还从这些接受苏联援助的国家手中获得了一批机场和港口的使用权,在越南、古巴、阿富汗更是建立了海外军事基地。苏联进攻战略的目标之一就是打击、削弱、排挤并力图压倒它的主要对手美国,而它在20世纪70年代的海外扩张在很大程度上削弱了美国在全球的势力和影响,扩大了自己的势力范围。

4. 勃列日涅夫的霸权主义理论基础

勃列日涅夫任苏联最高领导人前中期,是苏联国际地位如日中天的时期。此时的苏联拥有过去不曾拥有的国际地位和国际影响,这是今日俄罗斯难以企及的高度。苏联不仅把周边的社会主义国家纳入自己的势力范围,而且还提出了一整套理论,为自己的扩张政策提供支持。其霸权主义理论主要有三点。

(1)"最高主权"论和"老子党、老子国"论。苏联共产党是"老子党",苏联是"老子国"。其他社会主义国家及共产主义政党都是它的"儿子辈"。勃列日涅夫领导集团认为,保卫社会主义就是"保卫最高主权",为了保卫这种利益,苏联可以决定别国的命运,包括其他国家的主权命运。社会主义制度比其他社会主义国家的主权更为重要,如果一个社会主义国家要放弃或改革社会主义制度,就是对苏联的背叛,苏联可以动用武装力量来捍卫社会主义制度。苏联共产党一直凌驾于各国共产党之上,苏联共

---

① 《前苏联的扩张引发的失血》,豆瓣网,2018-12-28,https://www.douban.com/note/701601813/。

② 《勃列日涅夫的扩军梦,重工业投资占整个工业85%》,铁血网,2012-02-29,https://bbs.tiexue.net/post_5728675_1.html。

产党把历次党代表大会不仅看成是自己的党所做的总结报告,而且看成是向所有共产党、向世界工人运动做的总结报告。

(2)社会主义大家庭—国际分工—国际主义职责论。苏联领导人发明了"社会主义大家庭"理论,这个理论认为社会主义大家庭是一个不可分割的整体,有必要协调这个家庭的统一行动。在这个大家庭当中,各个成员的主权只是某种不完全的主权。在"冷战"期间,东西方的商品及经贸往来受到严格的限制,华约集团几乎是一个独立的经济体系。为此,苏联领导集团在东欧等兄弟国家推行所谓的"国际分工""经济一体化",把"各国的力量和资源连接起来"。在应对以美国为首的西方国家封锁时,东欧国家这种相互分工有一定的积极作用,但是另一方面,这种理论和实践获益最大的是苏联,对于其他国家来说利益损害比较大。有的国家经济基础薄弱、经济结构单一,接受国际分工会导致其经济发展与其他国家尤其是苏联之间的差距不断拉大,人民生活水平在一段时间内停滞不前。这种差异也是后来苏联和东欧发生剧变、解体的重要原因。

(3)进行革命输出,鼓吹世界革命。当时的社会主义阵营,无论是国家数量还是人口总量与资本主义世界差距明显,成长空间很大。苏联领导人深感世界社会主义革命任务艰巨,革命前景广阔。如何把更多的国家拉进社会主义阵营,既要靠广大第三世界人民的自觉,也要靠"苏联老大哥"的积极有为。因此,苏联领导人对于世界各地爆发的民族解放运动给予积极援助,希望通过外援来推动革命高潮,同时苏联自己也在积极进行革命输出。有一段时间,苏联领导层甚至把意识形态绝对化,不分时期、地点和条件到处推广,甚至强加于他国,鼓吹世界革命。在勃列日涅夫及他身边的人看来,随着自身经济军事实力的增强,苏联搞革命输出是理所当然的,进而提出"历史的发展定会把无产阶级专政从一国的专政变成能够对整个世界政治起决定性影响的国际专政"[1]。总之,苏联的领导层认为,作为一个地跨欧亚两洲的大国,推动世界其他国家走向社会主义道路,是他们的应尽责任,他们也不应回避这一责任。

四、苏联霸权主义思想渊源

1. 苏联领导人缺乏各国平等的观念和格局

国际交往要坚持平等的原则,这是国际关系正常化的前提。然而在共

---

[1] 桂立:《苏联霸权主义的形成和发展析论》,《宁夏社会科学》1999年第2期。

产国际内部,各成员党之间关系一直不正常。从20世纪20年代后期到40年代初期,苏联共产党一直是领导者,其他国家的共产党是被领导者,处于从属地位,它们必须服从苏联共产党以共产国际名义发出的各项指令。苏联党内的斗争,往往也会影响到其他国家的共产党。苏联党内的各种整肃政策也自觉不自觉地扩大到其他兄弟党,其他共产党党内与苏联保持密切联系的党员或者是曾在苏联学习过的党员与本土党员之间的冲突也日益尖锐化。其中,留苏派往往能够得到莫斯科方面的支持,因而大都能够在党内斗争中胜出。第二次世界大战后,苏联共产党还对不听话的南斯拉夫共产党进行整体打压。

苏联多次侵犯周边国家的利益,导致其与邻国关系紧张。随着自己国力日益强大,苏联抛弃了建国初期的友好平等外交政策,开始不平等地对待兄弟国家及其他邻国。或是主动侵犯,通过战争手段取得某些领土,如"二战"初的苏芬战争;或是通过国际会议,划分势力范围,进一步蚕食、吞并其他国家的领土。在"二战"期间及以后,苏联通过吞并波兰东部地区、罗马尼亚的比萨拉比亚、日本的千岛群岛,等等,取得60多万平方公里的领土,相当于3个罗马尼亚。苏联还在多个社会主义国家驻军,建立多个军事基地,干涉别国内政。当毛泽东拒绝了赫鲁晓夫在中国建立"联合舰队"和长波电台的提议后,苏联马上翻脸。

中苏两国交往几十年,中国从上到下都能够感受到苏联霸权主义对我国的威胁和压力。斯大林作为共产国际的领袖,一方面积极支持中国共产党的民族解放事业,另一方面也不忘为苏联谋取更多的利益,在雅尔塔会议上提出出兵中国东北的条件,策划外蒙古正式独立,索取在中国东北更多特权,以及苏联红军出兵中国东北时在中国领土上的某些做法,都让中国共产党及民间人士感到寒心。新中国成立后,他一方面坚持援助中国,积极帮助中国进行社会主义建设,尤其是为推动中国的工业化做出了积极贡献,但也对中国实行大国沙文主义政策。赫鲁晓夫、勃列日涅夫时期的苏联,把大国沙文主义进一步发展到霸权主义,乃至发生了撤出援助中国的专家、撕毁中苏经贸合同、暗地渗透企图颠覆新疆等一系列事件,1969年两国更是发生直接冲突的珍宝岛事件。一直到苏联解体前夕,苏联还在中苏两国边境上陈兵百万。苏联当权者甚至完全不顾历史事实,矢口否认沙俄曾经侵略过中国,对沙俄强占中国大量领土及中国政府被迫签订的各种不平等条约也一概否认,甚至还为老沙皇唱颂歌。这种思维在今天的俄罗斯一些官方人士及民间人士身上仍然可以感受得到。

除了与中国剑拔弩张,苏联对待东欧的社会主义兄弟国家更是咄咄逼人。

苏联依仗自己强大的军事实力，推行霸权主义时肆无忌惮。1968年，苏联军队闪电式地侵占了捷克斯洛伐克，公然绑架了捷克斯洛伐克党政领导人，逼迫他们签订屈辱的协定，更换了领导人。1975年，苏联派遣古巴雇佣军插手安哥拉内战。1977年，在非洲之角，苏联支持埃塞俄比亚和索马里进行战争。1979年，支持黎笋领导下的越南侵略柬埔寨。在1979年年底，苏联悍然侵占阿富汗，企图为南下波斯湾、印度洋打开通道。同时，苏联尽炫耀武力和威胁恐吓之能事，对波兰虎视眈眈。世界各国人民通过一个又一个冲突事实看到了苏联的所作所为，逐渐认识了苏联霸权主义的真面目。

2. 苏联霸权主义产生的历史原因

第一个原因，是沙俄的大国沙文主义和民族扩张主义的历史影响。从第一代沙皇伊凡四世到末代沙皇尼古拉二世的370年间，沙俄由原来偏居一隅的莫斯科公国发展成为地跨欧亚、拥有2288万平方公里的超级帝国。沙俄通过军事征服结合阴险狡诈的外交手段，夺得了波罗的海及黑海边的大片土地及出海口；同时侵占了150万平方公里的中国领土，夺得了广袤的土地和资源宝藏。俄国成了"各族人民的监狱"。沙俄的特点是疯狂抢夺领土，沙皇军队一旦占领一块土地，就再也不会自动退出。苏联虽然是社会主义国家，但在对外扩张领土方面，也或多或少地继承了沙俄的基因。

马克思主义经典作家原本设想社会主义革命会在发达的欧美国家诞生，然而现实情况却刚好相反。苏联、东欧、中国等国都是原本很不发达的国家，虽然这些国家内部也包含资本主义经济成分，但是资本主义成分无论是体量还是在社会经济中的影响都偏小。这就会形成这样一种尴尬的局面——苏联虽然是一个面积广阔的大国和军事强国，但在战争结束以后，苏联在以经济贸易为话语权的相对和平环境中却缺乏强大的影响力和竞争力。走社会主义道路的苏联不能像美国及欧洲诸多发达国家一样，凭借自身发达的商品经济生产与贸易来获取世界其他国家尤其是不发达国家的财富与资源，苏联获取财富的手段依然与封建的沙俄时代无异，即通过攫取更多的土地和掠夺更多人口来实现财富的简单增殖。事实上，越是不发达的国家越对掠夺土地表现得更感兴趣。正如列宁所说："一个国家愈是落后，这个国家的小农业生产、宗法制度和闭塞性就愈加厉害，而且这种情况必然使最深刻的小资产阶级偏见，即民族利己主义和民族狭隘性特别顽固有力。"[①]

---

① [苏]列宁：《民族和殖民地问题提纲初稿》，《列宁全集》第31卷，人民出版社1986年版，第130页。

苏联霸权主义思想的产生与其狭隘的民族主义和大俄罗斯民族优越感也密切相关。苏联及东欧等一批社会主义国家,虽然领导核心都是无产阶级政党如共产党或工人党,但是所进行的革命都是一开始民族民主革命,在本国无产阶级政党夺取政权以后,再转变为社会主义革命。从革命过程来看,苏联及东欧的社会主义革命彻底性明显不足。俄国十月革命之前还有二月革命,二月革命是资产阶级性质的民主革命,是无产阶级、资产阶级、小资产阶级共同推翻沙皇专制统治的革命。资产阶级民族民主革命的特点是要团结一切爱国的、争取民主的包括民族资产阶级在内的各阶级、各阶层,形成广泛的统一战线。但是民族民主革命毕竟还不是无产阶级和资产阶级两个阶级全面的直接的斗争,还不是经典意义上的无产阶级革命。因此,民族民主革命往往是民族性多于阶级性,爱国主义、民族主义是激励大多数人民参加革命的旗帜。苏联及东欧社会主义革命这种先天不足,就会产生这样一个弱点——无产阶级的阶级意识不强、无产阶级国际主义觉悟还不够高,这些社会主义国家的领导者过于重视本国利益,而过于忽视或不尊重他国利益。在宣扬爱国主义时,如果把握得不是很恰当,就容易产生民族主义的思想和情绪,进而发展成沙文主义和民族扩张主义的思想和情绪,混淆了无产阶级国际主义和地主阶级、资产阶级的民族主义的界限。

苏联在反法西斯卫国战争期间,提出了"保卫祖国"的口号,这当然有其必要性。同时为了鼓舞士气,苏联国内各大媒体大肆宣传了库图佐夫、乌沙科夫等沙俄时代名将们的丰功伟绩,甚至苏联一些军事学院也冠上了库图佐夫、乌沙科夫等名字。反法西斯战争结束后,斯大林在庆贺战争胜利的原因时特别表扬了俄罗斯民族,称赞俄罗斯民族是"苏联所有民族中最杰出的民族",是"苏联各民族的领导力量"。[1] 这种说法和做法其实有欠妥当。库图佐夫在18世纪末已经成为俄罗斯最有名望的军事家之一,也是天才的外交家和政治家;乌沙科夫是俄罗斯帝国海军第一个世界意义上的名将。他们两人为俄罗斯开疆拓土立下汗马功劳,但也有过为沙皇征服异族、镇压民众革命的不光彩的一面。苏联当时的宣传给人感觉就是明显拔高个别民族、吹捧个别英雄人物,这有违民族平等原则,也不利于民族团结。在苏联民族大家庭中,俄罗斯民族只是其中平等的一员,不能把民族分成"最杰出的"民族、"一般的"民族甚至"不杰出"的民族,也不能

---

[1] [苏]斯大林:《在克里姆林宫招待红军将领时的讲话》,《斯大林文选》,人民出版社1962年版,第428页。

把俄罗斯民族定义为苏联这个多民族国家中的领导力量,因为成为领导力量的只能是各族工人阶级的政党——苏联共产党。事实上,苏联各族人民都为保卫社会主义祖国做出了自己的贡献。

3. 苏联霸权主义思想的社会根源和经济根源

第一,苏联霸权主义政策的产生不是偶然的,与苏联上层领导的特殊地位和他们的特殊利益密切相关。在苏联时代尤其是勃列日涅夫执政时期,苏联各级领导们依据各自的级别享受不同的政治特权与经济特权,广大人民群众则少有政治民主和经济民主。在这种体制下,形成了上层集团的权势地位以及他们的特殊利益。长期以来,苏联上层领导的地位和特殊利益就是依靠这个体制来保证和实现的,所以维护和巩固这种体制,也就成为他们一切政策的出发点。

赫鲁晓夫下台以后,苏联政界学界更加毫不掩饰地歌颂苏联体制,神化苏联经验,力图把苏联经验吹嘘成"共同规律"。其目的就是要使这种体制绝对化、神圣化,这样一来,苏联上层领导的地位和利益就得以合法化、永久化。另一方面,苏联上层对一切试图突破现行苏联模式的改革思想和改革运动保持密切关注。苏联国内及社会主义阵营出现危及当前体制的任何动向,都会引起苏联领导层的高度警觉和极力反对。一旦出现这种苗头,苏联领导层就会动用各种手段进行干涉,力图控制,甚至出兵镇压。直到20世纪80年代,苏联依然在东欧保留几十万驻军。苏联在东欧保持强大的驻军一方面是与美国争夺欧洲,维护已有的势力范围,另一方面,更重要的是为了维护和巩固东欧国家按照苏联模式业已建立起来的政治经济体制。1968年,苏联出兵干涉捷克斯洛伐克,捷克斯洛伐克的改革试验立即夭折。苏联领导阶级不仅想巩固社会主义革命的成果,还想进一步扩大社会主义国家的势力范围。苏联尤其重视在第三世界政局不稳的国家中积极有为,主动渗透,极力培植亲苏势力,希望更多的国家走上社会主义道路。

第二,苏联的霸权主义政策,也与苏联畸形的经济结构有着密切的联系。"二战"以后,苏联经济飞速发展,但也存在着一些弊端,比如管理体制官僚化、过于重视发展重工业和军事工业,尽管军事领域与美国几乎可以平起平坐,但轻工业和农业较为落后。国民日常生活所需的消费品长期供应不足,工农业生产效率低,产品质量较差,人民生活水平与美国相比差距明显。

针对社会经济发展过程中存在的种种矛盾,苏联试图在社会主义国家阵营内部协调解决。比如在东欧,苏联牵头组建了经济互助委员会,推行苏联与东欧国家经济一体化。针对国际科技发展新形势,苏联呼吁东欧国家与苏联注意"国际分工""专业化"和"协作"的新形势。东欧国家的生产能力和科技力量，能够为苏联提供它所需要的机器设备、民用工业品和消费品，以保证苏联能把更多的资金投入军事工业，特别是尖端军事技术。东欧国家根据专业化分工所生产的产品主要供应苏联，1966—1980年，苏联从东欧进口的成套设备，占苏联机器设备投资总额的12%。在科学技术方面，苏联1/3的科技问题是在东欧科技人员的参与下解决的。这对弥补苏联由于把大批最优秀的科技人员投入军事部门而在国家科技发展领域造成的缺口起了重要作用。

苏联解体之前，东欧国家的经济分工和经济业态与苏联畸形的经济结构紧紧地联系在一起。东欧任何国家试图走向独立自主，都会影响到苏联经济的稳定性，因而令苏联不能容忍。苏联还通过军事援助和经济援助的方式向第三世界国家扩张和渗透，向第三世界国家提供机械产品，并从这些国家输入原料。同时，苏联积极与西方国家改善关系，开展所谓"缓和"外交。苏联推行的"缓和"外交一方面是为了瓦解西方反苏联盟；另一方面也是为了从西方获取经济利益，解决国内由于资金短缺和技术落后所造成的经济困难。例如，到20世纪70年代末，苏联从西方国家获得了270亿美元的借款，还同西方国家签订了若干补偿贸易协定。① 通过这些方式，苏联一方面获得了国内经济发展所需要的资金和先进技术，也可以把剩余的精力用来扩军备战。

第三，日益增强的军事力量，激起了苏联领导人称霸的欲望。苏联的经济结构并不合理，轻工业与日常消费品生产比较落后，军事工业与重工业两面开花。勃列日涅夫执政时期的苏联所能够向世界炫耀的主要成就便是军事装备方面赶上和在某些方面超过美国。多年来，苏联领导人一直把大量的人力、物力和财力投入扩军备战，同美国争夺世界霸权。1980年，苏联国民收入只相当于美国的2/3，但是实际军费开支却比美国还高，显然极不合理，也加重了苏联的负担。苏联拥有的战略导弹、战略导弹潜艇，在数量上超过了美国，质量上也逐渐同美国接近。苏联的军人数量、常规装备数量都大大超过美国。尽管已经超越了美国，但苏联依然没有放慢扩军备战的脚步。苏联领导人多次表示，苏联要"不惜任何代价"，"宁可在经济上做出牺牲"，也不能主动放弃同美国的军备竞赛。苏联领导人为什么把发展军事力量看得如此重要，如此执着于与美国的军备竞赛？根本原因是为了保持苏联超级大国的地位。在苏联领导人看来，手里有了强大的军

---

① 代可：《浅谈七十年代苏联缓和外交战略》，《山东省农业管理干部学院学报》2008年第5期。

事力量，有了庞大的核武库，就有资格争夺世界霸权。

但是，苏联争夺世界霸权的计划注定无法持久。一国的资源总归是有限的，苏联生产了大量的武器，过度消耗了国内的资源，透支了自身的实力，使本国民众的生活受到极大影响。为了摆脱困境，苏联领导人除了向"兄弟国家"销售武器外，还积极向第三世界寻找军火市场。而随着美国军事科技的再次领先，苏联通过军售来获取外汇也越来越困难，苏联过去那种畸形的经济结构也就越来越难以维持。

五、苏联霸权的瓦解

挪威学者约翰·加尔通认为，苏联的解体由六个原因促成：①苏联和卫星国之间的矛盾；②俄罗斯和其他加盟共和国之间的矛盾；③城市和农村管辖地之间的矛盾；④社会主义者中资产阶级和无产阶级之间的矛盾；⑤社会主义社会中资金流动性和商品匮乏现象之间的矛盾；⑥共产主义的乌托邦神话和苏联现实之间的矛盾。① 勃列日涅夫执政后期，苏联经济总体发展还是不错的。虽然人均月收入按照当时的汇率只有100～200美元，但是如果加上各种各样的福利以及人人都可以享受的社会保障及公共服务，苏联人民日子过得还是很不错的。加之人人都有工作，子女上学也不是问题，社会比较公平，大家的日子还算宽裕。苏联解体后，绝大多数的老一辈俄罗斯人仍然很怀念过去的生活。即使是苏联持不同政见者、俄罗斯学者亚历山大·季诺维也夫也承认，"苏联的总体生活水平是比较高的，我认为是整个俄罗斯历史上生活水平最高的"②。不过繁荣稳定的背后，是勃列日涅夫上台后大量提拔亲信，苏联政坛形成了以勃列日涅夫为核心的特权阶层，贪污腐化、盗窃国家财产的现象非常普遍。勃列日涅夫执政后期，被后来人称为苏联的"停滞期"和"僵化期"。此时，苏联的特权阶层羽翼丰满。据俄罗斯专家估计，在勃列日涅夫时期，苏联的特权阶层发展到50万～70万人，加上他们的亲属，共有300万人之多，约占全国人口的1.5%。③ 苏联的特权阶层早已将大量国家财富据为己有。贪污腐败的盛行不仅给国家带来巨大经济损失，对苏共的党风以及社会风气也产生了极大

---

① ［挪威］约翰·加尔通著，阮岳湘译：《美帝国的崩溃：过去、现在和未来》，人民出版社2013年版，第23—24页。
② 景勿吾等著：《战后苏联改革的历史透视与思考》，民主与建设出版社2013年版，第310页。
③ 陈之骅主编：《勃列日涅夫时期的苏联》，中国社会科学出版社1998年版，第15页。

的消极影响。此时,苏联已经积重难返。

安德罗波夫1982年上任后励精图治,把整顿纪律、改进党风作为反腐败斗争的突破口。他在就职总书记的演说中号召党员干部"向任何违反党纪国法的行为做更有力的斗争"。他的反腐肃贪运动矛头直指官僚集团。从1982年11月至1983年年底,仅苏共中央委员、政府部长和州党委第一书记以上的高级干部,因贪污受贿或渎职而被撤换的就有90多人,其中就包括勃列日涅夫的女婿丘尔巴诺夫。150个州级领导人中有47名被撤职。①

1985年,戈尔巴乔夫出任苏共中央总书记,试图扭转这种停滞僵化的局面,于是进行了非常激进的改革。苏联进行改革是必要的,但是戈尔巴乔夫的改革存在着明显的问题。为了缓解经济困难,他首先进行经济改革。但这些改革措施缺少宏观决策和相应的配套措施,加上戈尔巴乔夫仍没有放弃苏联的传统做法,继续优先发展重工业,致使经济不断滑坡,人民生活水平继续下降,而且这些做法也引起了苏联特权阶层的强烈不满和社会动荡。本来,戈尔巴乔夫此时在改革的问题上应当非常慎重地操作,然而,急于求成的他在经济改革没有迅速取得预期成果的情况下,把改革的重点转向政治领域,实行政治"多元化"和多党制,削弱和放弃了苏共的领导地位。如此一来,苏联国内的反对派趁势崛起,社会动荡日益加剧。1991年年底,局势失控的苏联宣告解体。

苏联解体以来,俄罗斯国内外政治界、学术界、媒体,包括苏联时代的许多官员都对苏联和东欧发生剧变的原因、影响和后果进行了多视角的思考和研究,出版和发表了不计其数的回忆录、研究报告及各式论文。这些也是今天分析苏联解体相关问题的重要材料和思路来源。汇总起来主要有三种主要观点。①在思想理论上,苏联共产党把马克思列宁主义理论教条化,没有结合苏联社会主义建设的实际;② 知识分子没有表达意见的自由,经常受到打压和批判,苏联领导阶层思想僵化,照抄照搬脱离本国国情。②在治国理政上,长期实行高度集中的政治体制,忽视社会主义民主法制建设;官僚主义盛行,严重脱离群众,这一点在苏联后期表现得尤为明显。③在经济发展上,一直实行严格的计划经济,不顾苏联国内的实际情况;经济结构严重失衡,片面发展重工业特别是国防工业;收入分配长期搞平均主义,人民生活改善十分缓慢。④在对外关系上,搞大国主义、

---

① 盛世良:《神秘的安德罗波夫》,《党建》2007年第10期。
② 《一切从中国实际出发,反对教条主义》,人民网,2014 - 06 - 03,http://theory.people.com.cn/n/2014/0603/c385524 - 25097029.html。

霸权主义，干涉其他社会主义国家内政；全面扩军备战，与美国争霸，从而极大地消耗和削弱自身实力；等等。至于改革失败的原因，戈尔巴乔夫本人在2015年归结为两点：一是起步太晚，等到他上台启动实质性改革，对积重难返的苏联模式来说为时已晚；二是急于求成，他推动的改革开始后，一系列措施的出台引起了社会矛盾的激化，当时苏联社会并没有做好相应的准备。①

1990—1991年，在这短短的两年之内，由列宁及其后继者所建立起来的强大体制，就这么崩溃了。70多年统治地位无人撼动的庞大的苏联共产党，很快就被勒令解散。它所推行的社会主义制度轰然坍塌，资本主义在其废墟上乘虚而入。不仅苏联社会主义制度被废除，苏联作为一个统一的多民族大国也迅速解体，由原来的1个国家分裂为15个国家。各个国家之间又由于民族矛盾和边界问题产生了一系列的冲突，而且这些冲突至今仍未完全平息。苏联一夜倾覆，它的经济崩溃了，它的人民突然贫穷了，它的文化凋零了，它的运动员和科学家移民了。当时，俄罗斯作为苏联遗产的主要继承者，虽然表面上有时还在逞强，但它实际上已经蜕变为一个二流国家。

苏联解体当然有其内在的原因。斯大林执政以后，在很大程度上背离了列宁的路线，在社会主义国家带头开创了个人集权制、任期终身制、指定接班人制，这种做法严重背离了党内民主的基本原则。② 苏联的体制，基本特征是高度集权、中央集权。具体来说，苏联共产党高度集权，以党代政，国家兴衰与稳定完全系于苏联共产党。

苏联共产党长期以来党政不分，以党代政，包揽国家和社会事务，使党陷入日常的管理工作，客观上削弱了党对国家和社会总的政治领导。尽管列宁对这一问题有所察觉并且提出了一些批评，但效果甚微。斯大林时代，党政不分的情况进一步发展。斯大林曾说，"我们的苏维埃组织和其他群众组织，没有党的指示，就不会决定任何一个重要的政治问题或组织问题，这个事实应当认为是党的领导作用的最高表现"③。各管理机关和权力机关"通过任何一项重要的决议都非有党的有关指示不可"④。苏共党内形成高度集权的官僚体制，为个人专断、破坏社会主义法制提供了可能，党

---

① 《戈尔巴乔夫改革简介》，趣历史，2019-03-01，http://www.qulishi.com/article/201903/321395.html。
② 高放：《苏联解体、苏共灭亡与斯大林的关系》，《马克思主义与现实》2010年第3期。
③ 《斯大林全集》第8卷，人民出版社1954年版，第36页。
④ 《斯大林全集》第8卷，人民出版社1954年版，第38页。

在长期的领导工作中逐渐脱离了群众。

苏联党内高度集权领导体制影响了联邦制国家体制的发展。从斯大林时代起,由于党内高度集权领导体制的形成,高度集中的组织领导原则被实际运用到国家管理方面,破坏了列宁的联邦制原则。加盟共和国的主权地位完全丧失,形成了中央高度集权的国家管理体制,联邦制有名无实,苏联事实上成为单一制国家,导致各加盟共和国对联盟中央的离心倾向不断增长。

苏联共产党后期思想理论僵化,唯上唯书,思想上的先进性越来越少。作为无产阶级政党,保持自己思想上的先进性非常重要。退一步讲,尽管苏联共产党及领导人在党政关系、党与国家、社会的关系等方面有不少失误,但如果苏共能够始终把握社会发展方向,及时纠正错误,顺应社会发展需要不断改革过时的体制,也不至于使苏联政治体制的弊端愈积愈深,最终导致苏联的剧变和解体。然而,列宁之后的苏联领导层出现了三个方面的问题,使得其离思想上的先进性越来越远。第一,对马克思主义采取教条主义的理解,凡事从教条和本本出发,而不是从实际出发。第二,以形而上学的思想方法看待和解释世界和苏联社会现实,把社会主义取代资本主义这一人类社会发展规律看得过于简单,对于资本主义的发展成就、科技进步视而不见。第三,教条主义、形而上学的结果就是脱离现实生活、固步自封、思想僵化。

第四节 苏联共产党自我革命精神的缺失与苏联解体

苏联解体直接导致其话语权的旁落,俄罗斯虽然是苏联衣钵的主要继承者,但俄罗斯的国际话语权与苏联鼎盛时期不可同日而语。苏联解体是国际共产主义运动的重大挫折,不仅对苏联产生重大影响,也对人类社会影响深远。苏联解体的原因直到今天仍是学者的关注重点,有从文化角度解释的,有从经济角度解释的,也有从苏联共产党自身的腐化堕落来解释的,还有把责任全部推给戈尔巴乔夫的,甚至还有把责任归于竞争对手美国的强力打压的。这些解释都有一定的道理,因为苏联解体本来就是一个多方面共同作用的结果。但事实上,苏联共产党自身的原因才是苏联解体的重要因素,因此本节试图从苏联共产党自我革命精神的缺失来分析这个问题。一个政党的自我革命精神表现在以下方面:党员干部能够对国家的发展提出自己的意见而不被打压;善待自己的党员干部及人民;能主动纠正自己发展路上的错误和不足,拥有比竞争对手更有利的发展优势;发展现代民主,废除领导干部终身制;重视干部队伍建设,大力惩治腐败现象。而这些正是苏联共产党长期以来都缺乏的。

一、苏联缺乏自我革命的精神,无人敢对苏联的发展提出中肯的建议

1. 执政党应具备自我革命的精神

革命是被统治阶级反抗统治阶级的暴力运动,而自我革命则是革命者对于以往革命或建设路线方针政策的纠正,一般采取非暴力的形式。换言之,革命属于如何解决敌我矛盾的问题,自我革命则是革命者对于自己过往所作所为的反思及调整,是一种主动纠错的行为。今天的自我革命体现为一个国家或者政党的最高领导人及领导集体根据本国的实际情况,改变已有的发展路线、发展战略;或者虚心接受党内其他同志或者党外人士的诚恳建议,并适时调整自己的发展路线、发展战略。一个政党发展到一定阶段,面临的发展环境与夺取政权的关键时期、执政之初都会有很大的不同,因而其施行的各种政策也理应做出调整。执政党要想长期执政,有必要建立并完善自我纠错机制,尤其要有自我革命的远见和勇气。诚然,要保证执政党不犯错误或少犯错误,离不开内部监督,但也不能单靠内部监督,因为政权体系内的监督作用往往在经过一段时间后就会逐渐弱化。中国共产党建党以来,为了使自身永葆生机和活力,一直在积极探索各种纠错机制,自我革命就是这样一种纠错制度。习近平总书记明确指出:"中国共产党的伟大不在于不犯错误,而在于从不讳疾忌医,敢于直面问题,勇于自我革命,具有极强的自我修复能力。"①

自我革命是无产阶级政党的优良品质和传统,是无产阶级政党强身治病、保持肌体健康的有效药方,也是加强和规范党内政治生活的重要手段。一个政党,尤其是长期执政的无产阶级政党,如果缺乏自我革命的勇气,不能接受批评与坚持自我批评,很难不犯错误,也很难纠正错误然后继续前行。中国共产党一直有自我革命的光荣传统,尽管在某些时候这个传统也遭受过一定的破坏,但总体而言,这种制度还是一直被保持下来。改革开放以来,中国共产党尤其重视自我革命。

自我革命意味着在原有的制度框架内解决问题,而苏联戈尔巴乔夫的改革则是直接把苏联的社会主义制度给推翻了——好比原本是要装修房子,

---

① 《习近平关于"不忘初心、牢记使命"论述摘编》,中央文献出版社2018年版,第256页。

却直接把房子拆了。戈尔巴乔夫的改革不是笔者所讨论的自我革命,而是破坏性的自毁长城,失败也就不足为奇。

2. 苏联共产党缺乏自我革命的精神

纵观苏联历史,从斯大林时期起,直到戈尔巴乔夫上任时止,其间虽然也曾有过短暂的"解冻"时期,但从总体上看,苏联社会一直处于一种封闭、僵化、精神压抑、理论脱离实际、社会生活缺乏活力的精神状态中。① 苏联领导人垄断真理,垄断马克思主义解释权,本本、教条成为攻击对手的工具;政治与科学的界限长期不清,苏联共产党和苏联社会丧失了寻求、探索真理的权利,完全服从于首长意志;领导人的错误长期得不到纠正,反而被奉为"经典",成为阻碍苏联社会发展的精神枷锁。斯大林压制党内不同意见,把党内意见分歧与阶级斗争联系起来,用开除党籍、流放,甚至肉体消灭的方法处理党内不同意见者。这种极为错误、破坏社会主义法制的做法,使不少敢于发表自己意见的正直人们无辜受屈,给社会留下难以弥合的创伤。

在实践中,苏共意识形态工作的重点放在阶级斗争上。斯大林对马克思主义的理解和解释以及他的全部论断成为评判是非、划分敌我的唯一标准和根据。这不仅仅限于党内斗争,而且还扩展到理论界、学术界、知识界、文艺界;不同学术流派、艺术流派的争论被上纲上线到阶级斗争的范畴;一些新兴学科被宣布为"资产阶级伪科学";正常的思想文化活动、科学研究工作受到干扰破坏;许多学者、科学家、文化工作者受到不公正对待。②

针对反法西斯战争结束之后苏联所实行的政治经济政策,不少党员干部写信给苏共中央乃至斯大林本人,提出了在工业、农业、商业流通和政治等方面的改革要求和建议。但在斯大林看来,战前苏联领导集体所奉行的方针路线政策都是正确的,苏联的政治经济体制也是"有充分生命力的",没有改革的必要。结果这些来自下面的改革建议和要求,统统都尘封在档案库里。③

斯大林去世后,苏联共产党依然缺乏自我革命精神。赫鲁晓夫作为新任党和国家最高领导人,在纠正斯大林的错误方面做了不少工作,也取得了不少成绩。1956年,在苏联共产党第二十次全国代表大会上,赫鲁晓夫

---

① 许新等著:《超级大国的崩溃——苏联解体原因探析》,社会科学文献出版社2001年版,第74页。

② 许新等著:《超级大国的崩溃——苏联解体原因探析》,社会科学文献出版社2001年版,第75页。

③ 景勿吾等著:《战后苏联改革的历史透视与思考》,民主与建设出版社2013年版,第18页。

试图对斯大林统治时期的某些错误做法进行纠偏，清除对斯大林的个人崇拜在苏联各个领域的流毒和影响。在大会的"秘密报告"中，赫鲁晓夫对于斯大林的严重错误与个人崇拜进行了严厉的批判，与会的苏共党员由于事先缺乏思想准备，一个个听得目瞪口呆。在赫鲁晓夫时期及勃列日涅夫时期，苏联社会政治氛围比斯大林时期要宽松一些，不过由于斯大林时期的高压统治仍然给苏联民众留下阴影，所以依旧没有人敢提不同意见，尤其不敢提批评意见。

3. 苏维埃无法监督和制约苏联政府

按照苏联宪法规定，各级苏维埃是国家的权力机关。但作为国家权力机关，苏维埃其实并没有起到监督和制约苏联领导人尤其是最高领导人的作用。事实上，赫鲁晓夫、勃列日涅夫执政29年间，苏联最高苏维埃从来没有否决过或更改过任何议案，党政系统提交的决议和法律草案被最高苏维埃退回去要求重新修改补充的事更未出现过。苏联时期的苏共中央委员，苏联解体后长期担任哈萨克斯坦总统的纳扎尔巴耶夫在其书中就直言，"苏联各级苏维埃并不是进行创造性工作，而只是听取和贯彻某种决议和指示"①。从20世纪50年代中期到80年代初，苏联共产党共召开过6次全国代表大会。苏联共产党领导人在每次党代会上都要强调资本主义总危机的"进一步加剧"，同时不忘称赞苏联社会主义建设取得的伟大成就。事实上，战后新科技革命和经济全球化给资本主义注入活力，资本主义社会的固有矛盾或多或少趋于缓和。苏联领导人却一口咬定斯大林过去的论断，断言资本主义市场缩小，争夺主要市场的斗争使主要资本主义国家之间的矛盾尖锐化；"采用国家调节"和"通过某些社会改良措施"也没有降低这些国家内"阶级斗争白热化的程度"。"冷战"期间，苏联领导人一再声称，资本主义已经陷入不可避免的瓦解过程当中，它在同社会主义的经济竞赛中阵地正在削弱。这些判断显然有违实际情况。事实上，自20世纪70年代后期至20世纪末，资本主义阵营尤其是欧美发达资本主义国家一直处于高速发展阶段。虽然1976年勃列日涅夫在苏共二十五大的总结报告中也曾羞羞答答地承认了资本主义的潜力，但立论落脚点依然是发达资本主义国家政治、经济危机和各方面矛盾加剧，认为其永远也构不成对苏联的挑战。② 可见，苏联共产党不仅不能自我革命，甚至低估对手，沉浸在虚幻的优势认知当中。

---

① ［哈萨克斯坦］努·阿·纳扎尔巴耶夫著，陆兵、王嘉琳译：《探索之路——自传·反思·立场　答出版社问》，新疆人民出版社1995年版，第95页。
② 景勿吾等著：《战后苏联改革的历史透视与思考》，民主与建设出版社2013年版，第57页。

4. 苏联共产党在理论上缺乏自我革命

苏联后期，苏联共产党的思想理论活力明显枯竭，理论上的自我革命能力完全丧失。列宁在领导布尔什维克党期间曾经创造过理论与实践相结合、以理论指导实践、用实践修正理论的光辉范例。比如列宁提出的社会主义革命有可能在俄国这样一个落后的国家率先取得胜利的伟大论断，而新经济政策也是列宁的一大理论创新。斯大林所倡导的苏联国家工业化也是理论上的创见，苏联用了10多年的时间走完了西方大国历时50～100年才完成的工业化历程。但是到了勃列日涅夫时代，苏联共产党在理论上越来越保守。20世纪六七十年代，党内外要求充分发挥商品货币关系和市场调节作用、要求认真总结历史经验教训的呼声，收到的回应却是勃列日涅夫亲自发动的对"市场社会主义"的批判。以阿贝尔·阿甘别吉扬为代表的西伯利亚经济学派就深化经济改革，充分发挥商品货币关系和市场的作用提出的建议，以及其他一些坚持改革的著名经济学家的真知灼见，同样遭到了围攻和压制。有一段时间甚至连"科技革命"这个概念也犯忌讳，被官方从报刊书籍中删去。① 计划经济已经明显搞不下去了，可是以勃列日涅夫为首的苏共领导层还死守着"计划经济原则"。谁不愿意粉饰现实，试图实事求是，把注意力集中于研究现实中存在的问题和缺点，谁就可能被扣上"抹黑者"的大帽子。② 经济学家亚夫林斯基1982年写了一本论证苏联经济危机的书，被指责"反苏""反国家"，他的书被当局查禁，人被送进医院软禁起来。时任苏联国家计划委员会第一副主席维克托·列别杰夫给苏共中央写了一份报告，如实地分析了国家日益危险的经济形势，结果在政治局会议上被其他领导骂了一通，指责他"恶毒诽谤"光明的现实。③

5. 苏联的发展前途系于少数领导人身上

苏联这个超级庞大的国家，其发展方向完全系于苏共中央政治局的几位领导人尤其是最高领导人身上。如果几个最高领导人的方向对了，那么国家的发展方向就对了；如果他们错了，也再没有人给指出来；极少数敢指出来的人，也会受到严厉的批评乃至不公平的对待。20世纪60年代，西方国家已经开始新的技术革命，尤其是以计算机为标志的信息技术得到广泛应用，苏联却没有跟上这一新兴领域，依然沿着老路继续前进，在工业

---

① 景勿吾等著：《战后苏联改革的历史透视与思考》，民主与建设出版社2013年版，第181页。

② ［俄］格·阿·阿尔巴托夫著，徐葵、张达楠译：《苏联政治内幕：知情者的见证》，新华出版社1998年版，第215页。

③ ［苏］尼古拉·雷日科夫著，高洪山、韩生民等译：《背叛的历史：苏联改革秘录》，吉林人民出版社1993年版，第33页。

发展上更加注重钢材、煤炭、石油、水泥、化肥、拖拉机等传统工业产品的产量，结果导致新技术革命到来之际，苏联与欧美的差距进一步拉大。

二、因为缺乏自我革命的精神，苏共不能善待自己的党员干部及人民，事后也没有道歉及赔偿机制

20世纪30年代，斯大林发动了苏联历史上史无前例的"大清洗"运动，对苏联政治、社会、经济、思想等影响极其深远，也使广大人民对于社会主义制度的信仰受到了一次巨大的冲击。

1941年6月下旬，德国全面进攻苏联，战争初期势如破竹，半年时间就俘虏了苏军360万人。苏军战斗力为什么如此孱弱？因为70%的红军指挥官都被苏联自己"清洗"了，军队中的"清洗"可以说是残酷无情到无以复加。苏联原本拥有许多享誉世界的将军，然而苏德战争爆发时几乎一个不剩。确切而言，20世纪30年代的"大清洗"期间，5位元帅中3人被枪杀，16名集团军司令、副司令中15人被枪杀，67名军长中60人被枪杀，199名师长中136人被枪杀，4名海军高级将领全被枪杀，6名海军上将全部被枪杀，15名海军中将中9名被枪杀。全部17名集团军政委、副政委及29名军级政委中的25名牺牲。① 苏联军队各级军官共8万名，被开除、入狱、死刑、迫害致死的就达3.5万名，占比约45%。其中中高级军官被清洗的比例在80%以上。对苏联军队的残酷"清洗"，连苏军将领格里戈连科都悲伤地评论道："世界上任何一支军队，它的高级指挥干部在任何一次战争（包括第二次世界大战）中都没有受到这样大的损失，甚至全军覆没的结果也不至于如此。"这种斩草除根式的"清洗"，极大地损害了军队的战斗力。苏德战争爆发时，斯大林发现，原来军队中懂军事的、有实战经验的指挥官已经是凤毛麟角了。

不仅军队遭到"清洗"，政界也好不到哪里去。1923年苏联共产党第十二次全国代表大会所选出的7名政治局委员中，除了斯大林本人以及1924年逝世的列宁，其余5位都被处死。第一届人民委员会的15名人民委员（相当于部长）当中有9人被镇压，苏联元老托洛茨基即使逃到国外也没有逃脱被追杀的命运，另有4人在1933年以前就已经逝世，唯有斯大林同志独善其身。1934年苏共十七大召开时共有代表1966名，居然有1108名代

---

① 《苏共中央政治局大镇压事件复查委员会的简要报告》，沈志华总主编《苏联历史档案选编》第30卷，社会科学文献出版社2002年版，第224页。

表被指控犯有反革命罪而遭逮捕，苏共十七大选出的中央委员和候补中央委员有80%被处死。① 在苏联的高压统治下，遭殃的不仅仅是领导干部，普通共产党员同样不能幸免。据统计，整个"大清洗"期间，苏联国内有一半的共产党员被逮捕。高压统治弄得人人自危，以致后来苏联普通百姓只要一看到门外有汽车停下，就怀疑自己有可能被逮捕。苏联国内不少人感慨，列宁创建的党被斯大林消灭了。

"大清洗"也波及广大人民群众。例如，苏联农业一向是为苏联工业化服务的，20世纪30年代，苏联领导就提出了"超速工业化"和"全盘集体化"道路。为了确保苏联工业化有稳定廉价的粮食供应，苏联政府不是通过市场交易的办法从农民手中换取粮食，而是采取低价强制征粮的办法，结果引起农民的强烈反抗。苏联各地政府为了完成工业化所需的粮食需求，在农村实行"暴力驱赶"和"镇压富农"政策，对拒绝响应政府号召的农民或者完不成交粮任务的农民实施各种威逼、体罚乃至用刑迫使农民交粮。这种简单粗暴的做法激起了全国农民的反对。在这场运动中全苏联共有100多万农民受到粗暴对待，苏联政府与农民的矛盾趋于白热化。② 面对这些突出矛盾和问题，苏联当时的领导阶级不是冷静思考、认真分析、寻找官民不和的原因，而是一味从政治上去追究"破坏者"和"人民的敌人"。这种与绝大多数人民为敌的政策与做法，不啻自掘坟墓。

赫鲁晓夫执政时，废除了斯大林那一套高压统治做法，即便是异议人士，处罚方式也由以往的肉体消灭变成了让其失业、解除大学职位、开除党籍等方式，或者声称此人"将会对社会产生威胁"而把他送到医院进行"强制治疗"。苏共二十大以后，苏联国内共有几千名无辜受害者得到平反，但是这一进程在20世纪60年代后中止。所以说，斯大林去世之后，苏联党和政府在为前期遭受迫害的人们及其家属平反、安抚、补偿方面做得远远不够，对于斯大林也缺乏全面客观的评价，在挽回民心、拉近民众与苏联共产党的距离方面同样做得非常之少。在这种压抑的氛围中，人们怎么能够衷心拥护执政党呢？一旦有了反攻清算的机会，人们还会沉默、犹豫吗？

1987年，戈尔巴乔夫在纪念十月革命70周年大会上公开谈到过斯大林的错误，说斯大林及其亲信在践踏法律、大规模镇压等方面，对党和人民

---

① 马龙闪：《苏联"大清洗"受迫害人数再考察》，《历史研究》2005年第5期。
② 汤德森：《试评斯大林的农业全盘集体化运动》，《湖北大学学报》（哲学社会科学版），2001年第5期。

犯下了"严重的、不可饶恕的错误"。① 2007年10月30日，俄罗斯总统普京前往"布托沃射击场"——"大清洗"纪念地，悼念"大清洗"的遇难者。② 从"大清洗"开始到普京道歉，民众为此已经等了整整70年。不过这种道歉来得太晚了，此时只剩下一点儿象征性意义而已。而且，俄罗斯虽然是苏联的继承者，但是它与苏联完全是两码事。苏联共产党作为唯一的执政党，在执政过程中犯下如此严重的错误，严重损害了党和人民之间的相互信任。如果在斯大林去世后，苏共中央能就"大清洗"中的错误做法向全国人民道歉，对受害者家属进行赔偿，对那些历经"大清洗"仍然健在的党员干部给予重用，对在"大清洗"中非正常死亡的军队及地方干部的后代予以妥善安置，苏联共产党的凝聚力也许仍在，民间质疑苏联共产党的声音也会小得多，苏联解体的命运或许能够避免。

三、因为缺乏自我革命的精神，苏联没有形成对资本主义的比较优势

1. 社会主义的建设和发展是一个不断摸索的过程，需要自我革命的精神与勇气

从斯大林时代开始，苏联的发展道路就是重工业化、军事化加农业集体化。这种发展道路在一定时间内，尤其是战争期间是正确的，也能体现一定的制度优势。但是一旦到了和平年代，就必须调整其发展路线，尤其是到了美苏争霸的年代，光靠军事工业、重工业的发展无法赢得对美国的竞争优势。对于苏联人民来说，难以接受建党建国半个世纪仍远远落后美国的局面，同样不能接受军事上不输美国但生活上远远落后的现实。

在斯大林时期，没有人敢指出苏联社会存在的不足，以及客观看待资本主义国家在经济发展方面取得的成就。第二次世界大战结束以后，斯大林提出了"世界资本主义体系危机进一步加深"的观点，而当时苏联最著名的经济学家瓦尔加在其所著的《战后资本主义经济之变化》一书中就战后资本主义的前景阐述了一些独到的见解，其中有些观点背离斯大林的"总危机"理论，因而遭到了两年之久的猛烈批判。瓦尔加被迫承认犯了

---

① 《纵论七十年来历史 畅谈苏联改革问题 戈尔巴乔夫在庆祝十月革命七十周年大会作报告》，《人民日报》，1987-11-04。
② 《普京：我们应永远铭记这一历史教训》，凤凰资讯网，2008-01-15，http://news.ifeng.com/history/4/200801/0115_338_366184.shtml。

"路线错误"。从此,苏联国内再也没有学者敢对战后资本主义发展的新动向提出实事求是的分析。① 苏联理论界和宣传部门对资本主义世界的方方面面不加分析地加以否定、批判,贬低资本主义国家在经济、思想文化方面的成就,着意报道资本主义的黑暗面;面对国内情况则是报喜不报忧,刻意塑造一种太平盛世的景象。这使国家上层陶醉于苏联所取得的成就,过分高估自己的优越性,妄自尊大,蔑视历史上和同时代的世界文明成果;同时使普通群众,特别是青年一代感到厌烦,产生政治冷漠情绪。②

2. 对于社会主义发展阶段的问题不能自我革命地加以认识

关于社会主义发展阶段的理论,是苏联确定经济体制、制定对内政策的出发点和理论基础。在一个相当长的时期里,苏联几届领导人都存在着对社会发展阶段超前认识,急于向共产主义过渡的问题。这种社会发展阶段超前论是苏联经济体制僵化、改革不能深入的深层原因。

1936年,斯大林就宣布苏联"已经建成社会主义",而此时苏联才刚刚实现社会主义工业化和刚刚完成农业集体化;时隔3年,他又宣布苏联已进入"逐渐过渡到共产主义阶段"。赫鲁晓夫虽然具有批判斯大林个人崇拜的勇气,但他对斯大林关于苏联社会发展阶段的论断不仅没有批判,反而比之走得更远。勃列日涅夫提出"发达社会主义"的理论,将社会主义划分为建设发达社会主义阶段和发达社会主义阶段,认为20世纪60年代末苏联已经"建成发达社会主义社会",开始进入向共产主义过渡阶段。

苏联领导人在苏联经济体制上的认识缺乏自我革命表现为教条主义,尤其表现在对社会主义经济性质的认识和对商品货币关系的态度上。苏联经济模式否定社会主义经济的商品性质,否定价值规律对生产的调节作用,否定市场在配置资源上的基础性作用。这当然是有其思想根源和认识根源。马克思和恩格斯认为,资本主义社会是人类商品生产的最后一个社会形态,社会主义经济不再是商品经济,而是以直接产品交换为特征的有计划的社会产品经济。列宁在实践的基础上发展了马克思和恩格斯的思想,指出无产阶级夺取政权以后,不能马上消灭商品货币关系,而是必须利用这种关系。列宁曾明确指出,"用来交换农民粮食的国家产品,即社会主义工厂的产品,已不是政治经济学意义上的商品,决不单纯是商品,已不是商品,

---

① 景勿吾等著:《战后苏联的历史透视与思考》,民主与建设出版社2013年版,第57页。
② 许新等著:《超级大国的崩溃——苏联解体原因探析》,社会科学文献出版社2001年版,第77页。

已不称其为商品"①。因此，列宁既没有肯定商品货币关系存在于整个社会主义时期，也没有肯定它是社会主义一切产品的属性。

斯大林在结束新经济政策之初曾试图取消商品货币关系，但实践失败使他改变了观点，认为商品货币关系将存在于整个社会主义时期。但是，他仍然否定社会主义经济是商品经济，否定社会主义产品的普遍商品性质。绝大多数经济学家也响应了他的观点，认为社会主义虽然存在着商品货币关系，但它实质上是直接的社会主义计划生产，是计划经济，而不是一种商品经济。

3. 苏联领导人在工业发展战略方面缺乏自我革命的勇气和决心

优先发展重工业是苏联经济模式在经济结构和经济发展方面的重要特征，在苏联经济的发展过程中曾起了双重作用，一方面促进了重工业的快速发展，另一方面又造成消费品生产的严重滞后。两者的脱离最终导致整个生产速度下降和衰退。这是苏联领导人对优先发展重工业方针做了教条主义的理解和实践的结果。

赫鲁晓夫时期，苏联既没有对国有军事工业、重工业进行所有制方面的改革，也没有积极顺应世界潮流，把增强苏联工业产品的竞争力作为工作重心，而是在原有的道路上小修小补，因而也就于事无补。勃列日涅夫时期，苏联的上层建筑与经济基础越来越不适应，阻碍作用日益明显，而整个苏联对此仍然浑然不觉，依然沉浸在与美国争夺世界霸权的竞赛当中，在激发经济增长活力、提高社会主义制度的吸引力等方面的努力明显不足，既无法让本国人民满意，也无法增强自身对于资本主义世界的吸引力。

赫鲁晓夫执政时脱离实际，在苏联全面展开共产主义建设，把在传统产品产量上赶超美国作为战略目标，科技视野基本停留在传统工业的领域。勃列日涅夫执政期间，明确提出发展新兴工业产业的任务，可是，开发新技术、建立新兴工业部门需要投入巨额资金，而苏联政府却继续把大量资金投入传统的资金密集型和劳动密集型工业部门，而没有像西方发达国家那样及时迅速扭转投资方向，大幅度增加对以高技术为基础的技术密集型工业部门的投资。② 直至 20 世纪 80 年代，苏联全部工业生产固定资金 60%以上集中在生产原料产品即中间产品的国民经济部门，对技术进步至关重要的机器制造业却落后了。苏联的经济结构是典型的不发达国家经济结构，

---

① 《列宁全集》第 41 卷，人民出版社 1986 年版，第 268 页。
② 景勿吾等著：《战后苏联的历史透视与思考》，民主与建设出版社 2013 年版，第 77 页。

除了宇航和军工部门，苏联的高技术和技术密集型部门大大落后于世界标准。① 应该说，在工业化时期强调优先发展重工业是有客观依据的，因为在技术进步和资本有机构成提高的条件下，社会扩大再生产的规律是生产资料生产比消费资料生产增长更快，而工业化时期的典型特点正是技术进步和资本有机构成迅速提高。但是工业化完成之后，特别是在战后依然强调优先发展重工业则是教条主义的。消费品生产长期不能满足人民的需求，特别是与西方的差距越来越大。消费品和消费水平的差距在人们心目中折射为制度的反差，产生了无可挽回的历史结局。

4．苏联普通民众生活水平与美国相比差距较大

20世纪50年代，苏联的经济状况与其国力很不相称。苏联当时著名经济学家阿贝尔·阿甘别吉扬于1950年进入莫斯科国立经济学院读书。他在自己的著作《苏联改革内幕》中对于20世纪50年代苏联首都莫斯科的生活水平有过生动的记载。他说在那个时候，学校里上学的学生几乎个个都穷，穿的都是父辈留给他们的军衣，裤子和靴子则破破烂烂。在经济学院读书期间，正餐要花2卢布（货币改革后为20戈比），价格不算贵，但不管是汤和主菜里都找不到肉。如果花上3卢布，就可以吃一顿特等餐，而且其中一道菜里就会有肉。在整个莫斯科，普通居民的居住条件都很差，阿贝尔·阿甘别吉扬说，他认识许多人，他们之中没有一个家庭能够住在一个单独的套间中。阿贝尔·阿甘别吉扬的叔叔是莫斯科一位很有名望的大医生，在一家大医院担任院长，却要和莫斯科大学一位教授一家及另外一位名医一家合住在一个三居室的套间中，每家各自只拥有一间二十平方米的卧室，厨房和卫生设备则由三家共用。居住环境如此，消费水平也高不到哪里去。当时，莫斯科最富有的人家所拥有的耐用消费品只不过是老式无线电收音机和手工操作的缝纫机，没有一家拥有电视机、电冰箱或小汽车。②

20世纪六七十年代，苏联曾以迅猛的势头在经济总量上追赶世界头号经济大国——美国。但是好景不长，没过几年苏联的发展速度逐渐减缓，与美国之间经济差距缩小的进程也缓慢下来，甚至到70年代中后期戛然而止。80年代初，苏联外贸总额在世界贸易中所占比重只有4%左右，相比于几十年前几乎没有变化。在苏联的外贸出口产品中，燃料、原材料、初加

---

① 景勿吾等著：《战后苏联的历史透视与思考》，民主与建设出版社2013年版，第78页。
② ［苏］阿贝尔·阿甘别吉扬著，常玉田等译：《苏联改革内幕》，中国对外经贸出版社1990年版，第115页。

工产品始终占绝大部分,机器设备及其他高加工工业品因技术落后,在世界市场上具有竞争能力者不多。① 出口商品结构甚至停留在发展中国家的水平上,远不能望西方发达国家的项背。

勃列日涅夫执政的晚期,人民生活水平的提高实际上已经中止,住宅、商店、幼儿园、学校及其他生活设施建设骤然放慢下来。② 1979—1982 年,苏联人"已经陷入生活水平实际下降的地步"③。在住房方面,改善情况也不容乐观。到20世纪80年代初,全苏联还有20%的城市居民是几家合住在一套住房里;成千上万参加过卫国战争的伤残军人和为国捐躯的烈士的家庭住不上像样的房子。申请新住房,少则得等待10多年,多则要20多年。④

赫鲁晓夫晚年在撰写回忆录时,思考过社会主义如何与资本主义竞争的事情。他说,"如果资本主义比社会主义更好地满足人们的需要,那么要宣传我们的观点和巩固我们的生活方式就会变得更加困难"⑤。退下来的赫鲁晓夫算是比较清醒地看到了社会主义制度与资本主义制度之间的竞争关键在于经济方面的竞争,尤其是人民生活水平的竞争至关重要。

冷战期间,苏联领导层本应采取正确的发展道路,实现苏联经济实力、军事实力的同步增长。苏联人民不仅在军事上能够自豪地站在前沿,经济上也必须同样做到。然而一直以来,苏联的经济发展路线并不成功,也缺乏一套系统的发展战略。苏联的发展道路一直没变——即重工业化、军事化加农业集体化。一直以来,苏联的经济建设不仅效率不高,质量也不行,各种浮报虚夸始终不绝。在与美国的较量中,片面强调数量,而不是在提高质量方面下功夫。民众生活水平方面也与美国存在着巨大的差距。如何找到一条新的发展道路,这曾是摆在苏联领导人面前的重大问题。然而笔者认为,继承苏联衣钵的俄罗斯直到今天也同样没有找到答案。

5. 苏联时代国家精英生活水准与欧美相比差距同样巨大

苏联党和国家的领导干部由于位居精英阶层,确实享有许多物质上的

---

① 景勿吾等著:《战后苏联的历史透视与思考》,民主与建设出版社2013年版,第165页。
② [苏] 尼古拉·雷日科夫著,高洪山、韩生民等译:《背叛的历史——苏联改革秘录》,吉林人民出版社1993年版,第22页。
③ [苏] 阿贝尔·阿甘别吉扬著,常玉田等译:《苏联改革内幕》,中国对外经贸出版社1990年版,第116页。
④ 景勿吾等著:《战后苏联的历史透视与思考》,民主与建设出版社2013年版,第188页。
⑤ [苏] 赫鲁晓夫著,张岱云等译:《赫鲁晓夫回忆录》,东方出版社1988年版,第236 - 237页。

利益:他们的工资收入较普通工人高几倍;由于工作需要,他们可以使用豪华轿车;他们也可以住进豪华别墅;通过特殊安排,他们可以得到质量好的食物、饮料和其他消费品;通过广泛的社会联系,他们能确保自己的子女进入最好的学校读书。虽然苏联精英分子的物质利益大大增加了,但是,如果与西方资本主义国家的精英相比,他们在物质上所享受的特权也就相形见绌了。苏联党和国家领导人的收入从来没有公开过,不过据相关信息透露,他们最高收入与一般工人收入差距在8倍左右。在住房方面,苏联无论是高层领导还是一般的行政人员都是无法与美国社会精英相比的。①在苏联体制下,社会上层和底层之间的收入差别,比在资本主义体制下的差别要小得多。一个苏联大企业的总经理的报酬大约是一般产业工人的4倍,而美国企业总裁的报酬一般是普通工人的150倍。②

20世纪80年代,越来越多关于西方国家的信息传进了苏联,各种西方的影视节目在苏联上演,到西方观光旅游的苏联人也越来越多。苏联精英阶层开始意识到自己的生活方式与西方资本主义国家同级别成员的生活方式之间的巨大差别。"在这种行政制度下的政府官员,如果在西欧政治制度下,可能生活好得多,现在他们也知道了这一点。"可能就是这一事实使得苏联的体制发生了革命性的改变。"当许多原苏联党国精英最终认识到不值得为这一政权制度奋斗并且放弃奋斗的时候,这一政权制度也就倒台了。"③

四、因为缺乏自我革命的精神,不能废除领导干部终身制

1. 领导干部的任期制是现代政治及民主政治的重要特点

废除领导干部终身制、实行任期制是政治制度具有自我革命精神的重要表现。社会主义苏联在这一点上起了一个极其不好的示范作用。列宁,1924年去世,死在任上;斯大林,1953年去世,死在任上;勃列日涅夫,1982年去世,死在任上;安德罗波夫,1984年去世,死在任上;契尔年科,1985年去世,死在任上。戈尔巴乔夫之前的历任苏联最高领导人,除赫鲁晓夫是在1964年由苏联领导集团通过内部"逼宫"的方式让他下台外,其

---

① [美]大卫·科兹、弗雷德·威尔著,曹荣湘、孟鸣歧等译:《来自上层的革命——苏联体制的终结》,中国人民大学出版社2002年版,第119页。
② [美]大卫·科兹、弗雷德·威尔著,曹荣湘、孟鸣歧等译:《来自上层的革命——苏联体制的终结》,中国人民大学出版社2002年版,第119页。
③ [美]大卫·科兹、弗雷德·威尔著,曹荣湘、孟鸣歧等译:《来自上层的革命——苏联体制的终结》,中国人民大学出版社2002年版,第120页。

他人都是死在任上。"靠生理学的自然规律来改变国家的命运，这是苏联社会主义制度的悲哀"①，也是极不正常的当代政治现象。不仅苏联中央领导人的任期一直是事实上的终身制，苏联地方党政领导的任期也是终身制。否定领导干部的终身制，实现任期制，这是共产党自我革命的重要一着。没有自我革命的勇气，就不可能否定领导干部的终身制。

2. 赫鲁晓夫的干部制度改革遭到强力抵制

赫鲁晓夫上台后，对官员任期限制做了很大调整，其目的是废除苏联领导干部终身制，实行干部轮换制。1952年苏共十九大上，斯大林还在世时，赫鲁晓夫作为苏共中央书记在会上做了《关于修改联共（布）章程的报告》，就干部制度改革做了重要阐述：

> 在党和国家建设的一切部门中，正确地挑选，配备和教育干部是顺利完成政治任务和经济任务的决定性条件。……如果以为在这一重要工作中已经没有缺点，那就错了。必须承认，在许多党、苏维埃和经济的组织中有一种严重的恶性，那就是用不正当的方法挑选干部，即不按照能力和政治品质去挑选干部，而按照朋友关系、私人情面、同乡和亲戚关系去挑选干部。就必然会掩盖缺点，相互包庇的现象。②

可见，苏联在选拔干部机制上存在着很多问题。对于改革干部管理制度，赫鲁晓夫提出了干部的年轻化、专业化和知识化，而且在这方面取得了不少成绩。1961年在苏共二十二大上，赫鲁晓夫正式提出了干部更新制度，并把它纳入了苏共纲领和章程，这是苏联干部制度的重大改革。③

然而当时苏联领导阶级对于赫鲁晓夫的干部制度改革及其他举措极为不满，他们不甘心自己突然失势，也试图反戈一击，东山再起。1964年10月14日，正当赫鲁晓夫在黑海之滨度假时，苏联领导集团在莫斯科发动政变，赫鲁晓夫一夜之间就被免除了一切职务，强制"退休"，自此在公众视野中消失。1971年，退休7年的赫鲁晓夫黯然逝世。赫鲁晓夫在苏联政坛的突然消失，说明他反对苏联领导干部终身制的努力失败。

1961年，苏共二十二大决定实行定期更换党的领导干部的制度，对比之前是一个很大的进步。但实行不了几年，有关规定就被勃列日涅夫取消

---

① 叶书宗：《勃列日涅夫的十八年》，人民出版社2013年版，第10页。
② 《赫鲁晓夫言论》第2集（1942—1953年），世界知识出版社1964年版，第119-120页。
③ 王丽丽：《论赫鲁晓夫时期的干部制度改革》，《西伯利亚研究》2006年第2期。

了，只保留了应"经常更换党的机关成员"的空洞原则。勃列日涅夫上台后，大肆修建各级干部疗养院及进一步完善官员的终身任职制度和各种福利制度。事实上，1964年苏联领导层在"逼宫"赫鲁晓夫之时，他们已经彻底将苏联埋葬在坟墓中。前苏共中央委员格·阿·阿尔巴托夫指出，领导岗位成了终身岗位，很多州委书记、部长、党和苏维埃机关的负责人占据自己的职务达15～20年之久。为了保护十分无能的官员，还形成了一种"易地当官"的做法。例如，把不称职的部长从一个部调到另一个部；某些州委书记在应届选举中可能落选，就把他调到苏共中央组织担任督察员，两三年后再推荐他到另一个州去担任州委书记。① 勃列日涅夫在位期间，一些亲信变成了事实上的终身制干部，这些人能够保住自己的职位，不是因为他们的工作有多大的成绩，而是由于他们同莫斯科的高层领导人关系好。② 这些人通过种种手段为自己建立了广泛的关系网，从而确保自己的事实上的干部终身制。

苏联在领导干部制度方面不能做到自我革命，导致了三个方面的后果。第一，苏联不能及时往干部队伍中注入新鲜血液；第二，苏联的最高领导人的任期变得难以预测；第三，一旦苏联最高领导人领导国家的能力不能适应时代的需要，苏联将失去改变机会和时间窗口。领导干部的终身制也会给敌对国家以攻击的口实，从而使苏联自己处于被动。

五、因为缺乏自我革命的精神，苏联在反腐败方面缺乏足够的魄力

反腐败对于苏联共产党来说，其实就是自我革命，相当于清除党内的毒瘤、纯洁党的组织。任何政党执政都会存在或多或少的腐败问题，对于腐败的态度如何，反腐的成效如何，检验着执政党的能力和魄力。应该说，苏联一直以来都很重视腐败问题，然而反腐败的成效却难以令人满意。勃列日涅夫在任18年，在他身边形成了一个庞大的既得利益集团，其中不乏腐败行为存在。安德罗波夫上台后，以铁腕手段治理腐败问题，一度取得不错的成效。但是由于他在任时间只有1年多，反腐败的成果未能巩固。

一旦苏联共产党对于党内存在的腐败现象无能为力，腐败现象有增无

---

① [俄] 格·阿·阿尔巴托夫著，徐葵等译：《苏联政治内幕：知情者的见证》，新华出版社1998年版，第309页。

② [俄] 利加乔夫著，王廷玉等译，《戈尔巴乔夫之谜》，吉林人民出版社1992年版，第31页。

减，腐败程度越来越深，那对于苏联共产党来说绝对不是一件好事，因为它将瓦解整个苏联大厦的基础。

20世纪80年代初期轰动一时的"珠宝钻石走私案"，牵涉到勃列日涅夫的女儿加琳娜以及办理此案的两位苏联高级领导——克格勃副主席茨维贡和苏共中央书记苏斯洛夫。茨维贡和苏斯洛夫负责办理加琳娜的腐败案之后没有多久就相继死亡，引起了苏联人民对于苏联上层腐败现象的警觉。①

有学者指出，勃列日涅夫本人就是腐化堕落的领头人。他对于贵重礼品、轿车、猎枪的爱好就一直是民间津津乐道的话题。勃列日涅夫对于家人的各种要求都会尽量满足，每一次出访回来，他的飞机上都会装满各种高档礼品，然后运回总书记别墅。据称，勃列日涅夫的夫人维多利亚·勃列日涅娃有一间房子用来专门放置她收集到的各种礼物。勃列日涅夫的儿子在对外贸易部担任副部长，同事背地里都称他为"酒鬼加小偷"。勃列日涅夫的女婿丘尔巴诺夫更是臭名昭著，他原本只是军队的一个上尉，只因攀上了勃列日涅夫的女儿加琳娜这棵大树，得以快速升任内务部第一副部长，而他飞黄腾达的过程却伴随着多起贪赃枉法、索贿受贿的丑闻。不仅如此，丘尔巴诺夫的腐败丑闻在党内闹得几乎人人皆知。②

勃列日涅夫执政18年，久居高位加上他在地方上几十年的从政经历，使得他的身边已经形成了一个腐败圈。他所提拔的那些乌克兰的同事及老乡，以及曾与他一同在摩尔达维亚工作的同事中，不乏贪腐之人。如内务部长谢洛科夫，在他的领导下，内务部发生"霸占和侵吞珍贵财物的事件"屡见报端。此外，勃列日涅夫的亲信梅杜诺夫、拉希多夫、阿利耶夫、库纳耶夫等均涉及腐败丑闻。梅杜诺夫时任克拉斯诺达尔边疆区党委第一书记，拉希多夫时任乌兹别克共产党中央第一书记，阿利耶夫任阿塞拜疆共产党中央第一书记，库纳耶夫为哈萨克共产党中央第一书记，这几位边疆地区的一把手在当时都有腐败行为或涉嫌一些重大的腐败案件。在全苏各地，从中央到地方，涉嫌贪污腐败官员的级别越来越高，范围也不断扩大，最初还只是个别部长，后面涉及更多的部长，甚至蔓延到中央委员。20世纪70年代末80年代初，腐败问题在苏联外交部、外贸部、后勤部、文化部

---

① ［俄］罗伊·麦德维杰夫著，徐葵、张达楠、何香译：《人们所不知道的安德罗波夫——前苏共中央总书记尤里·安德罗波夫的政治传记》，新华出版社2001年版，第263－264页。

② 李燕：《勃列日涅夫时苏共官员的腐败及社会影响——从茨维贡与苏斯洛夫之死窥探端倪》，《俄罗斯学刊》2013年第6期。

以及其他部门均有发生。时任苏联文化部部长福尔采娃把用于装修大剧院的一部分材料用来建造个人别墅，被人告发，政治局开会就此事批评她时，她大为恼火，扔给在座的同事一句话："没什么可责备我的，看看你们自己吧。"①

苏联后期，涉及贪腐的行业很多，例如国内贸易、国际贸易领域，鱼类、肉类、食品加工等生产领域，还有金矿、金刚石等矿产开采部门等。而在每个涉案部门和行业中，又能纵向牵出一串又一串的相关人员，并且最终都有可能指向某些位高权重的领导。党政职能部门的腐败行为主要是利用职务之便牟利，典型行为是出卖公职和党证。在格鲁吉亚、阿塞拜疆、乌兹别克等地，州委书记和一些职能部门的官员、管理人员和普通工作人员明码标价出卖党证和公职等情况时有发生。

苏联反腐败斗争的范围通常是局限在基层或者地方党政干部，对于高层存在的腐败问题，苏共往往睁一只眼闭一只眼，要么闭口不提，要么轻描淡写；主要依靠国家安全委员会等强力部门推动，而未能发动普通党员和广大人民群众参与其中。媒体也未能在反腐败斗争中发挥应有的作用，个别媒体在报道一两件腐败案件后由于受到当地党委负责人的严厉批评，此后就不敢再触碰这个话题。在这种情况下，有些腐败分子就会变得更加有恃无恐。② 勃列日涅夫去世以后，安德罗波夫就任苏联最高领导人。安德罗波夫对于苏联的腐败问题深恶痛绝，决心铁腕反腐，也取得了很大成绩。在苏联历史上，安德罗波夫是一位受到极高评价的领导人。但他由于年事偏高，身体状况不佳，只在任不到一年半时间便去世了，很多工作还没有来得及做，在他去世以后也就不了了之了。

苏联的解体，标志着苏联话语权的终结。苏联的解体不仅影响了今天的俄罗斯，也影响了世界历史进程。苏联解体让世人明白一个道理：任何一种制度，随着时间的流逝，它都有可能会逐渐变成继续向前的桎梏；任何一个先进的政党，如果不随时找找自己的缺点，缺乏自我革命的精神与勇气，它也会停滞不前甚至倒退。尽管苏联红旗落地的悲剧已过去了30年，但我们仍然要居安思危，吸取教训，砥砺前行。

---

① 李燕：《勃列日涅夫时期苏共官员的腐败及社会影响——从茨维贡与苏斯洛夫之死窥探端倪》，《俄罗斯学刊》2013年第6期。

② 郭海龙：《安德罗波夫铁腕肃贪运动评析》，《西伯利亚研究》2015年第5期。

第四章　美国的国际话语权

第一节　美国国际话语权的基础

美国作为英国的原殖民地，发展较晚，但起点很高，成长很快，而且没有历史包袱。根据沃勒斯坦的观点，一个国家成为霸权国家，需要经历四个阶段：上升期、成长期、全盛期和衰落期。美国的国际话语权在19世纪处于上升阶段，"门罗宣言"的提出可以视为美国崛起的标志。1890年，美国已经是世界经济实力最强的国家。然而，当时的美国虽然经济总量跃居世界第一位，但是其对于国外事务尤其是美洲地区以外的事务明显缺乏兴趣，对于争夺国际话语权也不是很热衷。但是随着实力的壮大，加上英国之前话语霸权的示范作用，美国很快加入国际话语权的争夺中来。美国之所以从一个奉行孤立主义政策的北美洲国家变成执掌国际话语权的超级大国，主要有两个方面的原因。

一、硬实力的强大

美国独立战争后到美国内战前，美国经济经历了一段自主快速发展期，为现代美国的兴起打下了坚实的基础。1840年起，美国的纺织业快速发展起来。据统计，1840年全国境内有纱锭200多万个，到了1860年，增加到500多万个。美国纺织业的发展，意味着美国在这一领域已经有了挑战英国的一定能力，而且对于从英国进口纺织制品也就显得不是那么必需了。除了纺织工业外，制鞋业、冶金业、造船业也都发展起来了。1859年，美国国内有14万家制造业工厂，产值近20亿美元。作为近代工业的重要标志之一的生铁产量达90多万吨。

南北战争之后，美国的经济发展速度进一步加快。1865—1897年被称为"镀金时代"，美国开始步入经济稳定发展的阶段，基本实现了工业化。美国的影响力显著跃升，不仅创造了空前巨大的生产力，而且财富高度集中，把老牌的欧洲强国抛在了后面。"1885年美国超过英国，成为占世界制造业份额最大的国家。一年之后，美国取代英国成为世界上最大的钢铁生产国。美国的 GDP 在 1890 年超过了英国；到 1900 年，其能源消耗超过德国、法国、奥匈帝国、沙皇俄国、日本和意大利的总和。"① 内战结束以后，美国的工商业规模化、集约化趋势加快。一些重要的经济部门如钢铁、食糖、石油、木材、煤等形成了一个又一个大公司，它们掌控美国的工业化进程，推动美国成为一个现代的工业化国家。1886 年，美国出口额为 2.84 亿美元，到 1898 年，出口额达到 12.3 亿美元，而且这一增长几乎完全来自工业产品，增长如此之快，以至于有人以为美国已经取代英国，成为世界工厂。② 与此同时，美国的交通事业突飞猛进，尤其是在铁路发展十分迅速。19 世纪末，美国国内铁路通车里程增长很快，达到了近 20 万英里，美国国内形成了纵横交错的铁路网。交通运输的改善也有助于美国的西进运动，越来越多的人跑到美国西部寻找发展机会，西部地区农业得以迅速发展，经过一段时间的开发，西部地区成为美国重要的粮仓。

农业是经济增长的源泉，尤其是工业化的起始阶段，农业具有十分重要的地位。美国南北内战之后，制造业居农业之上，但农业的发展依然十分可观。到了 20 世纪，美国的制造业取代了农业成为国家的经济支柱，1900 年的人均制成品比 1860 年增长了 3 倍，年均国民收入也增长了 2%。然而，19 世纪世界最强大的国家仍然是英国，英国一直是世界经济的龙头老大。③ 不过在 19 世纪末及 20 世纪之交，美国经济发展确实很快。1774—1909 年，美国实际生产总值增长了约 175 倍。1913 年，美国的实际国内生产总值几乎是阿根廷、澳大利亚和加拿大总和的 6 倍。④ 这是美国历史上发展速度最快的时期。第一次世界大战以后，美国的经济总量更是达到了惊人的规模，把欧美其他国家远远甩在后面。据 20 世纪 20 年代末的统计数字表明，美国其时拥有世界石油生产的 70%、煤炭生产的 40%，生产了全世界 46% 的工业品。

第二次世界大战对于绝大多数帝国主义国家来说是一场财富消灭战，不过对于美国却是例外，"二战"为美国经济扩张再次提供了机会。美国本土远离战争，而战争对于物资的需求与消耗却又极大，当欧洲战场因为战火纷飞而陷入经济困顿时，美国的工农业生产却一枝独秀。多年的战争促使美国工农业产值突飞猛进，与对手拉开了越来越大的差距。1938 年，苏

---

① ［法］扎卡利亚著，门洪华译：《从财富到权力》，新华出版社 2001 年版，第 66 页。
② ［美］孔华润主编，王琛等译：《剑桥美国对外关系史》上卷，新华出版社 2004 年版，第 292 页。
③ 张焕萍：《兴盛与挑战——美国话语权研究》，中国广播电视出版社 2015 年版，第 70 页。
④ ［美］斯坦利·L. 恩格尔曼等主编：《剑桥美国经济史（第 2 卷）：漫长的 19 世纪》，中国人民大学出版社 2008 年版，第 9 页。

第四章 美国的国际话语权

联和德国与美国的差距比起其他国家要小得多，但是苏德两国加起来总产值也不到美国的一半，英法甚至不到美国的1/3，日本和意大利只有美国的1/5。美国的总产值则占世界总产值的1/3。① 可以说，美国对于其他国家完全处于碾压的态势。

"二战"结束后，美国经济在世界上更是鹤立鸡群，而且战前的那场经济大萧条给美国国内带来的一系列问题和矛盾也几乎一扫而光，从而彻底摆脱了大萧条的窘迫和沮丧。② 1940—1945年，仅仅5年的时间，美国的国民生产总值就从1000亿美元增加到2000亿美元，整整翻了1倍。美国人口只占全世界人口的6%，却生产了世界一半的产品。人均收入方面，美国也远远把其他国家甩在后面。1946年，美国人均年收入达1262美元，而英国只有653美元，印度只有45美元。全世界一半的人口都只有印度的水平。③整体来看，第二次世界大战刚结束时，美国一家的经济就超过了世界国民生产总值的50%。④

除经济因素之外，美国的其他相关实力如科技实力、教育实力也非常雄厚，从而为其在第二次世界大战后掌握国际话语权奠定了坚实的基础。

二、美国拥有绝对的军事霸权

"二战"后的美国，不仅经济实力有极大增长，工业产值占据整个资本主义世界的半壁江山，军事实力也傲视群雄。美国军队人数一度达到1200多万，国防预算每年超过800亿美元。美国拥有世界上规模最大的海军，拥有包括航空母舰在内的1200多艘各式战舰。依靠强大的海空军力量，美国的势力超越北美洲，延伸到欧洲、亚洲、大洋洲，成为真正的世界军事强国。战后，美国在全世界56个国家拥有驻军，有480多个海外军事基地。虽然在常规武装力量方面，苏联与美国差距不大，但在海外军事基地数量上，美国远超竞争对手苏联。拥有众多的海外军事基地这一优势一直保持到今天。

"冷战"时期（1946—1991）。"冷战"只是意味着热战的结束，并不意

---

① [美]韩德著，马荣久等校：《美利坚独步天下》，上海人民出版社2011年版，第90页。
② 钱满素：《美国文明》，中国社会科学出版社2001年版，第128-131页。
③ [美]沃尔特·拉菲伯、理查德·波伦堡、南希·沃洛奇著，黄磷译：《美国世纪：一个超级大国的崛起与兴盛》，海南出版社2008年版，第321页。
④ [美]兹比格纽·布热津斯基著，中国国际问题研究所译：《大棋局——美国的首要地位及其地缘战略》，上海人民出版社1998年版，第31页。

味着战争的消失。美苏两个军事集团虽然避免了相互间的直接冲突，但是局部战争一刻都没有消停，反而变得更加频繁和激烈。20世纪50年代的朝鲜战争和从60年代起持续10余年的越南战争的失败，使美国称霸世界的全球战略大受打击。

"冷战"的前期，美国的军事体制已不能满足其称霸世界的需要：战略思想没有适应形势的变化，脱离核时代的特点；平时的武装力量规模偏小，陆海空三军比例失衡，空军没有受到应有的重视；三军协同作战和后勤供应不协调。美国政府通过两次战争看到了问题所在，此后不断对美国军事体制进行改革，逐渐形成为美国全球战略服务的各种核军事战略和作战思想。在新的战略思想指导下，美国政府投入巨额资金，用于研制各种新式武器装备，保证美军的武器装备继续领先世界，建立了支撑美国霸权的三大军事力量——战略核力量、常规武装力量和国民警卫队，强化平民军事教育制度；建立和不断完善全球战争统帅体系、遍布全球的军事基地网络和各种军事集团。

后"冷战"时期（1991年至今）。苏联解体标志着两极格局的终结，以美国为首的一方赢得了"冷战"的胜利。美国挟"冷战"胜利之余威，在国际舞台上继续推行扩张战略，一方面违背在苏联解体之初与俄罗斯达成的口头约定，把北约的范围一步步扩展到俄罗斯家门口；另一方面极力打压伊斯兰世界不听话的领导人，同时在亚太地区极力压制中国，压缩中国在南海的合法权益，鼓励南海周边国家不断蚕食中国在南海地区的领土主权。为了实现这些目标，美国政府继续推进军事改革，强化已有的军事霸权，挤压中国的发展空间。改革的主要目标：保卫美国本土与海外基地、保持远距离作战能力、使敌人无庇护所、保护信息网络、利用信息技术加强各军兵种协调作战的能力以及保护太空。具体从三个方面着手——保持适当的核威慑水平、加强常规攻击能力和建立新型防务手段。重点开发信息武器、导弹防御系统、空间和海底作战装备；发展精确打击武器和各种高精尖的武器，如激光和微波动力武器；研制大型运载飞机和舰船等。[①] 为此，美国军方领导特别强调各军种具备打赢网络战争的能力，强调美国的陆海空军队必须牢牢掌握制地权、制海权、制空权和制核权，此外，还必须掌握制信息权和制太空权。

美国立国时间不到300年，却已经成为世界上最强大的超级大国，其发

---

① 《美国防部长发表演讲，阐述美军事战略调整》，新浪网，2002-01-01，http://news.sina.com.cn/w/2002-02-01/464651.html。

展历程其实是博采各国之长的结果。美国的军事思想与欧洲一脉相承，先后受到英国、法国及德国军事思想的影响。在继承欧洲各国军事思想精华的同时，在实践中又不断进行改革，致力消除军事体制中的弊端，创造适应新时代的内容。经过一代又一代人的努力，今天的美国军队已经由独立战争时期的那支衣衫褴褛、纪律涣散的民兵，逐步发展为职业军队，壮大成世界上最强大的武装力量，不仅助力美国成为美洲霸主，而且在相当长的时间里成为"世界警察"，极大地影响了世界历史进程。美国的军事战略可以归纳为六个方面。

第一，鲜明的对外扩张性。清教徒的"使命观"、政府发布及民众积极参与的"西进战略"、"门罗主义"提出的扩张主张、马汉的"海权论"，还有"泛美主义""社会达尔文主义""全球战略""核威慑战略""新世纪军事战略"……所有这些并不仅是守卫美国本土利益的指导思想，而且是指引美国不断扩张的理论指南。

第二，始终坚持"文官治军"原则。坚持由文官掌管最高军权，是美国军事制度的基石。不说古代，就以20世纪为例，世界各地军人干预政治或通过军事政变上台建立军事独裁政权的事件层出不穷，尤其是在中东、非洲、南美洲、东南亚等地区。但是美国立国200多年来却没有发生过军人通过发动政变上台的事情，这与美国确立文官治军原则有着密切的联系。今天绝大多数国家也采用了这一原则。事实证明，文官治军对于维护资本主义国家的长治久安和政治稳定，具有重大历史意义。

第三，既抓军事建设，又不让军事建设影响经济的发展。与苏联把巨大的资源投入军事工业不同，美国既重视军事建设，但又不让军事建设影响民众的生活，加重国民经济的负担。二战以后，美国从来没有放松军队的建设，尤其重视军队的实战能力。朝鲜战争、越南战争、海湾战争、颠覆利比亚的战争等，让每一时期的美军都经受了战争的洗礼，极大地提高美军的声威。鉴于这些战争的规模都不大，所以美国并不需要保持过多的现役军人数量。一旦发生大规模战争，美国可以实施紧急动员令，迅速扩充美国的军队。

第四，第一时间把先进的科学技术应用到军事领域。美国自建国以来，一直注意运用先进的科学技术来改进和更新武器装备，尤其是重视尖端武器的研发，这使美国得以长时间保持武器装备上的领先水平，并且在每次战争中都能牢牢掌握制海权和制空权，屡屡在具体的战斗中做到"吊打"对手。

第五，重视"质量建军"。美军在自身的建设中，不仅重视硬件（如武器装备的及时更新换代），也重视软件的提升。"质量建军"就是提升军队软件的重要举措。美国建国之初，就设立了培养军事干部的高等学府——西点军校，这对提升美军的军事素质起着极为重要的作用。当然，那个时代能够进行提升的只有陆军。此后，美国又逐步把军事教育扩大到各个军兵种，建立了完整的军事教育体系；之后又建立了平民军事教育体系。这种全方位无遗漏的军事教育无疑有助于美国全体国民军事素养的提高，确保美军在相当长的时期内具有极强的战斗力。

第六，重视用理论来指导各次军事改革。美国建国以来，每次军事改革，都是在一系列军事思想的指导下进行的。这些改革都汲取了历史上的经验和教训，有着明确的目的，从而避免了改革的盲目性，少走弯路。这些思想保证了美国军事改革的成功，并构成了庞大的军事思想体系。①

从20世纪60年代起，美国不断强化自己的武装力量，以确保对苏联的优势。1963年，美国的海基与陆基洲际弹道导弹达到497枚；苏联122枚，且全部只能在无掩体的地面发射。1964年，苏联洲际弹道导弹增加了67枚，达到189枚；而美国光是"民兵"洲际弹道导弹就从160枚增加到600枚，可攻击苏联本土的洲际弹道导弹总计达到1045枚。更别提美国空军还有1160架战略轰炸机，而苏联只有189架轰炸机，并且质量明显不如美国。②

战略核潜艇是"冷战"时期最重要的撒手锏，美苏两国在这一领域同样争夺激烈。美国1964年建成弹道导弹核潜艇11艘，1965年建成8艘，1966年建成7艘，1968年建成5艘，5年共建成31艘弹道导弹核潜艇。同时，这一时期美国的核动力攻击潜艇，1964年建成8艘，1966年建成6艘，1967年建成12艘，1968年建成12艘，也就是说，在5年里共建成38艘。总的来看，美国在5年的时间里总共建造了69艘核潜艇，平均3个半星期就有一艘核潜艇下水。③ 在这5年里，美国还建造了44艘导弹巡洋舰或驱逐舰以及2艘大型航空母舰。同一时期，美国在越南战场打得热火朝天，并且投入巨资开展"阿波罗计划"，与苏联进行太空竞赛。

到了20世纪60年代后期，以"企业"号、"小鹰"号等超级航母为主，美国海军确立了15艘航母的规模，并保持到"冷战"结束。相比之下，苏联海军直到20世纪70年代，在一批具备远洋作战能力的军舰形成战

---

① 陈海宏、越小卓、李文：《他山之石：美国军事力量的发展与改革》，《军事历史》2016年第2期。
② 孙启明：《经济转型与大国博弈》，北京邮电大学出版社2019年版，第193页。
③ 孙启明：《经济转型与大国博弈》，北京邮电大学出版社2019年版，第194页。

斗力后,才可以拿上台面看一下,但与美国海军的规模仍是没法比的。

对比苏联,美国空中力量在数量上的优势一直很大。根据美国学者沃尔夫的《苏联霸权与欧洲》一书中的数字,苏联在朝鲜战争刚结束不久的20世纪50年代中期,总共拥有作战飞机大约1万架(也有情报机构认为是接近1.5万架),但是在60年代初期,数量已经降至大约一半,即4000~5000架(也有情报机构估计当时苏联有作战飞机近万架)。①

根据中国世界知识出版社1961年出版的《世界知识年鉴(1961)》,当年美国空军兵力是82.5万人,共有91个联队,约1.9万架飞机,另外还有海军航空兵的6800架飞机。② 美军是每个军种都配备空中力量的军队。空军以固定翼飞机为主,海军和海军陆战队的几千架飞机有固定翼飞机也有直升机。陆军则有近万架直升机,美国作战飞机的总数,不管是固定翼飞机还是直升机都大大超过苏联。从另一个角度看,苏联的单发中型战斗机米格-23产量也不过6000来架,而美国的F4重型战斗机就有5000多架了。苏联在航空工业生产上与美国的差距还是不小。

第二节 支撑美国霸权的因素分析

一、穷兵黩武

1. "二战"以来美国军事行动从未停息

军事霸权是维护美国霸权的根本保障,也是美国"大棒政策"的生动诠释。美国军事霸权表现在三个方面:对冲突敏感地区无节制的军事干预;对弱小国家的肆意欺凌;对世界其他大国的挑衅恐吓。

从奉行孤立主义政策转变为主动干涉政策的无节制使用,是美国军事霸权的最重要表现。"二战"以后美国的军事行动从来没有停止过,而且基本上都是赤裸裸的侵略行径。据美国学者统计,1890—2001年,美国共进行了133项军事干预行动。③ 美国平均每年发生军事干预的次数,从1890年至"二战"结束之时是每年1.15次,"冷战"期间达到每年1.29次,而在

---

① 孙启明:《经济转型与大国博弈》,北京邮电大学出版社2019年版,第194页。
② 《世界知识年鉴(1961)》,世界知识出版社1961年版,第919页。
③ [挪威]约翰·加尔通著,阮岳湘译:《美帝国的崩溃:过去、现在与未来》,人民出版社2013年版,第29页。

"冷战"后期的1989年年底,这一数字一度飙升到2.0次。① 对于美国政府领导人及国会的某些鹰派议员来说,美国今天还有更多的权益需要保护、更多的骚乱需要平息、更多的反抗需要粉碎、更多的敌对政权需要颠覆。哪怕是叙利亚的国内冲突、车臣的分裂运动、中国香港地区的暴乱分子闹事,都能与美国的利益扯上关系。

有国外学者总结,"二战"以后至2000年,美国先后展开了68次军事干预行动,足迹遍布五大洲,无论大国小国均深受其害。(见表4-1)

表4-1 1945—2000年美国对外发动的军事干预行动②

目标国家/地区	时间	目标国家/地区	时间	目标国家/地区	时间
中国	1945—1951年	古巴	1959年至今	乍得	1981—1982年
法国	1947年	多米尼加	1963—1965年	阿富汗	1979—1992年
马绍尔群岛	1946—1958年	巴西	1961—1963年	苏里南	1982—1984年
意大利	1947年—20世纪70年代	印度尼西亚（2次）	1957—1958年、1965年	尼加拉瓜	1978年—20世纪90年代
希腊（2次）	1947—1949年、1967—1974年	阿尔巴尼亚（2次）	1949—1953年、1991—1992年	南非	20世纪60—80年代
菲律宾（2次）	1945—1953年、20世纪70年代	哥斯达黎加（2次）	20世纪50年代、1970—1971年	伊拉克（3次）	1958—1963年、1972—1975年、20世纪90年代
越南	1945—1973年	厄瓜多尔	1963—1964年	利比亚	1981—1989年
危地马拉	1953年—20世纪90年代	智利	1964—1973年	洪都拉斯	20世纪80年代
朝鲜半岛（2次）	1945—1953年、1980年	西欧	20世纪50—60年代	安哥拉	1975年—20世纪80年代
德国	20世纪50年代	玻利维亚	1964—1975年	斐济	1987年
伊朗	1953年	澳大利亚	1972—1975年	巴拿马	1989年

---

① [挪威]约翰·加尔通著,阮岳湘译:《美帝国的崩溃:过去、现在与未来》,人民出版社2013年版,第29页。

② [挪威]约翰·加尔通著,阮岳湘译:《美帝国的崩溃:过去、现在与未来》,人民出版社2013年版,第30-31页。

续表 4-1

目标国家/地区	时间	目标国家/地区	时间	目标国家/地区	时间
苏联	20世纪40—60年代	秘鲁（2次）	1965年、20世纪90年代	牙买加	1976年—20世纪80年代
东欧	1948—1956年	葡萄牙	1974—1976年	刚果（金）	1977—1978年
中东	1956—1958年	东帝汶	1975—1999年	萨尔瓦多	1980—1982年
圭亚那	1953—1964年	加纳	1966年	保加利亚	1990—1991年
柬埔寨	1955—1973年	塞舌尔	1979—1981年	索马里	1993年
老挝	1957—1973年	南也门	1979—1984年	墨西哥	20世纪90年代
泰国	1965—1973年	乌拉圭	1969—1972年	哥伦比亚	20世纪90年代
阿尔及利亚	20世纪60年代	格林纳达	1979—1983年	南斯拉夫	1995—1997年
海地（2次）	1959年、1987—1994年				

美国空军针对24个国家制造了25起轰炸事件。（见表4-2）

表4-2　1945—2000年美国对外制造的轰炸事件①

目标国家	时间	目标国家	时间	目标国家	时间
中国	1945—1946年	老挝	1964—1973年	巴拿马	1989年
中国和朝鲜	1950—1953年	柬埔寨	1969—1970年	伊拉克	1991年至今
危地马拉（3次）	1954年、1960年、1967—1969年	萨尔瓦多	20世纪80年代	科威特	1991年
印度尼西亚	1958年	尼加拉瓜	20世纪80年代	索马里	1993年
古巴	1960—1961年	格林纳达	1983年	苏丹	1998年
越南	1961—1973年	黎巴嫩和叙利亚	1983—1984年	阿富汗	1998年
刚果	1964年	利比亚	1986年	南斯拉夫	1999年
秘鲁	1965年	伊朗	1987年		

---

① ［挪威］约翰·加尔通著，阮岳湘译：《美帝国的崩溃：过去、现在与未来》，人民出版社2013年版，第31页。

美国曾协助暗杀35个国家的包括国家元首在内的领导人,对11个国家的领导人施予酷刑,这11个国家分别是:希腊、伊朗、德国、越南、玻利维亚、乌拉圭、巴西、危地马拉、萨尔瓦多、洪都拉斯、巴拿马。①

美国还干预了23个国家的大选。(见表4-3)

表4-3 1945—2000年美国对其他国家大选的干预②

目标国家	时间	目标国家	时间	目标国家	时间
意大利	1948年—20世纪70年代	巴西	1962年	巴拿马	1984年、1989年
黎巴嫩	20世纪50年代	多米尼加	1962年	尼加拉瓜	1984年、1990年
印度尼西亚	1955年	危地马拉	1963年	海地	1987—1988年
南越	1955年	玻利维亚	1966年	保加利亚	1991—1992年
圭亚那	1953—1964年	智利	1960—1974年	俄罗斯	1996年
日本	1958年—20世纪70年代	葡萄牙	1974—1975年	蒙古国	1996年
尼泊尔	1959年	澳大利亚	1974—1975年	波黑	1998年
老挝	1959年	牙买加	1976年		

以上这些事件共同构成了第二次世界大战以来162起严重的政治暴力事件,充分体现了美国的军事霸权。

美国对世界各地的干预显示了明显的地域特征:第一阶段是东亚为主要目标;第二阶段以东欧为主要目标;第三阶段以拉丁美洲为主要目标;第四阶段以中东为主要目标。

美国的军事霸权有三个与众不同的特点。第一,不是为了防御他国势力对于美国的威胁,而是不远千里甚至不远万里把军事力量投射到美国本土之外。第二,不仅干涉敌对国家,如伊朗、中国、老挝、古巴等国,甚至连自己的盟友都不放过,如澳大利亚、意大利、希腊同样受到美国的干预。第三,干预时间有些持续很长,不是几天或者几个月,而是几年有时长达几十年,如古巴、伊拉克、伊朗、朝鲜等国长期以来受到美国的打压。

---

① [挪威]约翰·加尔通著,阮岳湘译:《美帝国的崩溃:过去、现在与未来》,人民出版社2013年版,第31页。
② [挪威]约翰·加尔通著,阮岳湘译:《美帝国的崩溃:过去、现在与未来》,人民出版社2013年版,第31页。

美国著名智库兰德公司曾经发布过题为"美国军事干预成功案例的特征"的报告，分析了美国多年来共计145次陆海空军事干预行动的原始数据资料，并以行动是否达成其政治意图为标准，分析了影响美国军事干预成功的主要因素。报告指出，美国历年来的军事干预行动成功率约为63%，随着美国军事干预所寻求的目标日渐远大，成功率呈现下降趋势。报告主要研究了三种美国军事干预手段：军事作战、维稳作战、威慑行动。①

"二战"以后美军军事作战与反暴乱行动的特征是：美军习惯于通过调动大量部队（尤其是地面部队）实现军事作战与反暴乱行动的目标。借助美国强大的军事实力，美军实现该目标的能力持续增强，而干预行动前的规划是影响美国实现其目标能力的关键因素。

随着世界各地冲突不断增多，美国在维稳作战中集中力量实现其政治意图的能力似乎在减弱。非军事资源和干预行动规划对于成功至关重要。东道国的政治体制基本情况和东道国政府的支持也会在很大程度上影响美国行动的成功率。另外，第三方的参与也会极大地影响军事干预行动成功的可能性。在实现威慑行动的目标方面，如果美国的军事能力明显强于世界其他国家军事力量总和的时候，军事威慑成功的概率要高得多。除此之外，美国调动的军事力量和资源的数量、类型对于威慑行动的成败与否也很关键。②

2. 对中国的围堵和威胁不停息

基于意识形态的对立，美国与中国的关系在中华人民共和国成立之后一直没有真正好过。即便有关系全面回暖时期，那也只不过是为了对付苏联这个强大的共同敌人。对于白宫的政客来说，与中国改善关系更多只是权宜之计，并不是一种治国的战略。大家如果熟悉大英帝国在欧洲反复玩弄的"大陆均势"政策，对于美国的对华政策就一点都不会觉得奇怪。因此特朗普上台以来，中美关系全面恶化这种局面虽然令人不快，但也并非完全不可理解。何况今天不仅美国与中国在意识形态方面有着难以调和的冲突，而且中国在综合实力上不断追赶美国，令美国感到惶恐和不安。

中华人民共和国成立以后，美国将亚太政策的重心放在遏阻"亚洲共产主义扩张"上，逐步形成编织一条从韩国、日本、中国台湾地区、东南

---

① 《兰德公司报告解析美国军事干预行动的特征》，腾讯网，2019-04-11，https://new.qq.com/omn/20190411/20190411A07VRS.html。

② 《兰德公司报告解析美国军事干预行动的特征》，腾讯网，2019-04-11，https://new.qq.com/omn/20190411/20190411A07VRS.html。

亚地区到澳大利亚的"新月形包围圈"的战略构想。1951—1955年，美国先后同有关国家以及窃据台湾的蒋介石集团签订了一系列安保条约或者防务条约，构建起一道封锁、遏制中国的亚太军事防线。这个军事体系是实实在在的，是美国在欧洲建立的共同防务体系的亚洲版本。"新月形包围圈"以"防止亚洲共产主义扩张"为共同政治基础——其实是为了压缩刚刚成立不久的中华人民共和国的生存空间；其次，这些防务条约或安保条约具有明显的军事同盟性质，缔约方在遇到战争危险时必须在军事上尽力援助对方。一方面，对于美国来说，要出兵东北亚地区，必须在中国周边拥有军事同盟及军事据点；另一方面，中国周边的一些国家出于自身利益的考虑，也需要抱住美国的"大腿"给自己壮胆。

2001年"9·11事件"以后，美国进一步扩大对中国的包围圈，不仅包括了中国的东边和南边，还延伸到中国的西边及西北边，形成了"C形包围圈"。它是在所谓"新月形包围圈"基础上逐步完善的，即从中国东面和南面的韩国、日本列岛、中国台湾地区、菲律宾、印尼、新加坡、泰国等国家和地区直到西部的印度、阿富汗等诸多国家，构筑起对中国的包围态势。

即使如此，美国仍然不满足。2016年，美国在韩国部署"萨德"反导系统，反映了美国希望进一步在亚太地区打压中国，以期在中国面前获得更多的优势。"萨德"入韩，意味着美国对中国腹地的空情军情侦察能力大为增强。因为"萨德"系统的X波段雷达采用了很多新技术，如大发射功率，低噪声接收，先进的数字信号处理技术等，具有很强的目标识别能力。"萨德"系统探测范围广，其探测距离为1000～2700公里，这套系统部署到韩国，相当于中国东部绝大部分地区的军事部署时时处在美国的监视之下。原本美国就有卫星24小时对中国进行不间断监控，近海有对中国形成的武力包围圈，再加上"萨德"系统监视中国腹地的一举一动，中国最重要的地区在美国面前几乎暴露无遗。因此，"萨德"入韩激起中国官方和民间的激烈反应。

中国军事专家戴旭认为，由于美国对中国形成了一个C形包围圈，中国所有能获取物资的线路都有可能被美军及其盟友轻易切断。因此，如果中美真的爆发激烈冲突，中国要获得来自国外的物资补充，只有通过上海合作组织（确切地说是俄罗斯以及中亚五国）获得帮助。而中国在巴基斯坦建设瓜达尔港，在缅甸建设油气管道等也是为保障海外能源供应而采取的重要对策。

3. 北约东扩

1991年苏联解体,华约也就烟消云散。作为当年与华约对抗的军事组织——北约其实也就没有继续存在的必要。戈尔巴乔夫一度还天真地认为苏联放弃竞争世界霸权之后世界将会迎来永久的和平,没想到美国领导的北约不仅没有打算解散,反而密谋进一步扩大自己的地盘——北约东扩。这就是导致美俄关系难以改善的一个重要原因。北约东扩是指北约将原苏联加盟共和国和中东欧的国家纳入该组织,是"冷战"后欧洲战略格局产生重大转变的必然产物。"冷战"结束后不久,中东欧国家如罗马尼亚、保加利亚、捷克、斯洛伐克、波兰、匈牙利和苏联的原加盟共和国爱沙尼亚、拉脱维亚、立陶宛等相继叩响了北约的大门,先后成为北约的成员。在北马其顿于2020年3月27日加入北约之后,北约成员国达到30个。北约东扩是"冷战"后国际政治军事领域中的重大事件,势必会对北约自身及各成员国的发展产生重大影响,同时将对全球安全格局尤其是欧洲安全格局产生深远的影响。①

北约东扩是"冷战"后华约势力大溃败所致,也是欧美国家继续维持世界霸权的必然结果。其中既有美国等大国的霸权主义因素,又有东欧诸多前社会主义国家及从苏联独立出来的小国寻求"保护伞"的因素;既有经济发展不平衡的原因,也有民族主义、宗教信仰等原因。

首先,苏联的解体、华约的解散为北约东扩提供了千载难逢的机会。华约作为一个曾与北约对抗近半个世纪的军事合作组织,对于国际局势产生了重大影响。华约一旦解体,产生的震动力是非常大的。对于北约来说,如果能够抢占这么大的一块地盘,无疑是进一步提升自己实力。而华约的自动解散,则为东欧地区留下了权力真空。这个权力真空当时只有北约有能力、有时机去填补。所以华约的解体,其结果肯定不是北约的解体,而是东欧地区力量的重组。俄罗斯以为苏联解体后能够与北约迎来真正的和平,但戈尔巴乔夫、叶利钦等苏联、俄罗斯国家领导人显然低估了美国的野心。从俄罗斯与西方几百年来的关系来说,它们难以成为真正的朋友。北约尤其是美国的真正目的是彻底击败俄罗斯,让俄罗斯永远不能对自己形成威胁;北约的另一个目标是称霸世界。因此北约的任务远未完成,它不仅不可能自动解散,还需要进一步扩容。而华约的自动解体对于北约来说真是喜从天降。

---

① 陈亮:《近十年来国内的北约东扩研究综述》,《山东省农业管理干部学院学报》2011年第3期。

其次，美国为巩固其霸权地位，也需要北约东扩。假设北约解散，美国在欧洲就缺乏一个平台，其在欧洲地区的行动就会大大受限。北约解散对于美国来说相当于自缚手脚，而此时的美国处于霸权的顶峰，肯定不会见好就收而是要乘胜前进。美国当初筹组并控制北约，其目的就是防止苏联影响的扩大，尽可能地将西方的军事势力乃至西方的意识形态向东扩展，向世界其他地区延伸。东欧剧变和苏联解体后，"灾祸帝国"已经不存在了，意识形态分歧已经不存在了，把东西德分开的柏林墙也已经被推倒了，苏联遗产最大的继承国——俄罗斯正忙于处理本国内部问题，对于美国来说，这是扩大"冷战"胜利成果，加紧建立一个单极世界的大好时机。因此，美国力主吸收东欧国家加入北约，从而尽可能地把东欧国家纳入西方的地缘政治范围。这样一来，美国可以扩大北约的存在基础，巩固自己在联盟内的地位，同时起到牵制欧洲联盟并向该地区施加影响的作用。此外，此举还可以进一步削弱俄罗斯的力量，遏制俄罗斯的重新崛起，长久避免俄罗斯再次对西方构成威胁。

最后，欧洲地区利益驱使北约东扩。16世纪以来，主导世界秩序的都是欧洲国家，但是今天的情形不一样了。第二次世界大战以后，不但欧洲主要国家的实力受到严重削弱，而且欧洲也开始陷入分裂状态，这对欧洲国家来说是不幸的，而苏联、美国则乐见其成。"二战"以后，欧洲的局势一直被北约和华约集团所左右，而两个集团的领导者则分别是美国和苏联，欧洲国家成了追随者。"冷战"的结束标志着东西欧对抗的结束。西德和东德统一，德国和波兰和解，欧洲众多国家纷纷建立和平伙伴关系，一个完整的欧洲似乎正在逐步显现。西欧各国无须再担心身边的东欧小国，而东欧小国也觉得只有彻底融入西欧才有安全感。① 所以对于东欧及西欧来说，都有重新走到一起的需要。

4. 对于弱小国家的肆意欺凌

"冷战"结束后，美国的单边主义无以复加，突出表现在对于一些弱小国家的任意凌辱，主要有两次海湾战争以及对南联盟长达78天的狂轰滥炸。美国在1991年和2003年两度对伊拉克发动大规模战争。如果说第一次伊拉克战争还带有一定的正义性的话，那么第二次入侵伊拉克则是以"伊拉克拥有大规模杀伤性武器"为借口，并且由美国国务卿鲍威尔在联合国安理会上以一小瓶白色粉末作为所谓的"证据"，完全是欲加之罪何患无辞。美军虽然把萨达姆送上了绞刑架，但并没有给伊拉克带来自由与和平。2010

---

① 邱巍：《普京时期的俄罗斯与北约东扩》（硕士学位论文），东北师范大学2009年。

年，西方国家以突尼斯为突破口，开启了"阿拉伯之春"的另类颠覆政策。埃及总统塞西在2018年对媒体公开表示："叙利亚、伊拉克、利比亚和也门等国发生的事件造成巨大损失。一些国际评估结果显示，基础设施损失达到9000亿美元，这些事件还造成超过140万人死亡，1500多万人沦为难民。"①

被认为是"阿拉伯之春"成功典范的突尼斯，"颜色革命"发生之后，该国年轻人失业率约为35%。虽然突尼斯推翻了总统本·阿里、成立了民选政府，但从经济上看，该国GDP增长自2010年以来一直停滞不前，人均GDP甚至从4000美元下降到3600美元。② 此外，直到今天，深受"阿拉伯之春"之害的叙利亚依然陷于动乱的泥潭。尤其令人发指的是，2020年5月17日上午，一架带有美军标志的"阿帕奇"武装直升机飞越叙利亚境内一处麦田上空，在离地面最近的位置先后投掷多枚燃烧弹，对农田和居民住所造成极大破坏，更是给当地人民尤其是儿童造成了很大的恐慌。即使叙利亚当局安排了救援人员去扑灭起火的麦田，但由于麦田焚烧速度过快，救援人员也表示无能为力。来自叙利亚当局的统计数据显示，这起事件最终导致超过200多杜纳亩（相当于2万多公顷）麦田被焚毁。③ "阿拉伯之春"已经制造了数百万难民，他们不仅在本国无法平静地生活，也给欧盟带来了无尽的麻烦。

有学者认为，美国轰炸南联盟，主要目的是打击欧元，因为欧元的发行是对美元霸权的挑战。④ 1999年1月1日，欧元正式使用，然而经过美国一番折腾，欧元马上贬值，美元升值。美国在欧洲开战等于给欧元一个大大的下马威。据南通社报道，1999年3月24日—6月10日北约对南联盟78天的轰炸，总共造成2000多人死亡，6000多人受伤，近100万人沦为难民，给南联盟造成的经济损失超过2000亿美元。⑤ 此外，美国对于古巴、朝鲜更是实行了几十年的封锁与孤立打压政策。

---

① 《埃及总统：阿拉伯之春致100万人死亡，近万亿美元损失》，《环球时报》2018年1月19日。

② 《埃及总统：阿拉伯之春致100万人死亡，近万亿美元损失》，《环球时报》2018年1月19日。

③ 《美军焚烧叙利亚的麦田：给出了奇葩的理由，其实根本就站不住脚》，《环球时报》2020年5月17日。

④ 汤勇：《轰炸欧元——美国的潜在目的：浅析美国空袭南联盟背后的经济因素》，《世界经济与政治》1999年第7期。

⑤ 《当年以美国为首的北约轰炸南联盟，一共有多少国家参与此次轰炸？》，搜狐网，2018-06-13，https://www.sohu.com/a/235467133_574008。

二、遥遥领先的美国科技霸权

美国的科技领先得益于第二次世界大战。"二战"后期，当苏联忙于把法西斯德国工厂里的机器设备运往国内时，美国却派了大量飞机将1500多名德国科学家运往美国，从此奠定了美国科技强大的基础。"二战"以后，凭借雄厚的财力，美国吸引了来自世界各地的人才。先是欧洲人，接着是日本人、韩国人，再接着是华人、印度人。众多优秀的外国人凭借自己的聪明才智得以在美国立足，进一步促进了美国科技的发展。迄今为止，美国的大学汇集了全球70%以上的诺贝尔奖获得者。全球排名前100位的大学，美国占据半壁江山。按科学贡献度计算，在全球最顶尖的20所大学中，美国占了17所，从哈佛、耶鲁、康奈尔、斯坦福、麻省理工到加州理工，这些顶尖大学培养了全世界最好的工程师和最顶尖的科学家。美国的常青藤高校联盟是全球优秀学子心中的学术圣殿。全球十大科技顶尖公司，美国占据了八家。美国的苹果公司、微软公司、通用电器公司、高通公司、谷歌公司等是各国相关求职者的首选。英特尔向全世界提供芯片，微软公司和甲骨文公司占据了软件业的基础市场（从百度到腾讯再到中国各个政府部门，过去都使用甲骨文提供的数据库软件和技术，但近年随着阿里云的兴起，甲骨文公司已经逐渐退出了中国）。[①] 美国拥有全球最顶尖的实验室，分布在军工领域、航空航天领域、医学技术领域、信息科学领域、人工智能领域、农业领域……美国以无可匹敌的实力和压倒性的技术优势雄居世界之首。

美国有如雷贯耳的各类大公司及"技术大佬"，如通用、波音、霍尼韦尔、诺斯罗普·格鲁曼、洛克希德·马丁、联合技术、雷神、汤普森·拉莫·伍尔德里奇、达信、利顿工业、休斯电子、联合防务、哈里斯、L-3通信、艾连特技术系统、韦里迪安、罗克韦尔、西利康图解计算、布兹·阿伦·哈密尔顿、阿尔康工业、普利迈克斯技术、米特里、泰里达因技术、列·谢格勒、装备支援系统、蒂坦、安特翁、AM General、电子数据系统、奥什科什、库比克、陶氏、亨斯曼、伊士曼化工、孟山都、德尔福、杜邦、江森自控、思科、3M、迪尔、固特异、惠普、安捷伦、IBM、泰科、英特尔、卡特彼勒、辉瑞、罗氏、礼来、施乐、艾默生、惠而浦、道康宁

---

① 胡薇：《美国科技有多强大？中国如何崛起？》，电子发烧友网，2018-07-25，http://m.elecfans.com/article/716315.html。

等，它们无一不是各自所在领域的巨头，代表了美国的科技实力。

2017年特朗普上台以来，世人充分领略了美国的科技霸权，尤其是对中国华为公司的打压、对中兴公司的两次巨额索赔、对中国数十家公司以及十几所大学的制裁、对中国学生赴美求学的限制，以及美国联合几十个国家签订针对中国的《瓦森纳协定》，更是让中国人民深刻认识到美国在科技方面挥舞"制裁"大棒的威力。

1. 研发经费与人力投入遥遥领先

美国对于科学研究的投入力度是其他国家所无法比拟的。"二战"以后，美国在科技领域的投入更是遥遥领先。要知道今天的科技成果的获得途径与工业革命之前的科技成果完全不同。科技已经成为一种产业，科技成果的取得更多依靠集体攻关而不是个人的单打独斗，在重大的前沿研究方面，国家或者企业集团打造的平台建设及后续资金的持续投入尤其重要。当今世界的前沿科技研究，越来越离不开科研基础设施与高端精密设备的大量投入。以物理学研究为例，如果没有造价近3亿美元的激光干涉引力波天文台，2016年引力波的成功探测就不可能实现。[①] 可以说，巨量的研发资金投入是科研成果的基本前提。

美国科研成果迭出，许多科技成果领先世界，是与美国政府及大企业在科研上日积月累的大量投入紧密相连的。2016年，美国研发经费为5103亿美元，位居世界第一；中国研发经费为2378亿美元，虽然已经位居第二，但依然不到美国的一半；其后为日本、德国、韩国等。从研发强度（研发支出/GDP）来看，2016年研发支出排名靠前国家的研发强度普遍维持在3%左右，其中韩国（4.24%）、日本（3.14%）、德国（2.94%）、美国（2.74%）处于前列。中国2016年研发强度达到2.12%，相较于2000年0.89%的强度水平明显提升，目前已经接近法国（2.25%）并且超过英国（1.69%）等发达国家，但距离美、日、德、韩等国仍有一定差距。[②]

从研究和开发经费支出的投向结构来看，中国目前的研究和开发活动偏重试验发展（2015年占比达到84%），基础研究和应用研究投入比例合计仅16%。而美国在基础研究和应用研究领域投入的资源远远超过中国，

---

① 《众望所归！2017年诺贝尔物理学奖给了引力波发现者》，搜狐网，2017-10-03，https://www.sohu.com/a/196131567_413980。

② 《全球视角中美科技力量对比》，金融科技一线观察，2019-05-23，http://dy.163.com/article/EFRP0J4G05394IK2.html。

合计占比达到36%。①

企业本应是科学研究的主要承担者,但中国企业的研发投入明显不足。中国广大中小企业,基本缺乏科技创新能力,企业主也少有长期发展的打算。近年来的房地产炒作之盛更是令众多中小企业主感到发展实业无望,只好敲退堂鼓,而不甘心退出的企业则把生产线转移到越南、柬埔寨、马来西亚、印度、印尼甚至埃塞俄比亚。而不少国有企业生存日益困难,亏损严重,管理水平不高,激励措施不到位,对于科学研究的积极性不高,有的甚至根本就拿不出研究经费。好一点的企业前些年在"中外合资"的风潮中,不少事实上已经成为外资企业,中方根本就没有话语权和掌控权。

除了研发经费的支持,各类科研成果离不开一支强大的工程师与科学家队伍。虽然从科学家和工程师数量来看,中国位居世界第一,比如2014年自然科学与工程学学士学位获得人数排名靠前的国家与地区:中国(145万)、欧盟八国(57万)、美国(38万)、日本(12万)、韩国(11万);而博士学位获得人数排名靠前的国家与地区:欧盟八国(4.92万)、中国(3.18万)、美国(2.98万)、日本(0.59万)、韩国(0.55万)。②但在人才的质量方面,中国与欧盟、日本、美国、韩国等国家还是有明显的差距。

从科学与技术领域全职研究人员数量来看,2015年排名前列的国家和地区:中国(162万)、美国(138万)、日本(66万)、德国(38万)、韩国(36万)。尽管在总量上已经超过美国,但中国每千人劳动力中研究人员比重仅为2.02,远低于美国、日本、韩国等发达国家。③而在真正的科研能力上,中国要追上美国可能还需要较长时间。

2. 高等教育傲视全球

第二次世界大战以后,美国高等教育傲视全球。根据2017年泰晤士高等教育世界大学排名,世界前100所大学中,美国占43所,其次为英国12所、德国10所,中国只有共5所上榜。其中排名前10的大学基本都在美国和英国,中国排名最靠前的清华、北大仍在20名开外。2011年以来,世界前100名大学中美国大学数量有所下降,但仍占到总数的近一半;中国跻身世界前100名的大学数量略有提升,但相比美国差距仍然很大。在更加注重

---

① 《全球视角中美科技力量对比》,金融科技一线观察,2019-05-23,http://dy.163.com/article/EFRP0J4G05394IK2.html。

② 《全球视角中美科技力量对比》,金融科技一线观察,2019-05-23,http://dy.163.com/article/EFRP0J4G05394IK2.html。

③ 《全球视角中美科技力量对比》,金融科技一线观察,2019-05-23,http://dy.163.com/article/EFRP0J4G05394IK2.html。

科研与学术的软科世界大学学术排名（Academic Ranking of World Universities，简称 ARWU）榜单中，2017 年排名前 100 的大学，美国仍然以 48 所占到近一半，中国仅清华、北大两所上榜。榜单排名前 10 的大学中，哈佛大学、斯坦福大学、麻省理工学院等美国大学占据了 8 个名额，而清华、北大则排到了 40 名之外。

美国的大学汇聚了全世界的人才。众所周知，美国的名牌大学"牛人"辈出，很多到美国名校就读的所谓尖子生一经对比往往锐气顿减，对"强中更有强中手"体会深刻。在美留学的华人非常清楚，要想在美国名牌大学获得一个教职是多么的不容易，竞争有多么激烈。

美国众多一流高校有着花不完的经费。像哈佛大学基金已经高达几百亿美元。名校根本就不缺钱，不仅知名校友热心捐赠，许多华人富豪对美国名校的热爱远胜于对自己母校的热爱。陈天桥、张磊、陈乐宗、陈启宗、潘石屹都是因为向美国高校巨额捐款而成为闻名中国的公众人物。2016 年 12 月 7 日，盛大创始人陈天桥宣布成立 10 亿美元基金支持脑科学研究，首批将向加州理工学院捐款 1 亿美元，用于大脑基础生物学研究。① 张磊 2010 年向耶鲁捐赠 888.8888 万美元。② 陈启宗、陈乐宗兄弟主要靠在内地投资房地产发家，在上海及诸多二线城市都建有恒隆广场，据说每年从上海获得的收益就达 70 多亿元人民币。他们 2014 年向哈佛大学捐款 3.5 亿美元，这是哈佛大学有史以来收到的个人捐赠的最高纪录。③ 潘石屹夫妇先后向哈佛大学、耶鲁大学捐款 1500 万美元、1000 万美元。④ 当然还有很多华人很低调地向美国名校捐了款。所以，美国的名校不仅有美国校友的捐款，更有来自国外校友或知名人士的大量捐赠。

美国的教育产业为美国带来天量财源。据美国教育主管部门 2020 年 5 月份发布的一份统计数据，中国在美国的各类留学生共计 723277 人（包括各类中小学留学生），以每人每年花费 50 万人民币计（约合 7 万美元），每年中国为美国教育及相关产业输血 500 亿美元。而中国每年因为教育而流出的外汇到底有多少？估计是个天文数字。

---

① 《陈天桥向美国大学捐款 1 亿美元，中国科学界炸了》，《南方都市报》，2016 年 12 月 12 日。
② 《高瓴资本张磊，我为什么捐款给耶鲁？》，《城市信报》，2010 年 1 月 12 日。
③ 《香港陈启宗、陈乐宗兄弟向哈佛捐 3.5 亿美元》，中国青年网，2014 - 09 - 09，http://news.youth.cn/jy/201409/t20140909_5722288.htm。
④ 《潘石屹捐款哈佛真实原因，逐渐明朗》，搜狐网，2019 - 11 - 24，https://www.sohu.com/a/355744091_477856。

3. 权威论文依然领先全球

论文是基础研究成果的载体，最顶尖的论文往往能够改变一个研究领域的发展轨迹甚至开创一个新的研究领域，例如英国大数学家图灵在《论数字计算在决断难题中的应用》中首次提出"图灵机"的设想，由此奠定了现代计算机的理论基础；香农的《通信的数学原理》直接创建了信息论并成为现代通信技术的基石。因此高质量的论文实质上代表了对人类知识边界的探索能力，更代表一个国家在基础科研领域的实力。[①]

从科学与工程（Science and Engineering，简称 S&E）领域发表的论文数量来看，2016 年排名靠前的国家或地区有欧盟（61.4 万）、中国（42.6 万）、美国（40.9 万）、印度（11 万）、日本（9.7 万），中国首次在数量上超过美国。不过，论文的质量比数量更加重要。2016 年科学与工程领域发表的引用率位于前 1% 的高质量论文中，美国的相对比例指数（即某国前 1% 引用率论文数量占论文总数的比例）为 1.9、欧盟为 1.28、中国为 1.01。中国近几年高引用率论文的比例有所提升，但相对美国、欧盟来说差距仍然不小。

中国论文原创性仍然有待提高，高水平论文仍然比较少，受关注度仍然不高，处于多而不强的阶段。论文发表的期刊层次是检验论文质量的另一有力标准。为了衡量基础科研产出，《自然》的发行者自然出版集团挑选了 82 本自然科学领域的顶级期刊（数量不到总体的 1% 但引用率占总引文数 30%），并基于文章和作者的情况计算出了自然指数，考虑文章作者的所属国家与机构情况后得到的自然指数称之为分数计数（fractional count，简称 FC）。从 2017 年各国分数计数的排名来看，美国（19579）依然保持着强大的领先优势，是第二名中国（9088）的 2 倍多，其后为德国（4363）、英国（3608）、日本（3053）。再看基础科学研究，中国近年来在基础科研领域的进步较快，但与美国的差距仍然非常明显。诺贝尔奖（仅讨论自然科学奖，文学奖、经济学奖与和平奖争议很大，故不纳入分析）是对最顶尖基础科研成果的肯定。从各国诺贝尔奖的获得情况来看，"二战"前，德国、英国、美国处于第一方阵；"二战"后，美国实力大幅提升，不论在物理、化学领域还是在医学领域，美国的获奖数量都占到全球总数的半壁江山。而中国目前除了 2015 年屠呦呦获得诺贝尔生理学或医学奖外，在物理学与化学领域尚未实现零的突破。

---

① 胡薇：《美国科技有多强大，中国如何崛起？》，电子发烧友网，2018 - 07 - 25，http://m.elecfans.com/article/716315.html。

论文是科研成果的重要证明，美国在论文方面已经领先长达半个多世纪，美国的高校尤其是排名靠前的那些高校所产生的论文已经长期占据国际知名学术期刊。由于有着领先的基础、吸引各方人才汇聚到美国的薪酬体系，以及其他国家尤其是广大发展中国家对于美利坚的心向神往，加之语言方面的优势，美国的论文优势仍将持续较长时间。

4. 发明专利坐享厚利

如果说一项发明是一瓶牛奶，专利则是一头奶牛。美国是专利制度的最大受益者，除了在印度市场收不到多少专利费，它在中国、日本、韩国，甚至欧盟则都赚得盆满钵满。

了解专利法的人都知道，专利分为发明专利、实用新型专利、外观设计专利三大类。在这三者当中，发明专利最能代表科技创新水平，而其他两项含金量要低得多。美国毕竟是当今科学水平最高、技术水平最强的国家，拥有的专利数量也稳居世界第一。在众多的专利当中，尤以这些行业——计算机、通信设备、半导体、生物制药掌握了最多的专利，给美国带来滚滚财源。以通信领域的芯片王牌公司美国高通公司为例，其在中国的收益占公司总收益的一半以上。高通凭借其在 CDMA 领域的研发布局在 3G/4G 时代大发横财，其依靠核心专利授权收取的费用被业内称为"高通税"。再如美国微软公司的 Windows 操作系统在世界市场的占有率超过 90%，已经变成了一头长期产奶的奶牛。

据世界知识产权组织（World Intellectual Property Organization，简称 WIPO）的统计数据，截至 2016 年年底，全球有效专利共有 972 万件，其中保有量排名前五的是日本（266 万）、美国（219 万）、中国（124 万）、韩国（95 万）、德国（60 万）。从增量角度看，2016 年各国发明专利申请量排名前五的是中国（126 万）、美国（52 万）、日本（46 万）、韩国（23 万）、德国（18 万），而专利授权量排名前五的是中国（32 万）、日本（29 万）、美国（28 万）、韩国（12 万）、德国（10 万）。[①] 中国近年来在专利方面发力明显，从申请数量上来看，已经大幅超越美国、日本，授权数量则略超美国、日本。这当然是好现象，不过在专利的授权率与实际转化方面中国仍有较长的路要走。中国的很多专利仍然停留在纸上谈兵阶段，不仅无法到其他国家收取相关的专利费，就是在本国也收不到，因为相当多的专利缺乏应用前景。换言之，美国在专利的应用上的领先局面仍将持续比较长的一段时间。

---

① 任泽平：《中美科技实力对比：全球视角》，《发展研究》2018 年第 8 期。

根据2013—2015年主要国家已公示专利申请的行业分布情况来看,美国和日本在通信、计算机技术与半导体领域布局了大量专利,其中美国在这些领域的专利数量为18.82万件,日本为16.71万件,中国为9.58万件,仅为美、日的50%多。日本在机床、发动机、机械零件、光学以及测量等领域布局的专利数量显著多于美国和中国;美国除了在信息通信技术领域布局了大量专利,在生物技术、医学技术与药物领域更是一枝独秀,公示阶段专利申请数量超过日本与中国之和。目前,中国目前每年交给欧美国家尤其是美国的专利费都是以上百亿美元计。

值得指出的是,美国的专利制度在某种程度上已经成为一种无赖制度。中国产品动不动就可能被美国投诉,而有相当一部分根本与专利无关。对于美国的一些皮包公司而言,起诉中国企业及相关产品已经成为一种生财之道。而中国以华为为代表的科技公司在美国被侵权甚至根本得不到保护。

5. 高科技产业不仅高利润,产品还不一定买得到

高科技领域新产品的国际贸易活跃度是一国在国际产业链中的相对位置与实力的体现。当前国际贸易金额较大的高科技商品包括集成电路、通信设备、飞机与航天器等。美国在这方面拥有巨大的贸易顺差,而且经常可以通过国内立法对别的国家实施贸易制裁,导致有些国家即使有钱也买不到美国的高科技产品。

2016年,中国是世界上最大的电子集成电路产品净进口国(出口608.8亿美元、进口2269.3亿美元),每年中国在此项的花费已经超过原油进口额;韩国净出口221.9亿美元(出口520.6亿美元、进口298.6亿美元),具有较强的竞争力;美国、日本则保持小额顺差;德国基本持平。① 值得一提的是,商品贸易并不能反映产业竞争力的全貌,对于像集成电路这类高科技行业,上游的专利授权等高附加值活动属于服务贸易,并不包含在商品进出口数据中,因此结合更具体的价值链构成进行分析是必要的。

在通信设备领域,2016年,中国是最大的净出口国(出口2013.6亿美元、进口459亿美元),除了韩国保持小幅顺差外,美国、日本、德国均存在逆差。中国在通信设备领域的顺差金额基本与在集成电路领域的逆差金额接近。作为全球电子设备产业链中的"组装工厂",中国每年看似出口金额巨大,实际上由于核心的集成电路大量依赖进口,利润十分单薄。尽管美国在通信设备领域存在巨额逆差,但是以移动通信设备领域为例,单单一家苹果公司每年的净利润就超过其余所有手机厂商的净利润之和。中国

---

① 任泽平:《中美科技实力对比:全球视角》,《发展研究》2018年第8期。

在通信设备领域的贸易顺差掩饰不了其在产业链利润分配中的弱势地位。

在飞机、航天器及相关设备领域，2016年美国顺差超过1000亿美元（出口1347亿美元、进口310亿美元）。中国不仅在进出口规模上远不及美国，而且在这一领域中国还有着近200亿美元的逆差（出口34亿美元、进口228亿美元）。①

在风险投资领域，美国也遥遥领先。2016年全球早期与后期风险投资规模，美国达到650亿美元，占全世界风险投资额的一半，其次为中国（340亿美元）、欧盟（110亿美元）。美国的优势依然十分明显。在高科技产品的生产过程中，世界各国尤其是中国仍然离不开"美国制造"。特朗普上台以来，美国对华的技术限制和封锁比过去更为严厉，中国在高科技行业方面受制于欧美发达国家非常明显。中兴的休克，中芯国际购买荷兰ASML公司的光刻机迟迟不能交货都是因为美国从中作梗。在军售领域，美国从1989年起就联同欧共体对中国实行武器禁运，且至今仍未解封。所以，这30多年中国军事装备的更新更多是依靠自力更生。

6. 要死要活要看美国

美国的医药产业为美国赚取了滚滚财源，其优势在于：一是发明专利多，二是新药多，三是市场广阔，四是利润高。

全球医药市场高度集中，大企业和大品种多数来自美国、欧洲。全球前10大制药企业占据全球40%以上市场份额，前10大药品的全球市场份额高达14%，欧美药企基本垄断高端药品市场份额。②

美国国内有着完善的鼓励医药创新的发明和专利保护制度。1984年通过的《药品价格竞争与专利补偿法》规定，申请人在提出新药申请的同时必须提交文件列明与申请上市新药相关的所有专利，并在申请提交后及时补充文件，允许药品获得长达5年的专利期延长，药品批准后的附有延长的总专利期可达14年。③ 今天中国大大小小的医院所用的昂贵的进口药一般都来自美国。在美国国内很多年前就已经不再使用的医疗技术，在我国不少三甲医院仍然在大面积地使用，而且有些医院还对病人宣称这是美国最先进的医疗技术。

美国在医药界的发明专利有多少？看看印度有多少仿制药就知道。电

---

① 任泽平：《中美科技实力对比：全球视角》，《发展研究》2018年第8期。
② 《医药行业深度报告：医药3.0时代到来，开启创新大国崛起之路》，搜狐网，2017-11-18，https://www.sohu.com/a/205195168_620847。
③ 《医药行业深度报告：医药3.0时代到来，开启创新大国崛起之路》，搜狐网，2017-11-18，https://www.sohu.com/a/205195168_620847。

影《我不是药神》对印度的仿制药有真实的反映。美国的医药公司拥有最雄厚的资金,所以在发明新药方面拥有无可比拟的优势,一家辉瑞公司就比中国2000多家医药公司还要赚钱。辉瑞公司创建于1849年,总部设在美国纽约,是全球最大的以研发为基础的生物制药公司。辉瑞公司的产品覆盖了化学药物、生物制剂、疫苗、健康药物等诸多广泛而极具潜力的治疗及健康领域,其卓越的研发和生产能力多年来一直保持全球领先地位。辉瑞生物制药在华上市的创新药物已超过50种,涵盖众多领域,此外辉瑞旗下的一些保健药物也为中国的消费者所熟悉。辉瑞公司一年的净利润达1134亿元人民币,而中国的恒瑞制药一年的净利润只有53亿元人民币,不及辉瑞公司的5%。美国的药物有多赚钱?以新冠肺炎疫情初期上了"热搜"的来自美国吉利德公司的"神药"瑞德西韦为例,其100毫升剂量的成本价只有不到30美元,市场售价却高达人民币35000元,利润远超毒品和军火。对于美国之外的全世界有钱人来说,要想续命,钱在自己手里,而药却在美国手中。

三、美国的金融霸权

塞缪尔·亨廷顿在《文明的冲突与世界秩序的重建》一书中,列举了西方文明控制世界的14条战略要点,其中3条是与金融霸权有关:第一条"控制国际银行系统",第二条"控制全球硬通货",第五条"掌握国际资本市场"。金融是现代文明的核心,目前这个核心同样掌握在美国手中。只有回到金本位制才能遏制美国的金融霸权,而就目前情况来看,要恢复金本位还不太可能。

1. 金融霸权的形式

作为金融霸权国,美国利用美元霸权、投机资本、衍生金融工具及其背后的政治霸权、高科技力量确立了自己的金融霸主地位,并主要通过铸币税、分享他国经济发展成果、转嫁危机等多种形式实现对其他国家特别是发展中国家的剥削。

第一,利用美元在国际货币体系中的特权地位收取铸币税。由于美国是世界货币,因此其他国家要想进入国际市场必须先换取美元;而要换取美元,其他国家就必须拿自己最好的资源来交换。其结果就是出售到美国的商品价格最优,质量最好。因为全世界所有国家都想把东西卖给美国,就必须压低自己的价格直接出售给美国的消费者或者美国的进口商。日本经济起飞时是这样,中国鼓励企业出口创汇时也是这样。这也是中国游客在美国旅游时会发现美国商店中的中国商品比中国国内的商品价格更便宜且质量更好的原因。目前,美元仍是无可争议的国际货币,美元占全球外汇储备的64%、外贸结算的48%和外汇交易结算的83%。① 美元的这种特权地位给美国带来了巨大的利益,例如,美元作为国际货币使美国获得数额巨大的铸币税,从而白白占有了境外持币者的资源。据国际货币基金组织统计,约有半数美元(约3750亿美元)在美国境外流通,使美国每年大概获益150亿美元,占其GDP的0.2%。②

第二,分享其他国家经济成长的成果。奥巴马及特朗普经常声称中国近年的经济增长是搭上了美国经济发展的便车,实际上美国财富的增长相当程度上是搭上了诸多新兴国家经济发展的便车。如果没有世界其他国家经济的增长,美元的发行量就不可能稳步增长,美国就不可能一边不断印钞一边还无须考虑通货膨胀。就国际购买力而言,美元一直在缓慢贬值,而美国国内的购买力相对而言一直比较稳定。美元贬值,对美国有两个改善国际收支状况的好处:减轻外债负担,刺激美国出口。近30多年来,美元一直在贬值,贬值对于美国来说相当于直接抹掉了一部分债务。据统计,仅在1985年3月—1986年3月,美元1年间的贬值就减少了美国约1/3的债务。③

第三,转嫁危机。当美国出现经常账户逆差时,它可以通过印刷美钞来弥补赤字,维持国民经济的平衡,将通货膨胀转嫁给其他国家特别是发展中国家。出现金融危机时,美国可以直接增加货币发行量避免信贷紧缩和信心崩溃带来的经济危机,把部分损失通过货币政策的变化转移到世界各地。1987年10月的"黑色星期一"并没有给美国经济带来实质性的衰退,而发展中国家却深受其害。这也是其他国家(如1997年的东南亚各国)出现持续的经常账户逆差就有可能爆发金融危机,而美国经历了几十年的巨额经常账户赤字却安然无恙的主要原因。2008年次贷危机发生后美国也是通过量化宽松政策来渡过危机的。2020年新冠肺炎疫情袭来,美国出台了4轮财政刺激政策,合计的财政刺激规模已达2.8万亿美元。④ 而且按照美国政府和美联储这种玩法,如果钱不够,继续超发货币将是板上钉钉的事。

---

① 刘艳妮、张航:《世界新货币艰难的博弈》,《证券时报》,2009年4月2日。
② 李永胜、秦汝刚:《美国金融霸权与发展中国家金融危机》,《开放导报》1999年第5期。
③ 刘艳妮、张航:《世界新货币艰难的博弈》,《证券时报》,2009年4月2日。
④ 《这次的货币超发,中美两国有所不同》,搜狐网,2020-06-02,https://www.sohu.com/a/399199252_114984。

2. 国际（投机）资本流动

国际资本有一个寻底效应。"二战"后，经济自由主义的影响和欧洲、美元市场的兴起使得国际资本以前所未有的速度和规模在国与国之间流动。尽管资本的流动是双向的，但是总体而言，发达国家是国际资本的主要输出国。追逐超额利润是国际资本的本性，发展中国家经济的高速增长为国际资本流动提供了良好的环境。1990—1996 年，流入新兴市场国家的国际资本总额达 11705 亿美元，在一定程度上推动了这些国家的经济增长，但也同时带来了风险和剥削。金融危机从一个国家蔓延到另一个国家的过程中，处处都留下国际资本特别是国际投机资本大规模流动的痕迹。据国际货币基金组织估计，目前在全球货币市场间流动的国际投机资本即国际游资至少有 7.2 万亿美元，相当于全球每年 GDP 总量的 20%，每天有相当于 1 万亿美元的投机资本四处游荡，寻找归宿。

国际投机资本流动的主要特点就是极强的投机性、流动的无序性和巨大的破坏性。1997 年亚洲金融危机就是国际投机资本的无序流动造成的。从 20 世纪 60 年代开始，经过 30 多年的发展，东南亚国家经济已初具规模，为资本增值创造了良好环境，而大多数东南亚国家对于巨量的国际资本一直实行进出自由的自由主义政策，这就为后来的金融危机爆发设下了陷阱。

当东南亚经济泡沫不断堆积时，欧美国家游资的流入打破了原有的资金平衡，造成通货膨胀压力；为抑制通货膨胀，东南亚国家不得不加息，然而加息又进一步刺激了国际投机资本的流入，使紧缩性的货币政策结出膨胀性的果实。投机资本的大举进驻给这些小国带来了短暂的市场繁荣，尤其股市飙升，地产价格快速上扬，表面一片繁荣。当投机者们看到时机成熟，便"不经意"地捅破泡沫，带领投机资本如潮水般地涌出，造成东南亚国家在短期内出现无法弥补的资金真空，导致货币的大幅贬值。这样，东南亚国家"破产"了，国际投机资本却满载而归。

作为金融霸权国的美国同时也是世界上头号债务大国，但迄今为止美国尚未为此担忧，更不会发生类似于 20 世纪 80 年代初期拉美式的债务危机。相反，美国经常是从中受益匪浅，这一方面得益于美元的特权地位，另一方面得益于由此带来的国际（投机）资本流动。自从 20 世纪 70 年代美国实施了金融改革，美国利用美元的特殊地位，在国际金融市场上的运作十分成功，低成本甚至无成本的资本输入和高回报的资本输出使得美国轻而易举地攫取了发展中国家经济增长的大部分收益。

对于美国的资本巨头而言，只要美国需要资金，他们可以随时通过货币政策的调整从容不迫地达到目的。所以，美国强烈要求发展中国家开放其金融市场,实现包括资本项目可兑换在内的金融自由化,以使其资金自由进出这些国家。当发展中国家出现所谓的"某某奇迹"时,美国便输出资本,流入这些快速增长经济体的股市、汇市等短期资本市场。美国资本的大规模流入迅速在这些国家吹起一个个经济泡沫,制造出虚假繁荣,一旦时机成熟,美国便通过各种手段将资本回收,当然还携带着丰厚的利润。这些资本简单的一进一出,给美国带来的是经济增长,给发展中国家带来的却是苦不堪言的灾难。

四、文化霸权

文化霸权(cultural hegemony)或称"文化领导权""领导权",是指一个阶级主宰另一个阶级的意识形态及文化,通过控制文化内容和建立重要习俗以统一意见来达到支配目的。今天其最主要的表现形式是一国的文化及生活习惯在另一国度的传播及流行。"文化霸权"这个词最初来自希腊文,指来自别的国家的统治者。到了19世纪之后,它才被广泛用来指一个国家对另一个国家的政治支配或控制。而到了葛兰西手里,这个词又有了新的含义,被用来描述社会各个阶级之间的支配关系。但这种支配或统治关系并不局限于直接的政治控制,而是试图成为更为普遍性的支配,包括特定的观看世界、人类特性及关系的方式。[①] 由此,领导权不仅表达统治阶级的利益,而且渗透进了大众的意识之中,被从属阶级或大众接受为"正常现实"或"常识"。

美国的文化霸权无处不在。随着第二次世界大战中美国取得全面胜利,美国的软实力急速上升。美国开始按照自己的模式来改造这个世界,而改造得最为成功的是日本、韩国。其中有宗教的影响:韩国原本是一个东亚文化圈国家,现在已经成为一个向境外输出各种形形色色的基督教的国家,不少有关韩国人到伊斯兰世界传教而被杀的新闻可以反映出韩国人传教活动的泛滥,他们有时甚至会派不明真相的中国人在其传教活动中充当助手,从而连累中国人一同受到伤害。

风靡世界多年的好莱坞大片,中国是其海外的重要票房保障;公然支持"港独"的美国NBA球队总经理之所以不把中国观众放在眼里,就是认准了中国人非看NBA不可;价格比香港迪斯尼还贵的上海迪士尼门票,依然挡不住青少年对于迪士尼乐园的热情;年轻一代经常光顾肯德基、麦当

---

① 任懿:《浅析葛兰西之文化霸权理论》,《社科纵横》2012年第2期。

国际话语权转移及中国国际话语权的提升研究

劳；青年学生宁愿花大价钱购买耐克运动鞋而不愿购买物美价廉的国产运动鞋；等等。这些都生动地体现了美国文化对于中国人的深刻影响。

第三节 当前美国维护自己霸权的手段

20世纪末，尤其是苏联解体之后一段时间，是美国最强大、最得意的时候，也是中国处境最为艰难的时候。日裔美国人弗朗西斯·福山更是凭借一本《历史的终结》获得世界性影响。进入21世纪，中国虽然发展较为迅速，GDP总量不断超越西方发达国家，但是与头号强国美国比较起来，差距仍然非常之大。2020年，李克强总理在记者会上公开表示，中国还有6亿人口平均每个月只有人民币1000元的收入。① 但是美国对于中国的关注和打压却是一点也没有放松。事实上，美国为了维护自己的霸权，一直对任何有可能威胁自己霸主地位的国家进行各种各样的打压。2019年12月12日，美国参众两院通过了下一年度的国防预算案，2020年美军国防预算高达7380亿美元，超过从第2名到第16名的总和。② 美国冠绝全球的军费开支就是维护其霸权最重要的手段。

具体而言，美国继续维护自己的世界霸权所采取的主要手段还有两种：①常规的造血、输血手段；②宏观吸血手段。

一、常规的造血及输血手段

美国常规的造血及输血手段很多，主要有三种。

1. 傲视全球的文化产业

美国的文化产业所创造出来的财富无法不令人称羡。美国要维护自己的霸权，继续保持强大的国际话语权，必须拥有维护霸权的经济力量。美国十分重视文化产业的发展，作为当今世界文化产业最发达的国家，美国在世界文化产业的发展中占据着主导地位。2004年，美国的文化产业为美国贡献了20%左右的GDP，全美最富有的400家公司当中有72家是文化企业，同时，文化产业为美国国内提供了1700多万个就业岗位。由此可见，

---

① 《李克强总理回答中外记者提问》，人民网，2020-05-28，http://cpc.people.com.cn/n1/2020/0528/c64094-31727942.html。

② 《美国参议院通过国防政策法案，2020年国防预算高达7400亿元》，凤凰网，2019-12-18，http://v.ifeng.com/c/v/v002OCsvnDB1_-KBNL4TDcFWo8s8kuKUMzfL3rwaPnE8g950__。

发展文化产业已经成为 21 世纪美国推行全球文化扩张的重要战略。美国的文化产值在经济总量中的比重远超其他国家，文化产业的出口更是遥遥领先。[①] 近 30 年来，美国的文化产业一直保持强劲增长，文化产品连同其价值观，通过规模不断扩大的市场迅速覆盖全球。娱乐业、报刊出版业、广告业、体育业、旅游业等十分发达。从消费文化的视角看，美国文化产业遵循的是一种"文化经济学"，它不仅仅是一个经济系统，而且是一种几乎使每种事物都服从于此的文化。

（1）美国广播电视、电影业独占鳌头，拥有全球半数以上的"文化巨无霸企业"，控制了全球 75% 以上的电视节目的生产和制作，每年向其他国家转播的电视节目达到 30 万小时，在许多第三世界国家的电视节目当中美国节目占比高达 60%～80%。当前，世界大部分新闻节目都是由美国垄断。美国的哥伦比亚广播公司（CBS）、美国有线电视新闻网（CNN）、美国全国广播公司（NBC）等媒体所发布的信息量，是世界其他各国发布的总信息量的 100 倍，是不结盟国家集团发布信息量的 1000 倍。美国电影年产量只占全球电影年产量的 6.7%，却占据全球总放映时间的 50% 以上。全世界 75% 的电影出自美国的影视"梦工场"好莱坞。近些年来，电影延伸产品的收入已经超过电影本身的票房收入，逐渐成为电影业收入的重头。据统计，1994 年，美国电影票房总收入不足 50 亿美元，而同年电影相关产品总收入高达 70 亿美元，如《星球大战》三部曲，自 20 世纪 70 年代公映以来，除 18 亿美元的全球票房以外，其主题产品、玩具、游戏、图书和唱片等，销售总额高达 45 亿美元。

（2）出版业实力雄厚，遍及主要英语市场。2018 年，美国图书出版发行收入每年约为 250 亿美元（见图 4-1），仅麦格劳希尔出版公司每年收入就达到 29.35 亿美元，总发行量超过 2800 万册，发行范围包括 100 多个国家和地区。在报纸方面，美国发行量最大的报纸《洛杉矶时报》日均发行量约 100 万份，其中星期日的平均发行量接近 140 万份，年广告收入达 2.25 亿美元。

[①]《美国文化产业的发展现状及启示》，田间小站网，2018-04-28. https://www.tjxz.cc/8182.

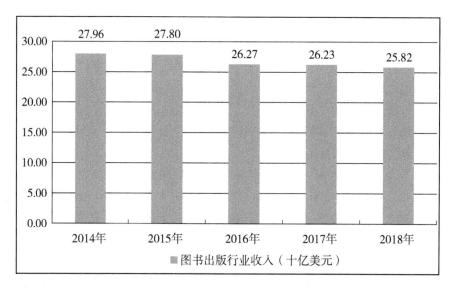

图 4-1　2014—2018 年美国图书出版业收入①

（3）艺术表演市场广阔。剧院表演艺术是美国文化产业中的一个重要组成部分，成为当代美国文化产业发展的动力之一。美国艺术表演产业结构包括剧院、艺术团体、直接服务机构、间接服务机构等一系列的相关行业，形成了一个特别有效率的运作机制，共同创造出不菲的艺术表演收入。以纽约的百老汇为例，每年百老汇有 30 多个新剧目问世。除新剧目外，每年还有数量不等的老剧目在继续上演。每个剧目的制作成本平均是 200 万美元，即每年的剧目总成本约 6000 万美元，而票房收入每年为 4 亿~7 亿美元，表演市场利润十分可观。总而言之，美国剧院表演既叫好又叫座，确实有其独特的成功经验。

（4）娱乐业发展十分迅速，成为新亮点。美国的娱乐业包括旅游、游览、博彩等多种项目，不仅在美国国内占据不小市场，而且在不断开拓世界市场。最著名的迪士尼娱乐公司，2001 年年度总收入为 252.58 亿美元，利润达到 30.42 亿美元，其中海外收入占 17%。而其业务更是扩展到了网络媒体、电视电影和产品销售，成为美国娱乐业的代表。（见图 4-2）美国的娱乐业甚至成为一些地方的支柱产业，如拉斯维加斯，在 20 世纪 80 年代就已经成为世界上著名的集娱乐、休闲、国际会议及博彩于一身的娱乐中

---

① 《2018 年美国图书出版市场收入及格局分析》，中国产业信息网，2018-08-27，http://www.chyxx.com/industry/201908/775925.html。

心，并且带动了其他产业，如旅游业和演出业的发展。娱乐业为这座赌城每年带来的经济收入超过 200 亿美元。

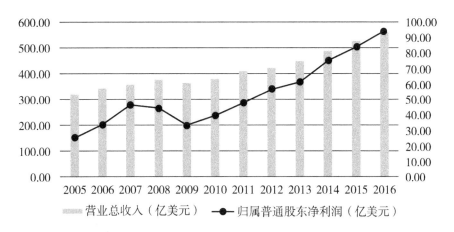

图 4-2　2005—2016 年迪士尼总营收与净利润①

2. 军火出口大国

军火出口是美国另一个财富来源。美国一直以来在全球军售上占据 60% 的市场份额。2017 年瑞典国际机构发布的数据显示，2017 年美国的军火销售总额为 2600 亿美元。必须承认，美国的军工实力确实强大，武器的先进也是全世界公认的，很多国家都抢着购买美制武器，也有一些国家想购买美国武器却无法买到。另外，美国武器遍布全球众多国家，可以说早已建立后勤关系，众多武器的维护都和美国挂钩，这也让美国订单源源不绝。②

全球十大军售巨头有七家是美国公司，③ 具体见表 4-4。

---

① 《迪士尼亮账本：年赚 627 亿，相当于三个万达》，搜狐网，2016-11-15，https://www.sohu.com/a/118971930_384082。

② 《每年军售额美国 2600 亿美元，俄罗斯 450 亿美元，中国军事外贸并不景气》，搜狐网，2018-08-22，https://www.sohu.com/a/249322100_493946。

③ 《全球军火贸易数据，美国是军火出口霸主》，腾讯网，2018-01-16，https://new.qq.com/cmsn/20180116/20180116027330.html。

表4-4 全球十大军售公司排名

排名	公司名称	所在国	销售总额/亿美元	军火销售比例/%
第一名	洛克希德-马丁	美国	408	86
第二名	波音	美国	295	31
第三名	雷神	美国	229	95
第四名	BAE系统（英国）	英国	228	95
第五名	诺思罗普·格鲁曼	美国	214	87
第六名	通用动力	美国	192	61
第七名	空客集团	欧盟	125	17
第八名	BAE系统（美国）	美国	93	93
第九名	L3 Technologies	美国	89	85
第十名	里昂纳多	意大利	85	64

军火贸易不仅为美国提供了大量就业机会，同时促进了美国军工、科技行业的发展，其结果是进一步拉大了美国与其他国家在科技实力上的差距；更重要的是军火贸易利润特别高，是美国对外贸易利润的一个重要来源。

3. 大举借债

美国要维护世界霸权，维持600多个海外军事基地，维持庞大的官僚机构及情报机构（如联邦调查局及中央情报局），维持联邦政府的运转，需要大量金钱。但美国产业空心化严重，而第三产业也无法带来足够的税收，因此国内外大量借债、寅吃卯粮也就成为美国历届领导人的"标准操作"。美国国债是由财政部代表联邦政府发行的公债，主要分公众持有和政府持有两大类。公众持有者包括外国政府和投资者、美联储、共同基金、州与地方政府、银行、保险公司和个人等，政府持有者包括230多个联邦政府机构。到2016年9月即美国2016财年结束之际，美国国债高达19.5万亿美元，是其GDP的106%、年财政收入的6倍，相当于平均每个美国人欠下了6万美元债务。① 自特朗普2017年1月上任以来，美国国债增加了21%以上，2019年国债与GDP的比例接近110%。在2020年4月国债更是突破25

---

① 周琪、付随鑫：《美国政府债台高筑给世界带来什么？》，《人民日报》，2016年12月11日。

万亿美元。①

从 20 世纪 80 年代以来，美国的债务便呈直线上升趋势。1981 年里根上台后，便开启大量举债的过程，1985 年美国的外债总额超过了内债，美国也从净债权国变为世界上最大的净债务国，结束了自 1914 年以来长达 70 年作为净债权国的历史。里根政府以后，美国国债以惊人的速度增长。奥巴马政府第一任期的国债增量甚至超过 6 万亿美元。进入 21 世纪以来，海外持有的美国债券规模和所占比重逐年增加，美国债券发行量占世界债券总量的 32%。目前的美国国债有三个新特点：第一，此轮美国国债规模的增长已持续 30 多年时间，至今未见减缓。相比之下，罗斯福新政和"二战"期间的国债增长只持续 10 年左右，且主要发生在战争等特殊时期。第二，此轮增长的起点比以往高得多，从一开始国债规模就达到 GDP 的 30% 多。第三，近 30 多年间，除了克林顿政府后期，美国政府常年保持巨额财政赤字，导致国债积累速度明显高于以往。从 1776 年美国建国到 1980 年，其国债总量只有近 1 万亿美元，但到 1995 年就达到 5 万亿美元，2008 年达到 10 万亿美元，2016 年奥巴马卸任时更是接近 20 万亿美元大关。

二、宏观吸血手段

美国利用自身金融霸权，通过宏观政策的周期性调整，娴熟运用各种金融手段，从全世界吸血，主要包括三种手段。

第一种是利用美元全球货币的地位，大约每 10 年为一个周期，通过美元的宽松和紧缩政策，向全球输出通货膨胀和通货紧缩，在一紧一松之间，制造经济动荡来收割各国财富。美国这一招运用得非常娴熟，不少发展中国家深受其害，其中受害最深的就有阿根廷。阿根廷曾经是一个经济高速发展的国家，但从 20 世纪 80 年代后期开始经济一直陷入泥淖不能自拔，国库长期入不敷出，百姓生活水平持续倒退。美元的定期宽松和紧缩这一招直到特朗普上台后才显得不怎么管用。而在此之前都是屡试不爽。

1997 年东南亚金融危机，2008 年美国次贷危机，结果都是以美国金融寡头的大获全胜而结束，而世界其他国家则蒙受重大损失。1997 年 7 月 2 日，金融风暴席卷泰国。不久，危机马上席卷马来西亚、新加坡、日本和

---

① 《美债破 25 万亿，"最大买家"解围，狂兜 7 万亿美元》，百家号，2020 – 05 – 28，https://baijiahao. baidu. com/s?id = 1667907421546295146Bwfr = spider&for = pc。

韩国、中国等地。① 东亚韩国、日本及东南亚国家如泰国、印尼等的货币大幅贬值，亚洲大部分主要股市大幅下跌。突如其来的经济危机打破了亚洲经济急速发展的美好景象。在这场风暴中，受灾国不计其数的企业破产倒闭，仅以韩国为例，在1997年短短的一年当中，全国前50家大财阀就有14家在金融风暴中破产，775家上市公司有50家倒闭，而中小企业的破产数量更是高达15000余家。从整体来看，在泰国、马来西亚和印尼等国，国民的工资收入普遍下降了10%～20%，而通货膨胀使国内物价普遍上升了20%～50%。此消彼长，这些国家人民的实际生活水平降幅平均超过了30%。由于经济大幅滑坡，很多国家出现了政治、社会的动荡。②

美国通过金融危机一般很快就能实现美元回流的目标，同时美国利用手中的美元优势大肆收购国外的廉价资产，所以危机之后美国是最先恢复的国家，也是最大的受益国。2008年的金融危机，是由美国的次贷危机引起的，随后迅速波及全球。其实这次金融危机的苗头早在2007年8月9日就已经开始浮现。早期次级房屋信贷危机爆发后，投资者开始对按揭证券的价值失去信心，引发流动性危机。即使多国中央银行多次向金融市场注入巨额资金，也无法阻止这场金融危机的爆发。2008年9月9日，这场金融危机开始失控，并导致多个大型的金融机构倒闭或被政府接管。在美国政府通过了一项7000亿美元的纾困计划后，美国众多金融机构及保险公司又重新恢复了生机，美国得以继续收割海外廉价资产。

第二种是利用美国掌握的全球期货市场，通过操纵大宗商品价格来收割财富，比如黄金期货、石油期货、铁矿石期货、玉米期货、大豆期货等；世界上许多国家不少期货炒家，都成了被华尔街炒家"收割"的"韭菜"。北京奥运会前后，中国钢铁行业在胡士泰等商业间谍的操纵下损失了上万亿人民币。中国作为世界上最大的钢铁生产国，钢铁企业基本不赚钱，而世界"三大矿山"——力拓、淡水河谷、必和必拓却每年从中国赚取上千亿人民币的丰富利润。2019年，三大矿山总计利润为242亿美元，是中国六家钢企总利润的5倍之多；平均销售利润率19.7%，为中国钢企的10倍之多；负债率为50.77%，比中国钢企低22.53%；人均营收为85万美元，是中国钢企的1.8倍。从企业来看，三大矿山中利润最高的是力拓集团，其

---

① 《1997成功抗击亚洲金融危机：中国展现大国风范》，海外网，2014-09-01，http://m.haiwainet.cn/middle/345646/2014/0901/content_21030835_2.html。

② 《1997成功抗击亚洲金融危机：中国展现大国风范》，海外网，2014-09-01，http://m.haiwainet.cn/middle/345646/2014/0901/content_21030835_2.html。

2018年利润高达136.4亿美元，利润率高达33.7%；三大矿山负债维持在50%上下，而国内钢企负债率普遍较高，即使是负债率最低的宝武集团，也高达64.7%。① 而2020年中国银行的"原油宝"事件，只不过是众多失败玩家中的一次失败而已。

第三种是通过股市这个渠道，将全球投资者，或吸引或威逼，赶入美国股市，然后人为制造暴跌，收割这些投资者的财富。在这个过程中，美国政府无须直接出手，只需财团出手，政府配合华尔街老板们行动，成功之后，各方按照一定比例进行利益分成。一般程序是这样的：经济危机过后，美国资本迅速抄底，而众多的其他发展中国家根本就没有多少资本，因为其刚刚受经济危机的影响还没缓过劲来。经济恢复后，美国的股市逐渐繁荣，这时美国各大投行开始唱多，尤其是美国公司的财务报表非常亮丽，让国际资本蠢蠢欲动。当美国股市一涨再涨时，各国资本终于按捺不住赚钱的冲动，于是大胆追高，然后不久就被套牢。虽然剧本基本不变，但是人心也没变多少，所以吃亏上当也总是那拨人。

此外，美国还有其他从他国攫取财富的手段，如要求日本等国认购美国国债，制造中东危机诱使沙特等国购买军火，要求北约成员国提升军费，逼迫韩国、日本支付高昂的驻军分摊费，等等，在此不一一赘述。

---

① 《三大矿山利润242亿美元是中国6大钢企利润5倍，铁矿石怎么玩?》，百家号，2019-07-27，https://baijiahao.baidu.com/s?id=1640197499310351564&wfr=spider&for=pc。

第五章　当前西方民主制度失灵与话语权下降

当今西方国家话语权下降的原因有很多,如全球化的不断深入,发展中国家的后来居上,西方国家实力的相对下降等,本章主要从西方民主制度失灵的角度来分析这个问题。

进入20世纪后期以后,一国实行什么样的政治制度,已经不仅仅是一个国家自己的事情,而是不可避免会受到他国的关注甚至干涉。当今世界绝大多数国家在主动或者被动向欧美靠拢的过程中,大致呈现两个结果:一是欧美式的选举制度越来越普及;二是西方发达国家的票决选举制度有不断失灵的趋势。事实上,西方国家政治制度改革的必要性丝毫不亚于他们所批评的国家,因此正确地看待西方当前的所谓民主选举制度,分析其存在的不足,既是坚持中国特色社会主义制度的要求,也是坚持中国制度自信的底气所在。即使西方学界及政界仍然对于他们的民主制度抱有"迷之自信",然而作为旁观者,应该看到,西方民主选举制度远没有他们自己所吹嘘的那么美好;在近些年的发展过程中,西方国家的简单票决制度已经暴露了越来越多的问题,它的缺陷越来越不容忽视。在笔者看来,当前西方国家及追随他们政治制度的发展中国家由于采取简单的票决制度,自身暴露的问题越来越多,而这也是其话语权不断下降的原因之一。

第一节　选不出有能力的领导人

一、得票最多不代表能力最强

选举的初衷是优中选优,即选出一流的领导人。按照选举制度的设计,被选出来的应该是德才兼备的卓越领导人。近代以来,尤其是在19世纪及20世纪,西方世界通过这套票决选举制度确实选出了不少有能力有智慧的卓越领导人,如英国的格莱斯顿、迪士累利、丘吉尔、撒切尔夫人;法国的戴高乐、德斯坦、蓬皮杜、密特朗、希拉克;德国的阿登纳、施密特、科尔、施罗德;美国的富兰克林·罗斯福、杜鲁门、肯尼迪、里根、克林顿等这些领导人以其卓绝的治国能力引领本国走向繁荣深受人们尊重。但是进入21世纪以来，以上几个主要大国通过选举产生的领导人面对国内外一系列复杂的问题，明显治国能力欠佳，方法不对，效果有限，有时甚至把治下的国家折腾得越来越弱。

进入21世纪以来，无论是英国的布朗、卡梅伦、特蕾莎·梅、约翰逊，法国的萨科齐、奥朗德，美国的小布什、奥巴马、特朗普等，他们当政期间在应对错综复杂的国际局势及国内的各种经济社会困境时给人感觉明显能力不足。中国学者张维为甚至断言，"美国当前的制度总是选出三流的领导人"，此话被英国杂志《经济学人》的一篇题为《西方民主出了什么问题》的文章所引用。①

受制于西方当前的金钱选举，以美国为代表的"一人一票"越来越难以反映大多数民众的意志，要想赢得选举的胜利，候选人要么能够得到财团的支持，要么本身就是来自大家族（如肯尼迪家族、布什家族、切尼家族等本身就是美国非常有影响的政治世家）。而那些拥有相当丰富治国才能的学者、专家，拥有丰富基层实践经验的官员往往由于缺乏足够的财力而被排除在国家领导人名单之外。

当今复杂的国际、国内环境迫切需要各国选出具备战略眼光和执行力强的政治家，然而在当前的这套选举制度下，西方国家越来越难以产生这样的人才。今天绝大多数欧美国家，多党民主制度几乎已演变成"游戏民主"，换言之，只要是搞竞选就是"民主国家"了，一切政治都要围绕选举来进行。在当今推行"一人一票"的国家，要想赢得竞选胜利必须学会政治营销；而我们仔细审视当前欧美国家的政治营销，就会发现在这个过程中虚多实少，选民很少关心各个参选者的个人素质及政治能力。在民主选举的外衣下，选民得到的信息则更多是候选人获得了多少竞选经费、占有多少资源、候选人整个团队的公关能力、竞选团队的竞选策略、参选人的形象、参选人的表演能力等。这种貌似热闹却没有多少选贤任能理念的游戏民主，产生出来的领导人往往有这样一个通病——能说会道但却并不一定能干。

在西方的游戏民主制度下，参选各方最关心的是参选人的包装水平、曝光度及粉丝量，参选人尤其在意自己的基本稳定盘。对于基本稳定盘来说，参选人的治国理政经验和能力并不重要，人品也不重要，只要支持率

---

① 《张维为教授主讲"中国信心"》，观察者网，2015-02-05，https://www.guancha.cn/video/2015_02_05_308677.shtml。

上去就可以了。最为典型的就是2016年美国总统竞选，共和党候选人特朗普和民主党候选人希拉里都极力希望把对方送进监狱。希拉里在竞选过程中多次指责特朗普经济上涉嫌严重偷税漏税，私生活方面很不检点，此外还有"通俄门"事件。而希拉里自身也是问题多多，尤其是"邮件门"事件，即希拉里在担任国务卿期间使用私人电子邮箱处理公务，涉及3.3万封电子邮件。① 2012年9月11日，美国驻利比亚大使史蒂文斯遇袭身亡，美国国内不少人认为正是由于希拉里使用私人电子邮箱处理公务，才导致利比亚国内支持卡扎菲的武装组织知晓史蒂文斯大使的行踪，从而对其实施袭击。此外，希拉里与特朗普在竞选期间的各种互相攻击与谩骂已经远远超出了公开公平竞争的尺度。尽管两人都有一大堆问题，但是特朗普还是凭借推特和脸书的传播效应艰难地打赢了那场选举战。

正是依靠当前西方这套游戏式的民主选举制度，1936年出生的西尔维奥·贝卢斯科尼——世界有名的花花公子才能多次成为意大利的总理。贝卢斯科尼是意大利知名企业家，AC米兰足球俱乐部的实际控制人和名誉主席，控制意大利的主要传媒。尽管关于西尔维奥·贝卢斯科尼的各种绯闻、丑闻几乎从不间断，但是由于他本人是企业家，而且通过自家媒体的包装，他可以最大限度地夸大自己的能力，同时对自己的各种绯闻轻描淡写，从而赢得民众的好感。所以他于1994年、2001年、2005年、2008年四度出任意大利政府总理。不仅如此，贝卢斯科尼还是第二次世界大战以后意大利任职时间最长的总理。②

对照欧美国家优中选优的初衷，今天的情形已经完全不同。在绝大多数简单奉行以票取胜的国家，选民们面临的大都是这样一种情形：参选人基本上都很一般，甚至各方推举的候选人都很糟糕，问题一大堆。面对这些"带病"的竞选者，选民其实并没有更多的选择，要么二者选一或者多者选一，要么弃权。但是其结果往往是——即便有少部分选民弃选，也不影响这类参选人的胜出。这种状况正在越来越普遍地成为西方竞选民主下的常态。

---

① 《美国务院提交希拉里"邮件门"事件调查报告》，人民网，2019-10-19，http://world.people.com.cn/n1/2019/1019/c1002-31409144.html。
② 《意大利总理贝卢斯科尼辞职，共三度出任总理》，腾讯网，2011-11-13，https://news.qq.com/a/20111113/000129.htm。

二、家族政治、圈子政治比比皆是

西方媒体经常批评其他国家存在家族政治，其实他们自己又何尝不是呢。2009—2011年担任希腊总理的小乔治·帕潘德里欧，其父亲安德烈亚斯·乔治乌·帕潘德里欧曾在1981—1989年、1993—1996年两度担任希腊总理。小乔治·帕潘德里欧的祖父老乔治·帕潘德里欧分别于1944年、1963年和1964年三次出任希腊总理。老乔治·帕潘德里欧在希腊政坛上发挥过重要影响，也是整个家族的政治领路人。这种祖孙三代出任总理的现象居然还是出现在希腊这个世界民主政治的发源地，确实令人感到有些讽刺。

即使是美国，家族政治也不是什么新鲜事。美国老布什、小布什父子先后当选美国总统，小布什的弟弟杰布·布什当过多年的州长；克林顿当过两任总统，其夫人希拉里·克林顿担任过国务卿，2016年希拉里离入主白宫只有一步之遥。再比如加拿大特鲁多父子先后担任过总理（皮埃尔·特鲁多于1968—1979年、1980—1984年任加拿大总理共长达16年；贾斯廷·特鲁多于2015年就任加拿大总理，2019年连任）。家族政治在东方更是司空见惯。以日本的家族政治为例，20世纪90年代以来的历任日本首相宝座中，除村山富市、菅直人和野田佳彦之外，其余11人均出自显赫的政治世家。2020年卸任日本首相的安倍晋三，其弟弟岸信夫是现任防卫大臣，父亲安倍晋太郎是前外相，祖父安倍宽曾任帝国议会众议员，外祖父岸信介和外叔祖父佐藤荣作均担任过日本首相。前防卫相河野太郎也出身于政治世家，其父河野洋平曾担任过日本自民党总裁、众议院议长，副首相等职，距首相宝座只有一步之遥；祖父河野一郎也是日本著名的政治家，在20世纪五六十年代先后担任过经济企划厅长官，池田内阁农林大臣、建设大臣、国务大臣，佐藤内阁国务大臣等职。据统计，"冷战"以来，日本历任内阁中平均约有一半的阁僚来自不同的政治世家，日本自民党更是因为世袭议员众多而被称为"世袭党"。① 菲律宾的阿基诺三世之所以能当选总统，与其母亲阿基诺夫人当过总统有着密切的关系。印尼前总统梅加瓦蒂的父亲苏加诺是印尼开国总统和国父。韩国前总统朴槿惠能被选民选上台，与其父亲朴正熙当过韩国总统也有莫大的联系。印度的国大党领袖一直以来由尼赫鲁-甘地家族的成员世袭。

---

① 《西方选举政治的"圈子"现象》，《北京日报》2015年4月29日。

西方选举政治中的圈子现象更是十分突出。研究表明,过去400年,英格兰基本被控制在1000个家庭手中,2500个家庭操纵着整个英国。① 美国左翼作家费尔南德·伦德博格在其所著《美国的六十个家族》一书中指出,美国政治实际上是由最富有的60个家族控制着,其中最著名的家族:杜邦家族、罗斯柴尔德家族、奥纳西斯家族、洛克菲勒家族、沃森家族、高尔文家族、福特家族、马克斯家族、迪斯尼家族、摩根家族、亚当家族、罗斯福家族、肯尼迪家庭、布什家族、克林顿家族等。英国不少议员是世袭传承的,如埃奇坎伯家族在1945年之前几乎从未间断地向国会输送了20多名议员;曾三度出任保守党首相的索尔兹伯里勋爵,其家族从1868年至1955年间向英国政府贡献了10%的内阁大臣。在美国,有700多个家族,每家至少向国会输送了2名家族成员。英国广播公司(BBC)著名主持人帕克斯曼在其专著《政治动物》中一针见血地指出:在英美,政治上成功的第一法则是选好父母。亚当斯、汉密尔顿、塔夫脱、哈里森、罗斯福、肯尼迪、洛克菲勒,这些大名鼎鼎的姓氏贯穿于美国200年历史中。②

既然那些国家声称民主政治能够做到公平公正选举,对本国出现这么多家族政治、圈子政治又如何解释呢?莫非在有的国家就叫作政权世袭,在他们国家就是民主选举的结果?

三、近年走上政治舞台的领导人大多缺乏实际政治经验

近年来,欧美领导人越来越年轻。布莱尔1997年出任英国首相时只有44岁,1992年克林顿当总统时只有46岁。进入21世纪以来,欧洲政坛出现了更多年轻领导人,如近年奥地利、意大利、希腊、捷克、冰岛、马耳他、爱尔兰、爱沙尼亚、芬兰等国的选战,几乎全是年轻人的天下。奥地利年仅31岁的库尔茨带领自己的政党在2017年年底的大选中获得胜利,进而在2018年出任该国总理。在2017年法国总统选举中,马克龙击败竞争对手勒庞入主爱丽舍宫,时年39岁,更是刷新大国领导人当选的年龄纪录。而在2019年12月初芬兰新一届选举中,新当选总理桑娜·马林只有34岁,厉害之处在于她已有多年执政经验;而芬兰新一届联合政府的其他4个政党的领导人都只有30多岁。③ 21世纪的欧洲经济已经难以吸引世人的眼光,

---

① 《美国总统的"投胎技术":政治上成功必须选好父母》,《北京日报》2015年6月20日。
② 《美国总统的"投胎技术":政治上成功必须选好父母》,《北京日报》2015年6月20日。
③ 《芬兰新一届联合政府5个政党"一把手"均为女性》,《参考消息》2019年12月11日。

政治方面却不甘落后。众多国家领导人愈显年轻化,在世界政坛上格外醒目。年轻人相继走上一国又一国的政治舞台大概有两个方面的原因。一方面当然是这些国家的年轻人自身努力的结果,媒体对于他们的介绍几乎都强调这些年轻领导人学习的自觉与刻苦;另一方面则是欧洲大陆的选民们对老朽政治家们的治理水平及能力越来越失望,因此寄希望于年轻一代能重振欧洲往日的荣光,带领昔日的老牌国家走向富裕和强大。

然而,经过观察近些年欧洲年轻政治家们在多国的政治实践,可以客观地说,他们对于挽救欧洲当前的经济及社会困局并无妙方,绝大多数年轻领导人在短暂执政后立马褪去耀眼的光环,他们治下的国家及民众面对的困难依旧。笔者分析其原因之一是这些欧洲国家的年轻政治领袖大多没有实际管理经验,所学专业也与治国理政所需专业差距较大。比如现任法国总统马克龙在法国国家行政学院和巴黎政治学院学习哲学,毕业之后从事金融工作,跨度相当大。① 曾经担任过拉脱维亚总理、现任欧盟委员会欧元与社会对话委员的东布罗夫斯基则是一位地地道道的理科男。东布罗夫斯基的学习和研究专长都在物理学领域,不过令人惊奇的是,他从美国马里兰大学博士一毕业就被拉脱维亚银行录用为宏观经济专家,2002 年随着大选胜利被任命为财政部部长。2003—2004 年担任欧洲联盟理事会观察员,2009 年担任拉脱维亚总理,2014 年任欧洲委员会副主席。② 东布罗夫斯基这种经历确实带有传奇色彩。结合其学习履历来看,他似乎更适合从事物理学方面的学术研究工作,却被拉脱维亚政府视为一个经济专家而委以重任,尽管他此前并没有经济管理工作的经验。捷克现任总理索博特卡硕士期间所学专业为法律,1996 年首次当选捷克众议院议员,2002 年 31 岁时就任财政部部长。③ 虽然专业跨度大,所拥有的执政经验也很短暂,却被委以重任。

以上几位领导人,大学所学的专业与从事的工作跨度较大,从政经验也极为缺乏,虽然从政之路较为轻松,但要想解决这些国家存在的经济困境,确实不是一件容易的事情。

---

① 《39 岁马克龙成法国总统大选热门人选》,搜狐网,2020 - 02 - 08,https://www.sohu.com/a/125711277 - 114731.
② 《拉脱维亚前总理东布罗夫斯基担任欧洲委员会新任副主席一职》,环球网,2014 - 10 - 22,https://china.huanqiu.com/article/9CaKrnJFIsF。
③ 《索博特卡出任捷克新总理》,《光明日报》2014 年 1 月 19 日。

四、不仅很多通过选举上台的领导人是外行，所任用的官员当中不少人素质堪忧

在有的实行民主体制的国家，很多政客在从政之前缺乏相关的实践。典型的例子就是特朗普作为一个政治素人一跃而成为美国总统。由于美国是世界上最强大的国家，领导人施政方针不仅对美国产生方向性的影响，也对世界政治及经济产生重大的影响。另外，以美国为首的西方民主国家都实行这样一种委任制度——国家领导人有权决定其他重要的官员，这样就会形成一种集聚效应。特朗普上台以后，白宫里充斥着各种与传统政治风格格格不入的重要官员，如反华分子班农担任白宫首席策略师、总统高级顾问，战争鹰派博尔顿担任总统国家安全事务助理，国务卿蓬佩奥则无视历史、罔顾事实，属于温和派的前国防部长马蒂斯和前国务卿蒂勒森都无法在白宫久待。博尔顿曾任美国驻联合国代表，他的许多讲话令人印象深刻，如"美国同世界的关系就是锤子与钉子的关系，美国爱敲打谁就敲打谁"；"只有符合美国政策的国际条约才会成为法律"；"根本不存在联合国这种东西，（联合国）秘书处在纽约的大楼有38层，即使少掉10层，也不会有什么区别"；"如果让我来改革联合国安理会，我只会设一个常任理事国，那就是美国，因为这才是当今世界力量分配的真实反映"；"联合国大会需要更多地将工作重点转移到国际反恐行动等领域中去，而联合国需要进行改革，成为一个'更具效率和没有腐败'的国际机构，美国的领导力将非常重要"。① 在伊朗核问题上，2003 年，时任副国务卿的博尔顿在接受英国广播公司采访时表示："在伊朗问题上，所有选择都在考虑之中。"② 蓬佩奥 2019 年 4 月 15 日在美国得州农工大学与学生互动时就坦率地承认："我们撒谎、欺骗、偷盗。"俄罗斯知名媒体"今日俄罗斯"（RT）针对这番言论讽刺他说，这是"罕见的诚实"。③

安倍晋三上台以后，东京首相官邸里充斥着右翼分子，如小野寺五典出任防卫大臣、新藤义教任总务大臣、下村博文任文部科学大臣、稻田朋

---

① 《约翰·博尔顿：战争鹰派强势回归》，新华网，2018 - 03 - 23，http://www.xinhuanet.com/world/2018 - 03/23/c_1122583113.htm。
② 《博尔顿鹰派语录，不存在联合国这种东西》，新浪网，2003 - 03 - 09，http://news.sina.com.cn/o/2005 - 03 - 09/14025312182s.shtml。
③ 《蓬佩奥说"我们撒谎、欺骗和盗窃"被曝光，俄媒："罕见的诚实"》，环球网，2019 - 04 - 25，https://world.huanqiu.com/article/9CaKrnKk3Cl。

美任行政改革大臣。① 2016 年 8 月，稻田朋美更被任命为防卫大臣。稻田朋美之所以能担任这一要职，是因为她是右翼的典型代表，她反对东京审判、支持参拜靖国神社、否认存在南京大屠杀、否认日本对第二次世界大战承担战争责任，认为东京审判、《波茨坦公告》违反近代法的大原则等。

不仅如此，在西方不少国家，相当多的领导人并不通晓业务，即担任经济要职的实际上对经济不懂或半懂不懂、担任财政要职的实际上不懂财政、担任外交要职的不懂国际事务的实质、担任国防要职的也不一定懂国防……因而基本上是依赖其行政体系即秘书、专家和顾问圈子。而这一圈子内的人大多来自同样的学校，大致有着同样的学历和经历，因而相对比较容易被幕后的利益集团所秘密控制。法国媒体曾报道，在法国萨科齐政府卫生部部长巴舍莱身边担任顾问的 16 名专家，全部（曾经或卸任后）在法国和国际各大医药集团公司里任职，领取高薪。法国近年来医药丑闻一直不断，典型的导致上千人死亡的减肥药"Mediator"一案至今未审。② 这种政治生态不仅容易滋生腐败，也很容易产生道德风险。

五、擅长转移民众注意力

尽管近些年上台的欧洲年轻政客面对本国的经济及社会窘境一筹莫展，对于推行改革也拿不出一个令各方满意的系统性方案，但这并不妨碍这些人对其他国家（如中国、缅甸、南非、委内瑞拉、南非、巴西、俄罗斯等国）的国内外政策指手画脚。从 20 世纪 80 年代东西方世界关系走向缓和开始，欧美国家政客的拿手好戏就是批评不同意识形态国家的政治及社会事务。进入 21 世纪以来，虽然国际政治气候有所变化，但欧美发达国家在批评他国，特别是批评以中国为代表的新兴国家这一点上并没有止步。欧美国家之所以不断批评以中国为代表的发展中国家，无非就是这些发展中国家在政治上向他们靠拢的决心不够坚定；有些国家在经济体制上也没有朝着他们所期望的目标改变；此外，批评其他国家的国内外政策也有利于转移本国民众的注意力，从而掩饰本国政府自身在治国方面的平庸或无能。

中国在 20 世纪 70 年代末实行改革开放政策。西方国家在与中国密切接触的同时，不忘时刻干涉中国的内政，尤其是在台湾问题、西藏问题、新

---

① 《日本新政权右翼政客集体上位》，《新京报》2012 年 12 月 28 日。
② 《法国人均负债逾 3 万欧元，债务问题不断加重》，中国新闻网，2014 - 10 - 17，http://www.chinanews.com/gj/2014/10 - 17/6691245.shtml。

疆问题、香港地区事务以及人权事务上最爱指手画脚。最为典型的是1989年上半年中国发生风波过后，几乎所有西方国家都对中国进行制裁。进入21世纪以来，在中国加入世界贸易组织的问题上，在中国举办奥运会的过程中，尤其在2010年中国经济总量超过日本成为世界第二大经济体后，①以美国为首的西方阵营进一步加紧对中国的遏制，"台湾牌""西藏牌""新疆牌""香港牌"也就时刻不离手。这些牌均成为要挟中国的重要筹码。欧美发达国家干涉中国等发展中国家的内政，一是可以获取一定的利益，迫使中国及其他国家在某些领域让步；另一方面也可以在本国选民面前树立"强人硬汉"的形象，为自己捞取更多的政治资本。②

以英国为例，香港回归中国以后，英国殖民者心态依旧，每半年都要发表一个《香港问题半年报告》。香港2014年发生"占中"事件，2019年发生"修例风波"，英国等西方国家在内部矛盾重重，自顾不暇的情况下，仍然不忘对中国进行干预。③尽管在2019年香港社会秩序混乱期间，中国外交部门及香港特区政府多次对外界干预中国香港事务的行径表示抗议和谴责，但是西方国家依然我行我素。④本来香港事务纯属中国内政，与欧美国家没有任何关系，但是欧美国家都喜欢在这些问题上蹭热点。这也是欧美领导人转移本国民众注意力的一种伎俩。

2017年6月开始，印度在中印边境洞朗一带制造事端长达两个多月，一部分原因也在于印度政府借此转移国内民众的注意力。⑤2019年12月开始，印度发生全国性的骚乱，这场骚乱的起因是印度议会通过了《公民身份法》。⑥《公民身份法》修正案先后于2019年12月10日和11日在印度议会下院和上院获得通过，随后经总统拉姆·纳特·科温德签署成为法律。根据这一法案，那些于2014年12月31日以前抵达印度的来自巴基斯坦、

---

① 《中国GDP规模超过日本，正式成为世界第二大经济体》，中国网，2011-02-14，http://www.china.com.cn/economic/txt/2011-02/14/content_21916978.htm。

② 《中方警告外国势力不要干预香港事务，分裂图谋将被粉碎》，《参考消息》2019年9月11日。

③ 《外交部敦促英国政府停止干预香港事务》，新华网，2019-03-28，http://www.xinhuanet.com/world/2019-03/28/c_1124297470.htm。

④ 《中方警告外国势力不要干预香港事务，分裂图谋将被粉碎》，《参考消息》2019年9月11日。

⑤ 《中印边境对峙大事记：对峙两个月都发生了什么？》，新浪网，2018-08-28，http://mil.news.sina.com.cn/china/2017-08-28/doc-ifykiuaz1490695.shtml。

⑥ 《印度骚乱持续，死亡人数升至15人，8岁男孩被踩踏致死》，《人民日报》（海外版）2019年12月22日。

孟加拉国、阿富汗三国并在 6 种宗教（印度教、锡克教、佛教、耆那教、拜火教和天主教）中信奉其中 1 种的非法移民将获得印度公民身份，但来自这三国的穆斯林却被排除在外。这条法律意味着将有数百万非法移民的穆斯林不能获得印度公民身份，随即引起印度国内两亿穆斯林的极大愤怒。莫迪领导下的印度政府此时通过这一法案，确实有点耐人寻味。学者们大多认为，这部法案本身带有明显的歧视性和挑衅意味，莫迪政府此时通过这一法案，其真实目的在于掩盖印度当前经济面临的困境，转移民众目光。

那些高喊"民主"的国家及其领导人绝不是全民利益的代表，像法国前总统奥朗德就曾公开评价现任总统马克龙是"超级有钱人的总统"，因为马克龙政府向富人阶层收取的税费减少了 30%，而向工薪阶层收取的税费则增长了 45%。① 政治学人、技术专家往往进不了欧美各国的领导层，尤其进入不了这些国家的权力圈。

第二节　支持率迅速下滑，上台往往意味着下台倒计时

一、改革几乎都无法推行下去

进入 21 世纪以来，发达国家自身的社会经济及政治制度早已伤痕累累，改革的迫切性丝毫不亚于他们所关注和批评的国家。近年来，不少发达国家政治及经济运行越来越困难，2008 年爆发于美国的次贷危机、2009 年希腊引爆的欧债危机就是明证。社会各界从上到下都很清楚国家亟须改革，但是新的领导人上台之后会立马发现，改革阻力之大超乎想象，无论提出什么样的改革措施，都很难真正有效推行下去。

在西方个人主义、利己主义大行其道的氛围下，谁都指望改革牺牲的是别人的利益，唯独不能牺牲自己的利益。有人曾认真分析调查过，为什么在美国加州修一条高铁一直讨论了 10 多年且最终不得不宣布放弃——因为谁都不愿因修建高铁而导致自己的利益受损。②

在特朗普宣布要提高关税后，美国本土一些企业表示要把生产厂地搬到国外去，以规避贸易战的另一方提高从美国进口产品的关税，比如哈雷

---

① 《法国巨富税改引争议，前总统奥朗德称马克龙为超级富豪的总统》，《环球时报》2018 年 4 月 26 日。

② 陶短房：《宣布放弃"加州高铁"，在美国修条高铁咋这么难》，《新京报》2019 年 2 月 12 日。

摩托车就表示要把生产基地搬到泰国，① 特斯拉则在上海建立了美国之外最大的生产基地。② 特朗普要求苹果公司把生产基地搬到美国，尽管代工生产苹果手机的鸿海公司的总裁郭台铭多次表示要响应特朗普的号召，但实际进展却十分缓慢，甚至有可能执行不下去。③ 这对特朗普的"让美国重新伟大"来说是一个不小的挫折，尤其是让美国重新成为世界工业中心的改革目标遥遥无期。

2007年法国萨科齐竞选总统成功，打的也是改革牌。公允而论，萨科齐当政时所推动的改革措施确有必要，但执行几年之后招致了法国民众越来越多的不满。2012年萨科齐在寻求连任时民众支持率就很低，原因在于人们对其执政期间的所作所为感到非常失望。选民们很清楚地记得，2007年萨科齐上任之初曾向民众许诺他上台之后将致力于提高民众购买力、降低失业率、增加公众安全度、打击非法移民等多项民众关心的话题，然而2012年他的任期满了以后，民众发现这些许诺大都没有兑现。④ 萨科齐任总统期间，原本希望通过延迟退休年龄（把退休年龄从60岁延迟到62岁）的办法来应对日益窘迫的养老金危机，但是这种拿众人福利开刀的做法自然得不到民众的支持。2010年10月16日，全法国境内有300万人上街游行抗议萨科齐政府拟推迟退休年龄。民众之所以抗议延迟退休的政策，是因为他们认为萨科齐的改革只不过是将公共财政赤字和债务危机转嫁到普通百姓身上，在他们看来，政府正确的做法应该是通过对富人征税和打击投机活动来弥补财政亏空。⑤

2012年5月，奥朗德是作为萨科齐的反对者而赢得选举的。不过，奥朗德上台后面临的形势与萨科齐一样。尽管他只对退休制度进行了一些微调，还是引起了民众的强烈反对。2012年入主爱丽舍宫之后，奥朗德所公布的退休改革草案比起竞选时所提出的方案已明显后退，退休年龄依然维持在62周岁，同时适当延长缴纳保费的年限和增加保费的比例。这个改革方案虽然相对温和，不过还是激起国内民众的不满。工薪阶层认为这种改

---

① 《哈雷宣布泰国建厂，全球制造业转移，中国与顶级摩企再次擦肩而过》，机车网，2017-05-25，http://www.jiche.com/article/zixun--15839.html。
② 王芳：《特斯拉上海投产在即，自主新能源如何应对?》，《中国青年报》2019年10月12日。
③ 《富士康美国工厂动工一周年：没有厂房，只有重重质疑》，腾讯网，2019-06-29，https://tech.qq.com/a/20190629/000525.htm。
④ 《法国人为啥抛弃萨科齐? 这位高调总统太能折腾了》，《杭州日报》2012年5月8日。
⑤ 殷亮：《萨科齐深夜签署，法国退休制度改革法案正式生效》，新华网，2010-11-10，http://news.cri.cn/gb/27824/2010/11/10/2225s3050679.htm。

革是增加税收和提高缴纳金,他们利益仍受损害;而右派反对党认为这一改革方案根本无法解决退休金不足的亏空,资金缺口仍然巨大。① 2013 年 11 月 26 日,法国巴黎众多市民参加游行,抗议法国总统奥朗德政府修改退休计划。② 所以,对于法国绝大多数民众而言,改革可以,但不能损害自己的原有利益。

2017 年 5 月马克龙上台,继续推进改革。改革无非是开源节流,而他的前任萨科齐、奥朗德用他们的经历告诉他,节流行不通,那也就只剩下开源一途了。2018 年马克龙宣布法国将以环保的名义,自 2019 年 1 月 1 日起提高法国燃油税。这个消息一经传出,立即在法国境内再次激起民愤。从 2018 年 11 月 17 日起,法国境内超过 28 万人在全国各大城市游行,对马克龙政府突然公布提高燃油税表示抗议。与过去的抗议是有组织的行为不一样的是,这次的游行完全是民众的自发行为,甚至连法国的警察也以实际行动声援民众的抗议行为。③ 在全国各地民众的强烈抗议下,马克龙的增加财政收入的改革不得不宣布中止。

马克龙一计不成,又决定在退休制度上做文章,不过法国民众依然拒绝改革。2019 年 12 月 5 日,法国大批民众走上街头,抗议马克龙政府退休制度改革方案。据法国内政部统计,当天法国有超过 70 个城市爆发反对政府退休制度改革的游行示威,参加游行示威的人数超过 80 万。法国总工会认为内政部公布的数字明显偏少,实际参与人数有 150 万。④ 2019 年 12 月 17 日,法国各地再次爆发反对政府推行延迟退休制度的抗议活动,一天之中就有超过 180 万人走上街头示威,其中巴黎参与人数达 35 万。⑤ 马克龙推出的改革措施再次遭受严峻的考验。

印度的环境污染难以解决,也与党派之争有着密切的关系。印度近年经济发展很快,但是空气污染问题也很突出,尤其是以首都新德里为代表的雾霾问题。由于印度政党林立,教派斗争也很激烈,所以各党各派互相扯皮,无法达成共识,从而导致雾霾问题难以解决。例如,新德里雾霾很

---

① 《外媒评奥朗德执政一周年:搬石头砸自己的脚》,中国日报网,2013 - 05 - 08,http://www. chinadaily. com. cn/hqzx/2013 - 05/08/content_16484191. htm。
② 《法国民众游行抗议奥朗德推后退休年龄》,中国日报网,2013 - 11 - 27,http://www. chinadaily. com. cn/hqzx/2013 - 11/27/content_17133618_4. htm。
③ 王子琛:《法国"黄背心运动"背后的政治幽灵》,《中国新闻周刊》2018 年第 47 期。
④ 《法国大罢工最新:工会呼吁举行新的罢工抗议》,《环球时报》2019 年 12 月 6 日。
⑤ 《180 万人街头示威,黑衣暴徒遭警方打压,马克龙:改革会坚持到底》,搜狐网,2019 - 12 - 19,http://www. sohu. com/a/361238996_120126774。

大一部分来自周边地区的活动,如焚烧秸秆。但对于这些外部污染,印度政府没有办法拿出一个让大多数人满意的方案,直接原因就是新德里与周边地区分属不同党派执政,大家各有各的小算盘。人民党掌权的印度政府希望在首都新德里推广使用清洁能源,但是执掌新德里市政的却是一个于2012年成立的小党平民党。两党代表不同的利益集团,无法做到有效地协调。新德里北边属于北方邦,经济以农业为主,农民大多以烧柴草秸秆的方式做饭。北方邦是人民党的重要票仓,人民党自然也不愿意为了给反对派掌权的新德里带来清洁空气而得罪这些给本党投票的人。再如新德里旁边的旁遮普邦是锡克教的大本营,锡克教徒多是自耕农,如果中央政府为保持新德里的空气质量而推行禁止焚烧秸秆等环保措施,不仅可能引发旁遮普邦的政治反弹,还可能引发锡克教徒的宗教动乱。①

二、经济没有起色,支持率就会直线下降

在当今西方社会,选举对策更多是保经济保福利。在野党要想把在位的人赶下台,指责他们发展经济无方无疑是最好的竞选策略;要想获得连任,维持经济增长、保住福利不减就是最好的助选器。近些年来,发达资本主义国家中成功连任的领导人并不多,日本的安倍晋三因为带领日本经济走向复苏有功,从而成为第二次世界大战后任期最长的日本首相;德国的默克尔在保持德国欧盟经济火车头的地位方面做出了较为出色的成绩,得以四次连任德国总理。相比之下,许多其他国家的领导人就没有这么幸运了。

1988年,罗纳德·里根卸任美国总统,老布什成功接任美国总统。老布什在任4年间,苏联解体,"冷战"结束,美国完胜;同时,美军出兵科威特、横扫伊拉克,沉重打击了萨达姆的气焰。可以说,老布什在维护美国霸权方面业绩令人目眩,一时风光无两。然而在1992年,老布什竞选连任总统失败,而且还是被一位当时不太知名的年轻人打败,这个人就是日后大名鼎鼎的比尔·克林顿。这个结果表面看来令人难以理解,其实也不意外。老布什虽然当时带领美国打遍天下无敌手,但也过度地透支了美国的国力。由于连年对外战争,美国财政赤字逐年增大,失业率上升,经济一度衰退。正是经济下行这个弱点被克林顿抓住了,从而导致老布什的连

---

① 毛克疾:《从治理雾霾看印度国家能力》,澎湃新闻,2020-01-14,http://www.thepaper.cn/newsDetail_forward_5513202。

任之梦破灭。①

萨科齐也同样败在任总统期间经济治理无能上。在媒体的笔下及选民的眼中,2007—2012年,萨科齐的治国成绩单乏善可陈,民众怨声载道。在萨科齐担任总统期间,法国主权信用评级下降,2012年年初标普将法国的主权信用评级从AAA下调至AA+,评级展望为负面;失业率明显上升,2007年法国失业率为7%,2012年失业率上升到10%。失业率上升,意味着有更多的人失去工作,失业人员的生活水平下降;而与失业率上升形成鲜明对比的就是社会治安越来越糟糕。② 对于法国社会治安的不断恶化,近几年去法国旅游的中国游客以及生活在法国的华人深有体会。

希腊由于深陷经济泥淖,选情一直令人眼花缭乱。2019年希腊爆发债务危机以来,希腊经济总量缩水约25%,人均工资下降近20%,养老金和其他福利支出减少70%,核心公共部门的员工人数下降26%。至今,该国失业率还维持在20%的高位,年轻人的失业率甚至超过40%。③

因为经济没有起色而导致下台的不只是萨科齐一人。2010年11月,希腊总理帕潘德里欧因为执政两年未能解决希腊的债务危机而黯然辞职;2011年2月,爱尔兰绿党退出执政联盟,国家重新进行大选,统一党领导人肯尼成为爱尔兰新一届总理;2011年11月,西班牙首相萨帕特罗面对新一轮竞选干脆宣布放弃参选,反对党党首拉霍伊毫无悬念获得胜利,得以出任新一任首相;2011年11月,担任意大利总理多年的贝卢斯科尼正式宣布辞职,反对党领导人伦齐上台。这些欧洲国家政坛不断上演龙虎争斗,反对派纷纷上台,执政党败北的主要原因在于没能有效解决经济不振的问题。

卡梅伦主政唐宁街十号期间,英国的经济形势也是每况愈下。由于卡梅伦上任后一系列的错误操作,到了2012年其民调反对率已经超过60%,是其2005年当选党魁以来的最低点。2012年英国国内的民调显示,接近50%的英国民众对于卡梅伦领导下的经济举措感到不满,约有44%的民众认为,英国的经济状况不断恶化。④

苏联解体之后,原来的第二大加盟共和国乌克兰于1991年宣布独立,以为从此就可以走上繁荣富强的发展之路。不料,独立30年,国家领导人

---

① 《老布什当年竞选连任总统为何遭到失败?是被克林顿一招打败》,搜狐网,2018-12-02,http://www.sohu.com/a/279152262_574008

② 《法国人为啥抛弃萨科齐?这位高调总统太能折腾了》,《杭州日报》2012年5月8日。

③ 《希腊回来了》,《北京商报》2018年6月28日。

④ 《民调称六成英国人对卡梅伦不满,其支持率创新低》,中国新闻网,2012-05-17,http://www.chinanews.com/gi/2012/05-17/3895779.shtml。

换了一个又一个，无论是克拉夫丘克、库奇马、尤先科、亚努科维奇、波罗申科，没有一个是能人，不仅没能把乌克兰带向繁荣、富强，反而一直在俄罗斯与欧盟之间摇摆不定。领导人没有大局观，不能很好地利用优势，反而把拥有60余万平方公里领土，4700万人口的大国变成欧洲最贫穷的国家。面对乌克兰一小撮政客的争权夺利，乌克兰民众深陷绝望又无能为力。2019年年初乌克兰总统大选的结果表明，乌克兰人对时任总统波罗申科、前总理季莫申科等传统政客失望透顶，选民宁可将总统职位交给一个毫无治国经验的演员泽连斯基，也不把选票投给波罗申科、季莫申科等政坛老油条。曾在电影《人民公仆》中出演"总统"角色的泽连斯基作为一个年轻演员，从未有过从政经验，甚至还有人认为他与乌克兰的经济寡头有着密切的联系。尽管有着各种不利因素，但是投票结果还是显示，将近1/3的乌克兰人支持泽连斯基，其支持率远超波罗申科和季莫申科，这说明乌克兰人民不仅仅是对本国独立近30年来的发展状况深感绝望，对国家的前途完全丧失信心，而更像是病急乱投医，找不到出路，异想天开指望政治新人泽连斯基能给乌克兰带来奇迹。在众多选民看来，演员总统的治国水平即使是差，也不会比其他人差到哪里去，说不定还能带来一些改变呢！①

2017年朴槿惠身陷"闺蜜门"事件锒铛入狱，其所在的韩国统一党在选举中一败涂地，作为反对派领袖的文在寅轻松当选。② 不过，文在寅当上总统后，日子也并不好过，民众支持率不断下滑。2018年8月韩国一家民意调查机构的调查结果显示，总统文在寅当时的支持率只有58%，是其自2017年上台以来支持率的最低点。③ 调查还显示，民众当中不支持文在寅者的比例则迅速上升，从2018年6月份第二周的12%上升至31%。韩国民众不仅对总统文在寅不满，对其所在的政党同样不满意。2018年6月韩国民众对文在寅所属执政党共同民主党的支持率为40%。这个数字也是文在寅任总统以来共同民主党得到的最低支持率。而在差不多一年前，即文在寅执政一个月之际，他赢得了高达84%的支持率，从而创下了韩国历任总统的最高支持率。

文在寅的支持率在短时间内急剧跳水，主要原因在于其上台后不久韩

---

① 《"假总统"泽连斯基大概率当选真总统，乌克兰人民为什么这么做?》，搜狐网，2019 - 04 - 04，http://www.sohu.com/a/305826489_120047350。

② 《朴槿惠被弹劾下台！回顾来龙去脉》，搜狐网，2017 - 03 - 10，http://www.sohu.com/a/128470950_463953。

③ 刘魏：《文在寅支持率创新低，韩国民众为啥给"差评"，萨德仍是中韩关系捅不开的结》，搜狐网，2018 - 08 - 14，http://www.sohu.com/a/247000586_99985585。

国经济的急剧恶化。① 韩国的总统一直以来都没有摆脱悲剧性的结局，被称为"青瓦台魔咒"。2019年10月3日，前总统朴槿惠还在监狱服刑，无数民众就聚集在首尔要求现任总统文在寅辞职。②

不少民选上台的领导人声望最高的时候是竞选成功之时。比如马克龙当选时支持率接近65%③，而特朗普的支持率达到最高点也是2016年选战最激烈的时候。2017年文在寅竞选韩国总统成功时，其个人支持率接近70%。不过，这些当初获得压倒性支持的领导人在持续保持选民支持度方面并不能令他们自己、家人及支持者满意，往往在新鲜期过后就面临支持度大幅下降的压力。欧洲地区那些新近当选的年轻政客也许在描绘美好的蓝图和批评前任糟糕政绩方面令人耳目一新，但是一旦他们自己上台执政，却未必有大的改观。事实也是这样，幸福来得太突然，往往会有更多波折在后面。2017年10月，上任还不到半年的马克龙在民意测评中支持率急剧下滑，由5月份的66%下滑到36%，几乎掉了一半。④ 上台时人气高昂的奥地利总理库尔茨估计连他自己也想不到会在2019年5月底被议会罢免，而他从上台执政到离职，相隔只有一年半。⑤

特朗普上台之前，依靠"让美国再伟大"的口号赢得了大量中下层白人民众的支持，从而得以入主白宫。但是特朗普上台以后，支持率却不断下滑，尤其是民主党及知识界、学术界对于他的批评从未停止，而民调机构的调查结果显示，美国民众对特朗普的支持率也在一路走低。2018年1月，在特朗普执政满一周年之际，著名民调公司盖洛普对特朗普的民众支持率进行了一次调查。结果显示，特朗普执政首年支持率为38%。这个数据创了新低。因为自1938年以来，美国历届总统就任首年的民调支持率均值为53%，比特朗普的38%高出一大截。而在近几任总统中，克林顿的执政首年支持率为55%，小布什则高达84%，就是特朗普的前任——此前号称首年支持率最低的奥巴马，支持率也达到了49%。⑥

---

① 《再创新低！韩总统文在寅民众支持率连续三周下降，已跌破45%》，《环球时报》2019年3月14日。

② 《长安街知事：文在寅陷"男版闺蜜门"，与朴槿惠风波惊人相似》，《北京日报》2019年10月11日。

③ 《马克龙以绝对优势赢得法国大选，勒庞：祝他成功》，《参考消息》2017年5月8日。

④ 苗柔柔：《欧洲的"政治新星"们能撑多久》，观察者网，2017-10-17，https://www.guancha.cn/MiaoRouRou/2017_10_17_431117.shtml。

⑤ 《奥地利最帅总理被"罢免"》，《环球时报》2019年5月28日。

⑥ 《上任一周年，特朗普拿到成绩单》，《青年参考》2018年1月24日。

三、内耗严重,随时有下台的危险

今天的西方民主已经越来越难改革已有的弊端。对于执政党而言,坏事固然干不成,好事也办不了,即使某个政策对于长远有利,其短期负面影响也难以被民众接受。不管是实行多党制还是两党制的国家,围绕政权的斗争一直很激烈。无论谁上台,台下的一方总会想尽一切办法来阻挠执政党的各种做法,从而使得国家机器长期处于空转的状态,内耗严重。

前面所提到的意大利前总理贝卢斯科尼也是负面新闻、绯闻不断。2009年12月5日,意大利首都罗马爆发要求总理贝卢斯科尼辞职的50万人大游行。参加示威的有知识分子、政治家和艺术家,包括诺贝尔文学奖获得者达里奥·福和明星导演南尼·莫雷蒂。示威者批评贝卢斯科尼努力修改法律使之符合自己的利益以及消除他的性丑闻的不良影响。人们高呼他的名字要他回家。当天,在米兰和别的意大利城市,以及一些国家首都的意大利大使馆门前也发生了反对贝卢斯科尼的示威游行。据当地媒体报道,贝卢斯科尼在前往总统官邸请辞的路上曾告诉随行的助手们,当他听到民众喊他是"盗贼"和"小丑"时,他的确"深感愤怒"。①

特朗普上台后,民主党人一直耿耿于怀。跟特朗普对着干一直是民主党人的主要工作,对特朗普"通俄门"的调查一直没有停止过。这一调查工作旷日持久,而且导致特朗普身边众多的工作人员被卷入进来,对于特朗普行使总统职能产生了严重的影响。② 而且这一长时间的调查工作对美国政府的日常运作造成了严重的困扰,也是对国家财力的巨大浪费。据称,为完成"通俄门"调查,负责这一工作的米勒聘请了19名律师,并由约40名联邦调查局特工、情报分析员、法务会计师和其他专业人员协助。其间,米勒团队发出2800多份传票,执行近500份搜查令,获得230多份通讯记录,发出近50项授权使用笔录的命令,向外国政府提出13项证据要求,并约谈约500名证人。③

领导人的支持率不断下滑,不仅在那些老牌发达的资本主义国家很普遍,在那些刚刚走上资本主义民主选举模式的发展中国家更是如此。波罗

---

① 《意数十万人示威要求总理贝卢斯科尼下台》,《扬子晚报》,2009-12-07。
② 《美司法部长:调查未发现特朗普竞选团队"通俄"》,中国新闻网,2019-03-25,http://www.chinanews.com/gi/2019/03-25/8789334.shtml。
③ 《美司法部长:调查未发现特朗普竞选团队"通俄"》,中国新闻网,2019-03-25,http://www.chinanews.com/gi/2019/03-25/8789334.shtml。

申科治下的乌克兰成了欧洲最贫穷的国家，而且在与俄罗斯的争斗中不断遭受损失。继任总统泽连斯基上台不久，本来打算与俄罗斯和解，不过他打算用"施泰因迈尔模式"解决乌克兰东部顿巴斯地区及卢甘斯克地区问题，却诱发了2019年10月6日乌克兰民众在基辅独立广场的集会抗议。令人感到惊奇的是，前总统波罗申科居然出现在抗议队伍当中。这充分体现了西方政治内耗不断的缺陷。

卡梅伦在脱欧公投结束后不久下台，特蕾莎·梅继任英国首相。围绕着首相制定的脱欧方案，议会里的各个党派争论了差不多3年，其间脱欧方案连连被议会否决。在与欧盟谈判的过程中，首相又始终得不到议会的信任，导致脱欧问题陷入僵局，内外交困的特蕾莎·梅只得宣布在2019年6月7日辞职。①

第三节　执政思路有问题

作为一个国家的领导人，其上任后的主要工作无非是两样，即内政与外交。同时，外交必须为内政服务，这是所有执政者必须遵循的执政原则。但是许多依靠选举上台的领导人似乎并未遵循这个原则，这既是由于他们缺乏执政经验造成的，也是他们迅速下台的重要原因。

一、工作重点偏离中心

一直以来，不少政客上台后，由于缺乏执政经验，在执政时往往抓不住重点，该抓的事情没有抓，或者抓了但没有抓好，从而导致执政效果不佳，连任往往失败。21世纪初，一家非洲电视台的民调显示，该国民众最关心的问题，第一是就业，第二是治安，而该国议会反复讨论的"中心议题"却是只有不到2%的人所关心的"宪政改革"。② 马克龙上台后，似乎一时也抓不住工作重点。在他上任之后没有多久，法国就爆发了反对他的游行示威。示威者关心的是当下的生活，而马克龙却在不少场合谈论全球气候问题。正如当时一名示威者所抗议的，马克龙总是"谈论世界末日"，我们面对的却是怎么"度过这个月末"。③ 谁都知道，上台后最重要的事情

---

① 《特蕾沙·梅被迫辞职，英国脱欧之路在何方？》，《人民日报》（海外版）2019年5月25日。
② 国纪平：《中国道路的世界意义》，《人民日报》2014年9月30日。
③ 《法国这周末不好过，马克龙改革有点悬》，《新文化报》2018年12月7日。

当然就是民生，即就业、福利等和民众生活息息相关的诸多事项。然而，西方许多政客上台之后，在这方面往往做得很糟，从而影响自己的连任。

2019年，澳大利亚的一场森林大火引起了世界的关注。澳大利亚总理莫里森受到国内民众的一致指责。很显然，作为政府的总理，在危急时候当然应该坐镇国内指挥救火，但是在2019年12月中旬，这位总理居然带着夫人与孩子去夏威夷度假了。面对民众的指责，他居然回答"度假计划早就决定好了"。①

二、政策过于追求本国利益，忽视他国感受

近年来，从英国脱欧、苏格兰公投，到加泰罗尼亚要求独立，强调个人权利至上的西方国家正在结出割地自保的果实。他们所给出的对策都不是如何解决问题，而是回避问题，或者掩盖问题。2009年后，经济危机肆虐欧洲，2010年债台高筑的希腊更是带头引爆欧洲信贷危机，而2012年总理候选人齐普拉斯大声疾呼"反紧缩"，主张废除财政紧缩政策，要求与债权人商讨勾销此前债务，甚至叫嚣要"退出欧元区"。齐普拉斯的做法显然与欧盟的要求或者专家的意见都相差太大，然而不少普通民众还是把选票给了他，2015年齐普拉斯顺利当选。这充分说明这种继续大手花钱享乐并同时赖债的极端利己主义，已经成为从领导人到百姓上上下下的共同心声。

所有的一切都是为了当选，为了本国的利益。一些国家领导人竞选时说的是一套，上台后做的是另一套，尽管看起来觉得很荒谬，但实际上目的都是围绕自己能够当选。比如马克龙任政府经济部长时，力主同意中国收购图卢兹机场，他认为法国应当吸收外国资本，对外国资本实行开放。②但是他上台后立即变脸，要求欧盟限制外来资本进入。2019年，已经于2014年12月被山东高速收购的图卢兹机场的股份不得不转让给法国的埃日集团。③马克龙这样做看起来前后矛盾，实际不然。真正的原因在于，破产的不良资产尽量让不知底细的外国公司接手，但本国的优良资产绝不允许外人染指，哪怕合作也不行。中国的山东高速尽管在几年前图卢兹机场经

---

① 《澳大利亚山火持续，澳总理遭批提前结束度假》，新浪网，2020 - 01 - 13，http://news.sina.com.cn/w/2020 - 01 - 13/doc - iihnzhha2156663.shtml。

② 《马克龙当选法国总统，曾力挺中国收购法第六大机场》，海外网，http://m.haiwainet.cn/middle/3541093/2017/0508/content_30900368_1.html。

③ 《法国埃日集团完成收购图卢兹机场49.99%股份》，新华网，2019 - 12 - 31，http://www.xinhuanet.com/fortune/2019 - 12/31/c_1125408124.htm。

营不善时得以入股,但一旦形势好转,法国方面就要求中方退出。

马克龙不仅让中国企业进军法国市场的计划功亏一篑,而且想让欧盟分担法国面临的财政压力。他刚上台,就向欧盟提议设立一个欧元财长职务,并要求发行欧元区共同债券。这个建议实质是把原来各国的债务混在一起,再根据各国的情况发行新的债券,由欧盟共同偿还,是典型的让欧盟其他国家为法国国债买单的做法。这种建议一方面刻意模糊共同债券谁担保、谁花费、谁偿还的问题,另一方面也隐含着法国希望借机推卸债务负担,并获得更大的欧盟财政控制权的野心,因而立即遭到欧盟核心成员——德国国内各党派的一致反对。但是马克龙这一障眼法却得到法国社会党领导层的支持。① 事实上,希腊的齐普拉斯、法国马克龙的做法与美国总统特朗普的做法如出一辙,都是强调"本国优先",无视他国利益。中国有句俗话,"可以共富贵,不能共患难",这在今天的西方世界表现得愈来愈明显。当今世界经济复苏乏力,尤其是欧美发达国家。可以预见的是,今后这种利己主义思想和实践只会越来越多,而且在很多国家会成为政客竞选时的有力武器。

三、施政策略常常顾此失彼

印度总理莫迪 2014 年上台时,当时国际投资者对他充满了期待。此后几年,印度经济确实发展很快,欧美媒体对它的表扬和赞誉挺多。不过,2019 年以来,印度经济增长速度已连续 5 个季度下降,2019 年第二季经济增长率为 5%,是自 2013 年年初以来最小的涨幅。据海外媒体报道,印度经济在经历了长时间的高速增长之后陷入了持续低迷,不少海外投资者准备撤离印度市场,尤其是印度证券市场。自 2019 年 6 月以来,海外投资者已经抛售了价值约 45 亿美元的印度股票。② 其他方面也令政界和学者忧心忡忡。印度的汽车销量正以有记录以来的最快幅度下滑,其资本投资骤降,失业率上升到 45 年来的最高水平,印度银行体系也因其不良贷款率太高而陷入瘫痪。③ 2019 年 9 月 14 日,由于沙特的石油设施遭到袭击,损失惨重,

---

① 《马克龙提欧盟改革建议,欧盟债券政策遭德国反对》,海外网,2017 - 05 - 10,http://m.haiwainet.cn/middle/456991/2017/0510/content_30905300_1.html。
② 《印度经济增长持续低迷,海外投资者以最快速度撤离》,《新民晚报》2019 年 9 月 20 日。
③ 《印度的经济增长已经连续五个季度减速,达到 2013 年初以来的最低水平》,《国际金融报》2019 年 9 月 18 日。

国际油价急剧上涨,对于依靠石油进口的印度来说是雪上加霜。① 2016年莫迪在印度所力推的废钞运动被指责为对于经济发展有害无益;而在2017年所推行的商品及服务税改革,则被抨击为过于复杂;莫迪政府有关简化土地与劳动法令的努力也遭到民众与政敌的反对。②

四、不少民选国家领导人嘴上功夫远胜于行动

西方国家的领导人上台之前往往要做出一些承诺。但是他们执政几年的结果往往不尽人意,根本原因在于大多数西方国家领导人嘴上功夫了得,实际能力及执政效果却有限。如调整经济结构要受任期的限制,减薪要受到大众的抗议,增加税收要得罪绝大多数企业家。而维持现状既无法赢得选民的支持,更不可能有足够的政治资本去竞选连任。所以,他们竞选时讲得头头是道,执政以后发现一筹莫展,左右为难。

对于近年西方国家领导人的执政能力及政绩,时任联合国秘书长潘基文在2016年年底在接受记者采访时曾经有这样一番评论。潘基文直言,联合国对不少国家领导人感到很失望,因为许多国家的领导人远把权力看得比改善民众生活重要。潘基文还毫不客气地指出西方国家领导人在一些热点事件上的做法根本"行不通"。潘基文特别指出,身为联合国秘书长,他对于那些通过选举上台的西方国家领导人评价并不高。潘基文认为当今世界动荡的原因不在于普通民众,而是那些任上的西方国家领导人一手造成。也许一般民众并不这样认为,媒体的报道似乎也有意回避了这一点。潘基文说,在某些所谓民主国家,许多政客最关心的不过是如何"不择手段"使自己当选。事实上,西方那些政客的当选并非民意的真实反映,因为真相不过是"只要一当选……他们就开始统治民众,他们通常有腐败问题,也不尊重民众的声音"。③ 笔者认为,作为前联合国秘书长,潘基文在评价许多民选国家的领导人时应该是依据充分的,因此还是比较客观的。

---

① 《卫星图告诉你,沙特石油设施遇袭有多严重?》,《中国日报》2019年9月17日。
② 《发生了什么? 海外投资者以最快速度撤离印度》,《参考消息》2019年9月19日。
③ 《潘基文自评得失,对"恋权"领导人失望》,新华网,2016-09-16,http://www.xinhuanet.com/world/2016-09/16/c_129283023.htm。

五、西方国家领导人喜欢在国际问题上蹭热点,目的是增加自己的曝光率

20世纪末以来,国际社会尤其是局部地区日益动荡,恐怖主义活动愈发加剧,一些地区极端民族主义泛滥,这一切均与欧美发达国家的所作所为有密切的关系。欧美国家作为话语权大国,在维护国际秩序方面理应承担更多的责任与义务,但是事实证明,它们的表现令人失望。截至2020年,叙利亚危机已经持续了9年,但是西方国家仍在火上浇油,让叙利亚的重建遥遥无期。西方国家的领导人热衷于蹭热点,一是为了引起世界媒体的关注,二是为了营造自己强势的形象,三是试图为自己在外交方面加分,然而其结果并不看好。就目前来看,朝核问题、伊核问题、中东问题、叙利亚问题、利比亚问题、印巴争端等一个都没有解决,而这些都是欧美国家挑起来的冲突。在潘基文看来,不少西方国家的领导人只是动动嘴皮子、发发声明,有时甚至阻止联合国出面协调国际冲突。①

近年来,一些大国为了转移国内民众的注意力,往往对于他国的事务更为热心。如历任英国首相或外交大臣等官员总不忘对香港事务指手画脚,英国甚至每半年要出一个《香港问题报告》,而对其自身的北爱尔兰问题、苏格兰独立问题却视而不见。再比如说,西方一些国家领导人对于性少数群体、女权、环保等热点问题很关注,而对就业、经济、治安等真正的内政民生却拿不出像样的成绩单。

还有一些小国也喜欢在他国问题上刷存在感,如波兰、捷克、挪威、瑞典等国家经常针对中国的内政制造噪音。其实,这些中小国家其实平时无论是在联合国还是在其他场合受到国际媒体关注并不算多。

气候问题也是欧美国家炒作的一个热点。在这方面一直不缺乏争论,但一直缺乏行动。科学研究已经证实,气候变化是当今世界面临的主要危机,它对人类的影响一年甚于一年。有良知的科学家们都认为人类必须大胆改革能源体系,将传统的化石燃料转变为高能效、可持续的清洁能源。但发达国家的亿万富翁却装作视而不见,他们更关注的是眼前的回报,在他们的干预下,舆论甚至会放出"气候变化是个骗局"的声音。这一切并不奇怪,很多发达国家的相关利益集团,利用自己控制的媒体,在发布的

---

① 《潘基文自评得失,对"恋权"领导人失望》,新华网,2016-09-16,http://www.xinhuanet.com/world/2016-09/16/c_129283023.htm。

相关气候变化数据中造假,同时在自己掌控的媒体中大大削减有关气候变化的报道。①

瑞典"环保少女"格雷塔·通贝里就是欧洲国家作秀的杰作。在2018年的世界气候大会上,时年15岁的通贝里批评各国尤其是欧美各国的领导人在节能减排上没有实际行动,不愿在发展方向上立即刹车,从而使得子孙后代没有未来。② 在2020年的瑞士达沃斯论坛上,她更是直接批评美国,并且宣称,面对环境危机,世界各国,尤其是发达国家必须在10～15年内做到"零排放",禁止开采石油、拒绝石化燃料,全民吃素。③ 气候问题亟待世界各国尤其是发达国家的关注,但是她所提的这些措施根本不具有可操作性,何况她自己频繁到世界各地去宣传气候变化,出行都像高级旅游一般。这种一方面享受现代文明的成果,另一方面又批评现代文明的姿态,是典型的"端起碗吃肉,放下筷子骂娘"。显然背后肯定有一些政客在支持她。其实这也不过是在蹭热点,并不能真正解决问题。

六、外交不能独立,基本上跟随某个大国

外交独立是一个国家主权独立的重要标志,一个主权国家当然需要国格,而内政外交政策的独立自主是维护国格的重要手段。如果是一个小国,外交不能独立有时还可以理解,但作为一个大国甚至老牌的资本主义国家,外交上一味追随某个强大的霸权主义国家,不仅使自己的国际形象大打折扣,也不利于本国的发展。在这一点上,美国习惯于颐指气使,网罗一大批国家作为"跟班",为自己的霸权主义政策张目。20世纪50年代,以美国为首的资本主义阵营为了把中国共产党领导下的中华人民共和国扼杀在摇篮之中,采取了封锁孤立乃至直接出兵打击中国的政策。西欧国家因为在经济上和军事上都受制于美国,外交上也奉行追随美国的政策,即自己不动脑、紧跟美国走。朝鲜战争、越南战争期间,美国身后支持者甚众。在海湾战争、打击南联盟、轰炸利比亚等军事行动中,西方国家都是紧跟美国的脚步,与美国保持行动一致。在封锁中国企业、打压华为这一点上,西方国家尤其是澳大利亚、新西兰、加拿大、英国、波兰、捷克等一众国

---

① [美]伯尼·桑德斯著,钟舒婷、周紫君译:《我们的革命——西方的体制困境和美国的社会危机》,江苏凤凰文艺出版社2018年版,第129页。
② 《瑞典15岁少女批评气候大会参与者:你们还不够成熟》,《环球时报》2018年12月18日。
③ 《享受领袖待遇的"气候少女",通贝里真的能拯救世界吗?》,《新民晚报》2020年1月24日。

家完全是看美国脸色行事,外交独立成为一句空话。西方政客所标榜的自由、自主相比追随外交,实在是不折不扣的笑话。

七、政策陷入否定的怪圈

实行政党轮替的西方国家其政策有一个明显的弊端,那就是政策缺乏连续性。前一任的政策往往被后一任所否定,这不是偶尔事件,而是普遍的现象,有学者形象地称之为"翻烧饼"。尤其是党派轮换时,否定前任政府的政策就更是理所当然。美国前总统特朗普上任以来以推翻前任奥巴马的政策为己任,在任期间废除了奥巴马及其他前任在国际合作方面的大部分成果。2017年1月23日,也就是特朗普就任美国总统仅仅3天,美国就决定退出《跨太平洋伙伴关系协定》(Trans-Pacific Partenership Agreement,简称TPP)。特朗普认为这个协议对于美国极为不利,因为它会摧毁美国的制造业。特朗普认为《巴黎气候变化协定》让美国处于不利位置,而让其他国家受益,于是在2017年6月1日宣布美国退出该协议。鉴于对联合国教科文组织欠费不断增加,且认为该组织一直以来对以色列带有偏见,2017年10月12日美国退出了这一组织。2017年12月2日,美国退出《全球移民协议》,理由是该协议和美国现行的难民政策和特朗普政府所提出的移民原则相悖。2018年5月8日,特朗普政府认为伊核协议无法阻止伊朗继续发展核武器,无法阻止伊朗支持恐怖主义,于是又退出了这一协议。2018年6月19日,特朗普政府以联合国人权理事会对以色列存在偏见且无法有效保护人权为由,决定退出该组织。① 2019年8月2日,美国正式宣布退出《中导条约》,这是里根总统当政时于1987年与苏联签订的军控条约。②

在内政方面,2019年9月5日特朗普废除了奥巴马主政时制定的美国"童年抵美者暂缓遣返"(Deferred Action for Childhood Arrivals,DACA)计划③,重新恢复对古巴的制裁。而对于奥巴马的医改法案,特朗普也一直在努力推翻它。美国国内有学者分析,特朗普2017年年底宣布实施的税改其实是为废除奥巴马医改铺路。特朗普在自己的任期内,几乎把奥巴马的所有政治遗产全部清理掉。事实上,不仅仅是奥巴马的政治遗产,之前其他

---

① 《盘点这些年特朗普带美国退出的这些"国际群"》,观察者网,2018 - 10 - 18,https://www.guancha.cn/international/2018_10_18_475979_4.shtml。
② 《特朗普刚退出中导条约就说要搞个新的,还要拉上中国》,观察者网,2019 - 08 - 03,https://www.guancha.cn/international/2019_08_03_512154.shtml。
③ 《特朗普废除"童年抵美者暂缓遣返计划"》,《新京报》2019年9月5日。

领导人所留下的政治遗产，只要在特朗普本人看来有损美国的利益，他就一定要退出这类组织或者废除这类协议。

八、缺乏长远规划

对于绝大多数以选票为王的政客来说，根本不可能做出什么长远规划。绝大多数国家或者地区政府的任期是4年或者5年，而且欧洲很多国家一旦在议会里无法达成一致意见往往导致提前选举。2019年5月27日，奥地利国民议会召开特别会议，通过了针对总理库尔茨及其内阁的不信任案。① 这位总理上任不到两年就被赶下台，更不可能做出像样的业绩。

近些年西方国家政客的选举纲领往往只有几项主张，不外乎提高就业率、维持经济增长、保证已有福利待遇、节能减排等，鲜有能拿出国家发展长远战略规划者。2016年的特朗普可能是一个例外，他提出了目标——让美国再次伟大，而且出台了一系列的措施，如重新与贸易对手谈判，以期达成对美有利的协议；在美国与墨西哥边境修筑边境墙，打击非法移民；退出一系列不利于美国的国际组织和协议；减少对外援助；要求日本、韩国等盟国负责更多的美军驻扎军费；北约盟国扩大国防开支等。而像英国、法国、德国等老牌资本主义国家，竞选人完备的竞选战略规划越来越难觅踪影，有的只是讨好民众的几条措施，而最终能够兑现的更是少之又少。

于是我们可以看到，不少国家的日子真是"王小二过年，一年不如一年"。尤其是进入21世纪以来，资本主义世界普遍经济增长乏力，民众收入停滞不前。民众年年失望，对于投票的兴趣越来越低，导致投票率越来越低，尤其是社会底层的投票率一直很低，因为他们觉得无论谁上台，自己的处境也不会有多大的改变。

民主选举，初衷是选出最优秀的领导人，但是今天在西方很多国家这套制度似乎出了问题。笔者认为，在西方"权利神圣"的环境下，要让那些国家承认甚至改变这一点几乎不可能。

总体而言，在野党好当，执政党难做，当前越是艰难复杂的环境越容易让领导者水平原形毕露，一方最好的帮手实际就是另一方。"二战"后70多年来，西方国家长久的安逸生活既削弱了选民的警惕心，又降低了选民的政治判断能力；近些年西方普遍不景气的经济现状和难言光明的未来又

---

① 《库尔茨被罢免，奥地利政局走向何方？》，新华网，2019-05-28，http://www.xinhuanet.com/2019-05128/c_1124553727.htm。

加重了民众的急功近利性和排他主义。很多国家的民主选举已经证明选民选出来的并不是最善于治理国家的人,很多情况下选出来的只是最善于吸引选票的那一个。西方国家的政治选举犹如选快餐明星一样,游戏规则从左右之争变成了新老淘汰,看的只不过是新人是否比老人更能撑。

九、在内外交困中卸任

所谓的民主国家,政客的主要任务就是拼选举。除了个别情况,比如民意一边倒的情况下不用对选情太费力费神,在绝大多数情况下,选举制度下的领导人面临的选举压力很大,而真正投入到干实事的精力和时间不会太多。任期较短,时间不够,根本没有时间来做长远规划,而到任期快要结束时,盘点政绩往往虚多实少,老百姓所得到的实惠就更少,因此连任困难也就不难理解。以推动英国脱欧公投而不得不宣布辞职的卡梅伦为例,其在任6年,政绩确实乏善可陈。① 卡梅伦当初向民众许诺,自己上任后政府将提供300万个学徒制岗位,更多的儿童保育服务,通过削减税收及建造经济住房减轻3000万人的生活负担,创造数百万个就业机会,使更多人拥有更美好的未来。2015年大选期间,卡梅伦还向民众许诺,他领导下的英国将会发起全民公投,让民众决定"英国在欧洲的未来"。听到这些漂亮的话语,民众对他充满了期待,纷纷把选票投给他。然而结果如何呢?几年下来,民众的生活压力不仅没有减轻,反而愈加艰难了。② 这是他不受欢迎的重要原因。

第四节　今天的西方民主已经是弊多利少

一、民主日益变成"钱主"

参加美国的竞选活动需要大把大把的金钱。很多有志于从政的人因为囊中羞涩而不得不退出。2016年美国大选期间,民主党候选人之一伯尼·桑德斯在自己的书中承认,1986年他竞选州长时,输了那次竞选,同时耗

---

① 《十张图表检阅卡梅伦执政6年的政绩》,界面网,2016-07-15,http://www.jiemian.com/article/743785.html。

② 《十张图表检阅卡梅伦执政6年的政绩》,界面网,2016-07-15,http://www.jiemian.com/article/743785.html。

尽了全部资金；1988年竞选众议员时，又输了，并耗尽了全部资金；1990年竞选众议员时，赢了，同样耗尽了全部资金；2006年他成功当选参议员，依旧耗尽了全部资金。① 可见，在美国，想要从政者需要有比较固定的钱袋子，因为每隔几年就需要花费一大笔竞选经费。

因为筹款的问题，美国民主党非洲裔女竞选人卡马拉·哈里斯（2021年起担任美国副总统）于2019年12月3日正式宣布退出2020年总统角逐。哈里斯在竞选初期被视为民主党新星，其民意支持率一度靠前，退选的最主要原因是筹措资金困难。2019年，哈里斯55岁，其职务为代表加利福尼亚州的联邦参议员，曾任加州司法部部长，论资历也算老政客了。一些媒体起初还指望她延续奥巴马的奇迹，成为第一位非裔女总统。不过，在美国竞选真的需要实力——政治实力和经济实力二者都不能缺。哈里斯在给支持者的邮件中写道："我的竞选没有足够资金源继续……当选战拉开，越来越难筹集资金。"她还谈到自己"不是亿万富翁"，似在揶揄另外两名富有的总统竞选人施泰尔和布隆伯格。施泰尔和布隆伯格均是自掏腰包参选。根据竞选财务数据，哈里斯团队截至2019年9月底仅获得900万美元资金，不到竞争对手、马萨诸塞州联邦参议员伊丽莎白·沃伦2600万美元的一半。据路透社报道，哈里斯的民调支持率一度升至10%，在所有民主党总统竞选人中排名第三，然而，她没能保持这样的势头，其后支持率跌至2%，党内排名也降至第六。② 此前，民主党另一位竞选人奥洛克也因为支持率和筹款问题于2019年11月1日宣布退出2020年总统竞选。③

竞选需要真金白银，而竞选资金又主要来自社会的捐助，这一点尤以美国为甚。在竞选费用逐年看涨的情况下，光靠普通选民的百儿八十根本不能满足竞选活动的需要，所以除了极少数超级富翁外，竞选人都渴望得到大额资金的资助。为了保证竞选人不被大财团或者大公司绑架，欧美国家过去都对资助做了明确的限制。不过，如今美国连这个限制也废除了。2010年美国联邦最高法院裁定，对公司及团体给予竞选人的捐款数额不设上限。随后在2014年，美国联邦最高法院又裁定个人竞选捐款也不设上限。④

---

① ［美］伯尼·桑德斯著，钟舒婷、周紫君译：《我们的革命——西方的体制困境和美国的社会危机》，江苏凤凰文艺出版社2018年版，第78页。
② 《美国非洲裔女总统竞选人宣布退选》，《杭州日报》2019年12月5日。
③ 《美民主党2020总统竞选人奥洛克宣布退选》，中国新闻网，2019-11-02，http://www.chinanews.com/gi/2019/11-2/8996301.html。
④ 贾利：《当代美国的特殊利益集团、政治腐败与财富收入不平等》，《广州大学学报》（社会科学版）2016年第11期。

美国这种公开撕掉遮羞布的做法引起了很大的争议。美国前总统吉米·卡特认为，不受限制的竞选资金捐助"违背了美国原先政治体系的初衷。现在美国只有寡头政治，无限制的政治贿赂成为提名总统候选人或当选总统的主要影响因素。州长、参议员和国会成员的情况也是如此。现在我们的政治体系已经遭到颠覆，它只是用来为主要的献金者提供回报"①。已故共和党资深参议员麦凯恩生前也觉得这种做法不妥，他彼时就预测，"美国今后将丑闻不断"。

英国《经济学人》杂志2014年就刊登过一篇长文，说金钱获得了美国历史上前所未有的政治影响力。数以千计的说客——平均每位国会议员有超过20名说客，让立法过程变得冗长而复杂，使得特殊利益集团更有机会参与其中。英国牛津大学教授斯泰恩·林根（Stein Ringen）觉得这种金钱政治与古代希腊民主政治有相似之处。因为在古希腊，当富人成为巨富，开始拒绝遵守规则、破坏政治体制，雅典民主崩溃的丧钟就敲响了。斯泰恩·林根认为，今天的英国和美国就到了岌岌可危的临界点。

美国虽然是全球最发达的国家，但也是贫富差距巨大的国家，其财富收入差距比其他任何大国都大。今天美国的贫富差距是自1920年以来最为悬殊的。财富与收入不平等的问题是这个时代最严峻的道德问题、经济问题、政治问题。②当今美国面临的问题是：中产阶级的持续没落，财富与收入的极度不平等，实际失业率居高不下，灾难的贸易政策，单薄的教育体系，衰退的基础设施。今天美国1%的金字塔顶尖的人的收入等同于90%的民众收入之和，而且99%的新增收入都流入1%的人手中。近年来，美国百万富翁和亿万富翁的数量都大大增加，同时数百万的民众工作时间增加但工资收入不涨反降，贫困率是主要发达国家中最高的。美国最富有的家族拥有的财富比1300万底层美国人还要多，在过去的40年，曾令世界羡慕的美国中产阶级正在不断消失。尽管科技飞速发展，劳动效率大大提升，但美国人的家庭收入却几乎比1999年少了5000美元。在佛蒙特和其他州，很多人不得不打两三份工，才能满足基本的生活需求和缴纳医疗保险。真正的失业率不是报纸上讲的5.4%，如果考虑到那些放弃找工作的人或是找不到全职工作而只能打零工的人，那么失业率将接近11%，青年失业率超过

---

① [美]伯尼·桑德斯著，钟舒婷、周紫君译：《我们的革命——西方的体制困境和美国的社会危机》，江苏凤凰文艺出版社2018年版，第137页。
② [美]伯尼·桑德斯著，钟舒婷、周紫君译：《我们的革命——西方的体制困境和美国的社会危机》，江苏凤凰文艺出版社2018年版，第83页。

17%,非裔失业率更高。今天的美国共有 4500 万民众处于贫困之中,他们当中大部分人的工资收入很低。① 2015 年 9 月 4 日,桑德斯在利伯缇大学的演讲中提到,美国 1‰ 的人,不是 1% 而是 1‰,拥有的财富是 90% 的民众之和。在佛蒙特和弗吉尼亚以及全国各地,数百万民众工作时间加长,但时薪仅有 7.25 美元、8 美元,或是 9 美元,他们努力工作,却很难养家糊口。然而同时,52% 的新增财富都流入了 1% 的富人之手。② 穷人的家庭供养孩子读书导致全家更加贫穷。桑德斯 2015 年在竞选时说,他在佛蒙特州见到一位医学专业毕业生,在毕业时欠了 30 万美元的贷款;③ 在艾奥瓦州,他遇到一位医学院的毕业生,毕业时欠了 40 万美元。④

穷人连生存都无法保障,对于参政当然缺乏兴趣,也没钱捐助自己的代言人。这种情况意味着竞选捐助只能来自少数有钱人。当前美国的竞选资金支持体系愈发腐败,亿万富翁花钱购买选票,很多人丧失了道德伦理,很多低收入者和年轻人也都弃票了。⑤ 2014 年 8 月,桑德斯到了南卡罗来纳州寻求支持,在这里他发现社会底层对于选举的积极性一点都不高。南卡州首府哥伦比亚市有一位杰出的组织者,她有一份 500 人的工人名册,在这份名册当中只有少数人注册成为选民。在哥伦比亚市,桑德斯还与一位在麦当劳工作的非裔小伙子进行了面对面的交流。这位小伙子告诉桑德斯,对他和他的朋友们来说,政治和他们的生活几乎没有任何关系,他们根本不关注,也不会去讨论。⑥ 在 2015 年 11 月的美国中期选举当中,63% 的美国人弃票,其中包括 80% 的年轻人。一次次的投票告诉大家,民众对政府已经失去了信心,鉴于权贵控制着整个选举程序,人们严重怀疑自己的票是否还有价值,政客们是否了解大家的生活发生了哪些变化。⑦

---

① [美] 伯尼·桑德斯著,钟舒婷、周紫君译:《我们的革命——西方的体制困境和美国的社会危机》,江苏凤凰文艺出版社 2018 年版,第 83 页。
② [美] 伯尼·桑德斯著,钟舒婷、周紫君译:《我们的革命——西方的体制困境和美国的社会危机》,江苏凤凰文艺出版社 2018 年版,第 103 页。
③ [美] 伯尼·桑德斯著,钟舒婷、周紫君译:《我们的革命——西方的体制困境和美国的社会危机》,江苏凤凰文艺出版社 2018 年版,第 91 页。
④ [美] 伯尼·桑德斯著,钟舒婷、周紫君译:《我们的革命——西方的体制困境和美国的社会危机》,江苏凤凰文艺出版社 2018 年版,第 92 页。
⑤ [美] 伯尼·桑德斯著,钟舒婷、周紫君译:《我们的革命——西方的体制困境和美国的社会危机》,江苏凤凰文艺出版社 2018 年版,第 33 页。
⑥ [美] 伯尼·桑德斯著,钟舒婷、周紫君译:《我们的革命——西方的体制困境和美国的社会危机》,江苏凤凰文艺出版社 2018 年版,第 42-43 页。
⑦ [美] 伯尼·桑德斯著,钟舒婷、周紫君译:《我们的革命——西方的体制困境和美国的社会危机》,江苏凤凰文艺出版社 2018 年版,第 84 页。

二、当选后的政客并非为全民服务

"一人一票"已无法左右美国的政治。一些富翁们投入数十亿美元购买选票，政客配合富豪们阻挠民主进程，少数族裔、穷人、老年人、年轻人的投票权更加无法保证了。2010年美国最高法院对公民联合会一案做出裁决后，富人、大企业可以不受限制地利用金钱掌控竞选，结果是很多媒体的头条都登有竞选广告——电视、广播、网站——这些媒体都是被富人阶层掌控的。事实上，在很多竞选中，富人捐款比候选人本身的作用还大。

伯尼·桑德斯称，美国唯一的立法渠道都已经被权贵、华尔街、药业大亨等群体控制。① 在每个州，无论是参议员、众议员、州长选举，还是州立法的通过，市政厅、校董事会、法官的选任，全部都是富人决定的。比如在俄亥俄州，几个富豪注资1亿美元，就能够赢下该州的竞选。对于这些富豪来说，这些钱不过是他们的零花钱，投入政治也算是很好的投资。化工行业、华尔街、银行、国防承包企业、药品行业等，一般来说得到这些行业的巨头投资支持的候选人，赢的概率都会很大。② 寡头政客们的政治权力已经远远超出人们的想象。他们掌控着媒体、智库、高校、政治组织，他们不知不觉地转变着舆论和国内外政策，却很少有人发觉。③

当今的美国政府绝非全民政府。在伯尼·桑德斯看来，美国政府只为1%的人服务。④ 桑德斯在竞选的过程中，曾去过密西西比州，在该州的杰克逊－欣兹全面健康中心会见了非裔美国人医疗服务人员。桑德斯在走访中发现，美国的穷人医疗条件糟糕得难以想象，整个县竟没有一位医生。⑤ 显然，这个地方的穷人完全被政客领导下的政府忽视了。

富人操纵政治的主要后果就是颠倒黑白。比如科学已经证实，气候变化是全世界面临的主要危机，它的影响力波及全球数十亿人。科学家们认

---

① [美] 伯尼·桑德斯著，钟舒婷、周紫君译：《我们的革命——西方的体制困境和美国的社会危机》，江苏凤凰文艺出版社2018年版，第93页。
② [美] 伯尼·桑德斯著，钟舒婷、周紫君译：《我们的革命——西方的体制困境和美国的社会危机》，江苏凤凰文艺出版社2018年版，第128页。
③ [美] 伯尼·桑德斯著，钟舒婷、周紫君译：《我们的革命——西方的体制困境和美国的社会危机》，江苏凤凰文艺出版社2018年版，第128页。
④ [美] 伯尼·桑德斯著，钟舒婷、周紫君译：《我们的革命——西方的体制困境和美国的社会危机》，江苏凤凰文艺出版社2018年版，第46页。
⑤ [美] 伯尼·桑德斯著，钟舒婷、周紫君译：《我们的革命——西方的体制困境和美国的社会危机》，江苏凤凰文艺出版社2018年版，第37页。

为人类必须大胆改革能源体系，以新能源取代化石能源，但这不是能源大亨们希望看到的，他们更关注的是眼前的回报，因此，他们花费数亿美元宣传"气候变化是个骗局"的观念，而且还在气候变化数据中造假，并且还控制媒体，大大削减有关气候变化的报道。① "如果听到'独立的智库'表明气候变化未被证实，我们应该给富人减税，不能提供全民医保的时候，你认为这些智库被亿万富豪收买了吗？别天真了，这是当然的。"②

政客一旦上台，自然要回报利益集团，为利益集团说话，哪怕是颠倒黑白。2019年12月21日，特朗普在佛罗里达州出席一次活动时明确反对风力发电，认为风力发电会带来污染和巨大的噪音。特朗普声称，他非常了解风车，他研究得比任何人都好。风车很昂贵，有能力制造风车的国家主要是中国和德国，美国几乎没有风车。特朗普还以专家的口吻指责制造风车会产生大量烟雾，继而说到了相关产业也会造成空气污染。特朗普似乎还有些意犹未尽，他又补充说，风车产生噪音，会杀死鸟类。他说："你看过鸟类的墓地吗？哪天去风车底下看看，你会看到你这辈子都没见过的那么多的鸟。"③

日本的"政治献金"被视为合法（日本主要政党中只有共产党不接受政治献金），不过在操作过程中经常会出现各种违规及丑闻。2015年的2月23日，日本农林水产大臣西川公因政治献金丑闻辞职，日本媒体之后又挖出环境大臣望月义夫、法务大臣上川阳子、文部科学大臣下村博文等同样存在政治献金问题。2015年7月，日本负责奥运建设项目的远藤利明被发现违法收受了该国一家企业的政治献金。事实上，在2015年，日本媒体揭露出安倍内阁当中有十几人违规接受政治献金。这种有关政治献金的不规范操作其实就是一种日本式的政治腐败。④

2016年美国总统大选期间，发生了希拉里"邮件门"事件。"维基解密"创始人阿桑奇曝光的邮件显示，希拉里不仅接受美国国内的捐款而且还接受了境外如卡塔尔和沙特的捐款；希拉里在2015年宣布竞选总统前，

---

① ［美］伯尼·桑德斯著，钟舒婷、周紫君译：《我们的革命——西方的体制困境和美国的社会危机》，江苏凤凰文艺出版社2018年版，第129页。
② ［美］伯尼·桑德斯著，钟舒婷、周紫君译：《我们的革命——西方的体制困境和美国的社会危机》，江苏凤凰文艺出版社2018年版，第129页。
③ 《特朗普又向"风车"开炮："我从来都搞不懂风！"》，环球网，2019-12-24，http://world.huanqiu.com/article/9CaKrnKovnS。
④ 《"日本式腐败"在蔓延？多名议员政治资金存问题》，中国新闻网，2015-03-13，http://www.chinanews.com/gi/2015/03-13/7125980.shtml。

曾与摩洛哥国王穆罕默德六世私下达成协议：摩洛哥向克林顿基金会支付1200万美元，作为对希拉里亲赴摩洛哥参加某论坛并发表主旨演讲的回报；还有，纽约华尔街精英如果想听希拉里的演讲，是需要购买门票的，而希拉里演讲的回报竟然一次高达20万美元。① 有的邮件还显示，民主党政府驻外使节的官位是按价购买的。邮件的数量如此之多，内容一个比一个让人目瞪口呆。在特朗普与希拉里的选战呈拉锯状态时，"邮件门"也成为压倒希拉里的最后一根稻草。

三、争权夺利十分激烈

当今欧美国家民主政治的一个重要缺陷就是权利绝对化，导致"否决政治"盛行，妥协变得越来越难。无论是英国政客还是美国政客，抑或是德国法国政客，都把自己的利益放在整个国家的利益之上。所以今天在欧美很多国家，其国内的政治版图是非常分裂的。

2001年"9·11"恐怖袭击发生以后，美国共和党和民主党难得达成共识，一致对外。但之后不久，美国两党又是纷争不断，无法形成新的政治共识。特朗普2017年上台以来，由于两党恶意争斗，美国政府已经停摆3次。这种情况在世界范围内还不多见。而围绕弹劾特朗普的问题，两党的明争暗斗已经持续了3年时间。而对于特朗普一手策划在伊拉克刺杀伊朗高级将领苏莱曼尼一事，共和党人大都表示赞成，民主党人几乎一致反对。这些例子充分说明美国今天的政治是典型的党派政治。特朗普的弹劾案在众议院表决时，民主党议员全部投的是赞成票，共和党议员投的都是反对票。

英国脱欧也是如此。2016年卡梅伦发起"英国脱欧"全民公投，最后支持脱欧的人略微占优，从而启动脱欧进程。卡梅伦按照先前的约定，自动宣布辞职，特蕾莎·梅继任首相。然而特蕾莎·梅作为一个"留欧派"却不得不做脱欧的工作，显然是做不好的。在任首相的两年多时间里，"脱欧派"占上风的议会一直不支持她的工作，针对脱欧的条件议会争论了两年多，其间相关议案表决3次均未获得通过。2019年6月7日，特蕾莎·梅不得不含泪

---

① 《这才是真正的美国，希拉里的"邮件门"揭秘：幸好当总统的不是她》，搜狐网，2019-10-10，http://www.sohu.com/a/345950208_701550。

辞职。①

巴西近几任总统都卷入官司,也更多是政治斗争的结果。前总统卢拉被判入狱,继任者罗塞夫被弹劾下台;副总统特梅尔接任总统,不过没有多久他也被检方起诉,虽然他们下台表面的原因是涉嫌腐败,但主要原因还是在于反对派一心要把他们搞下台。事实上,卢拉被认为是巴西历史上最受欢迎的总统,他在位期间大大促进了巴西经济的发展,提高了巴西的国际地位,在巴西享有很高的民望,离任时支持率达到87%。② 2016年卢拉获释后称,他所属的劳工党在过去12年中帮助3000万巴西民众脱离贫困。然而他依然没能在残酷的政治斗争中全身而退。

今天有些国家的政客见利忘义,互拆墙脚。有些反对派政客甚至想着本国经济变得越糟糕对他们的仕途才越好,因为经济越糟,就越能够证明当权者的无能,反对党上台也就更容易。

四、债务经济盛行

在当前的选举制度下,政客为了拉选票都竞相讨好选民,开出各种各样直接的或间接的福利支票,最后耗尽了国库,导致民粹主义和短视政治泛滥,以希腊为代表的"欧猪"国家(PIIGS)的债务危机就是这样酿成的。不少西方国家今天走上了寅吃卯粮的债务依赖型经济道路,也就是通过借新债还旧债的方法来解决经济和财政问题。

今天的美国、日本、欧洲都陷入了债务的深渊,每个国家都在透支未来,寅吃卯粮。据美国财政部公布的数据显示,2019财年美国国家债务总额新增1.2万亿美元,达到创纪录的22.72万亿美元,相当于2019财年GDP的106.5%。在1.2万亿美元财政赤字的背景下,美国名义GDP"仅"增长了8300亿美元,债务的增长已经大幅超过了经济的扩张。③ 2019年年底,日本国债总额首次突破1000万亿日元大关,相当于日本国民人均分担792万日元的债务,再创历史纪录。同时,按债务占GDP比重来看,日本已高达253%,远高于深陷债务危机的希腊和意大利,位居世界各国之首。欧债危机仍然硝烟未尽,日本是否会成为下一个希腊,进而引发新一轮债

---

① 《英国首相特蕾莎·梅宣布将辞职》,观察者网,2019-05-24,https://www.guancha.cn/internation/2019_05_24_503025.shtml。

② 《卢拉证实或再次角逐总统,称要捍卫巴西》,新华网,2016-05-22,http://www.xinhuanet.com//world/2016-05/22/c_129003932.htm。

③ 《美国债务总额再创历史新高》,《城市金融时报》2019年10月9日。

务危机？日本前所未有的超高债务引发国际社会忧虑。①

直到20世纪70年代，法国仍是世界上最富裕的国家之一，但是仅仅过了40多年，法国已经沦为债台高筑的国家。2014年第二季度，法国总债务已经达到20237亿欧元，占法国国内生产总值的95.1%，人均负债高达30385欧元；失业率同样居高不下，长期失业人口超过300万。法国前总理菲永为此在上任伊始公开表示："我是一个已经破产的国家的领导人。"② 萨科齐、奥朗德、马克龙都曾试图"开源节流"，但都遭到上下的一致反对。

欧盟第三大经济体意大利经济形势也是一路走低。意大利失业率2012年达到10%，2014年第一季度最高达到13.5%，虽然随后略有下降，但也一直保持在11%～12%。而在2009—2011年，意大利的失业率平均值只有8.15%。更令人不安的是意大利年轻人（15～24岁）的超高失业率，平均在30%～40%之间。③ 2007年以来，意大利的人均GDP一直走低，甚至低于1999年加入欧元区时的水平。正是经济长期不景气才使得民粹主义在意大利大有市场，这是五星运动党和联盟党在大选中获胜的重要原因。

表5-1　2019年世界负债国排名④

位次	国别	政府负债率（%）	政府负债额（亿美元）	家庭负债率（%）
1	日本	253	125789	57.7
2	希腊	181.1	3968	53.6
3	意大利	132.7	27498	40.9
4	新加坡	112.2	4052	54.9
5	美国	110.4	226253	76.4
6	法国	98.4	27038	59.5
7	西班牙	97.1	13845	59.6
8	加拿大	90.6	15505	100.2

---

① 《日本虽负债总量高达83万亿元，却是亚洲最发达国家》，搜狐网，2019-09-12，http://www.sohu.com/a/340461058_120274592。

② 《分析：法国人均负债逾3万欧元，债务问题不断加重》，中国新闻网，2014-10-17，http://www.chinanews.com/gj/2014/10-17/6691245.shtml。

③ 《意大利为什么提高财政赤字》，搜狐网，2018-10-06，https://www.sohu.com/a/257923434_453208。

④ 《2019世界负债国排名：日本第一，负债最多的国家依旧是美国》，排行榜123网，2019-08-20，https://www.phb123.com/city/GDP/35470.html。

续表 5-1

位次	国别	政府负债率（%）	政府负债额（亿美元）	家庭负债率（%）
9	英国	84.7	23958	86.5
10	巴西	77.3	14441	27.1
11	印度	71.7	19479	11.3
12	德国	60.9	24362	52.7

五、前景难以令人乐观

今天的西方政坛往往陷入无休止的口水仗。美国前总统奥巴马是高喊着"变革"的口号在2008年入主白宫的，但他执政了8年，又兑现了多少承诺呢？他承诺削减美国的国债，但美国国债已经从原来的11万亿美元增加到了近20万亿美元。① 唯一兑现的就是他的医保方案，但是特朗普一上台又把它废除了。②

不仅是奥巴马，特朗普上台的口号是要"让美国再次伟大"，而更多的学者认为，特朗普加速了美国的衰败。有学者总结，特朗普治国主要有三大法宝：推特治国、"退群"治国、贸易战。特朗普平均每天发推特8条，最多的一天200条，而且推特的内容不乏假新闻和谎言，能否治国，特朗普心里可能更清楚；特朗普上台以来，退出了很多"群"，比如TPP、巴黎协定、伊核协议、联合国教科文组织和人权理事会等。其中很多"群"是当时美国费了很大力气才建立的，结果特朗普一言不合就退了。特朗普热衷"退群"，是从他自身的商人思维考虑的，觉得美国在这些"群"中支付太多、收益太小，"退群"之后会节约很多经费。但更关键的原因在于，特朗普这一届政府只想享受权利，不想承担义务。特朗普不仅与中国打贸易战，甚至与欧盟、日本、韩国以及两个邻居加拿大、墨西哥也打起了贸易战。他的观点就是，美国在以前与其他主要伙伴进行贸易时让步太多，吃了大亏，所以必须重新谈判，或者提高关税，或者减少进口，或者扩大美国的出口，总而言之，其他国家不能按照原来的规则来占美国的便宜。特朗普

---

① 《20万亿国债到期，奥巴马留给特朗普的炸弹要炸了？》，《华夏时报》2017年3月13日。
② 《特朗普：不废除奥巴马医保就想去休假》，搜狐网，2017-07-20，http://www.sohu.com/a/158558690_313745。

在用人方面也与大国政治格格不入，身边的政府官员离职的超过20个，换人频率之快令人眼花缭乱。经过特朗普4年的不间断折腾，再加上2020年新冠肺炎疫情的肆虐，美国外强中干的本质暴露无遗。

六、分裂倾向愈加明显

西方国家有这样一个特征，只能共富贵，不能同患难。英国的脱欧就是一个典型，西班牙加泰罗尼亚地区闹独立也是。英国觉得加入欧盟吃亏了，自己一年交那么多"份子钱"，但自己话语权又不够；欧盟的一轮轮扩军拉进来了一大堆"穷哥们儿"，尤其是东南欧及中欧的那些国家，严重地给英国"拖后腿"。英国脱欧，苏格兰又不干了，所以苏格兰要求发起第二次全民公投，以实现脱英独立的目标。加泰罗尼亚是西班牙经济最发达的地区，但是每年要交给中央政府很多税，影响了自己的发展，当地人对此感到不满，所以分裂活动从未停止。

七、改革西方民主制度很难

没有一种制度是永恒的，西方民主制度也不例外。中国的成功跟与时俱进的改革有密切的关系。西方体制需要实质性的改革，特别是改变现在资本力量过大这种深层次的问题，否则西方衰落的速度可能真的很快。比如，比利时和西班牙都曾经有过500多天的时间没有中央政府的经历，如果发生在更大的国家简直不可想象。如果"刮骨疗法"不现实，起码也可以来个"保守疗法"来"与时俱进"。

相比封建世袭制，资产阶级民主具有一定的进步意义，这既不容否认，也无须否认。然而，资产阶级民主制度历经了上百年的演变，尤其是进入21世纪以后，它的缺陷也越来越明显。21世纪以来，虽然资本主义国家尤其是欧美发达资本主义国家采取种种措施来缓和危机，但内在矛盾客观存在使这些危机不可避免。一些西方国家为维护其利益，把西式民主神圣化、完美化，误导一些发展中国家把西式民主当成万能灵药，喧嚣过后，终将引发西式民主退潮的"多米诺骨牌效应"。

长期以来，西式民主就存在利益固化、民粹风险、低效率、对抗性、成本过高等问题，"普遍民主"实际上仍然不过是资产阶级统治的工具，而没有真正为普通民众带来福祉。

例如，在一些欧洲国家，由于胜选需要争取大多数选票，于是政客给选民的"福利支票"越开越高。近年来,高福利不仅诱发了债务危机,甚至让有的国家到了破产的边缘,希腊就是其中的代表。20世纪70年代以来,希腊不顾自身经济能力,建立了高福利制度,不仅工资高、假期多、保障全,还有多种奖金,且名目十分随意,比如会使用电脑、会说外语、能准时上班等。而所谓"准时上班",是因为很多人在下午2点半就下班了。过高的福利导致了灾难性后果,2009年,希腊陷入破产境地,好日子难以复返。

在亚洲,以印度为例,其引以为豪的民主"制度优势",常常带来议而不决、决而不行的积弊。由于政党众多,许多政策难以出台和实施。虽然印度早在1952年就提出要节制生育,但由于执行不力,人口规模日益膨胀,被联合国称为"缺乏人口控制的典型"。因为人口增长抵消了经济增长,印度的发展受到牵制。今天的印度仍有1亿多户家庭没有厕所;1/3家庭所获得的电力供应,还不足以点亮一个灯泡;男性文盲率接近20%,妇女文盲比例高达1/3。在西亚和北非,一些国家服下了自由民主这剂所谓的"灵药"而"排异反应"严重,导致治理能力低下,经济严重衰退,贪腐横行,有的甚至四分五裂,社会动荡,战乱频仍,民众苦不堪言。

八、西式"万能民主"神话的破灭

近几届美国总统选举无底线"揭丑",令人大跌眼镜;英国脱欧意见纷纭,"全民公投"饱受质疑;中东困局未了,难民危机隐患重重……"万能民主"神话制造的美妙幻象正逐渐消失,并暴露其本来面目。

从这个神话的产生来看,西式民主神话初步形成于"冷战"前,运用于"冷战"中,精致化于"冷战"后。苏联的解体为西方国家创制神话增添了无数素材和无穷自信。一些人认识到,在信息化时代背景下,"制造武器"不如"制造神话",要以文化、价值观和外交政策展示"软实力",用"吸引"而非"胁迫"方式达到目的。因之,"民主神话"和"自由神话""人权神话"一样,是西方"意识形态神话体系"的组成部分,又是其中举足轻重的民主政治版本。

从这个神话的流布看,片面灌输、设定单一标准是其主要助推方法。在"民主推销"中,一些国家不仅不顾西式民主存在的理性人假设、权利绝对化、程序教条化等先天"基因缺陷",更无视其民主实践中存在的种种弊端,反而把西式民主在功能上无限夸大,在范围上无限延伸,片面诱导其他国家模仿。同时,它们常常以构想的"民主指数"来判断其他国家的发展水平，而无视历史、文化、制度、国情等多方面因素，并且用快速成为"民主俱乐部"成员的虚幻光环吸引了一些国家的仿效。

从这个神话的终结看，探索符合自身实际的"内生性"民主已经逐步成为共识。"鞋子合不合脚，只有自己才知道。"如果不顾国情照搬他国制度，忽略民主建设的长期性和渐进性，必然会混淆民主观念的普遍性和西式民主的特殊性，违背经济基础决定上层建筑原理，陷入以主观设计裁剪客观现实的空想。如同恩格斯所指出的，试图"以一次突然袭击实现社会改造，是多么不可能的事情"。

因此，中国需要在马克思主义指导下，吸收古今中外政治思想精华，科学把握充分民主与合理集中的辩证关系，积极发展社会主义协商民主，不断构建具有中国特色的民主理论和实践体系。这样，中国非但不会遭遇所谓"历史的终结"，而是反过来终结西式民主的传奇神话，为人类政治文明提供具有开创意义的"中国方案"。①

---

① 许海：《西式民主为什么退潮》，《前线》2017年第3期。

第六章　世纪之交中国提升国际话语权受到的制约

国际话语权是当今世界上一国以国家利益为核心，就本国事务和相关国际事务发表意见的权利。国际话语权包含了知情权、表达权和参与权的综合运用，具体可以分为对国际事务、国际事件的定义权和对国际标准、国际规则的制订权，以及对国际事件、国际活动的评议权和裁判权。① 国际话语权本质上体现的是一国在国际社会权力结构中的地位和影响力，是一国"软实力"的重要组成部分。② 理论上，任何一国都有国际话语权，但是由于国与国之间实力悬殊，话语权大小也就明显不一样。

中国是世界上有影响力的大国，20世纪末以来，由于苏联东欧社会主义阵营的瓦解，中国面临的国际形势突然空前严峻。面对西方世界的挑衅与指责，中国政府及中国媒体不得不经常发声，向世界各国阐释本国的方针政策或者对国际事务的观点立场，但由于人为的因素，有的时候，一些国家或地区的人们还是听不到，中国声音还没有达到预期中的影响力和吸引力。当然近些年尤其是习近平就任党和国家最高领导人以来，中国国际话语权建设取得了明显的进步。这一部分的内容将在第七章进行详细的论述。

世纪之交尤其在21世纪以前，中国国际话语权影响力不及预期的原因主要有三个方面，即以美国为首的西方国家的打压、周边国家对中国话语权公开支持的缺乏、中国自身话语权经验的不足。

西方国家对中国国际话语权的打压围堵包括但不局限于以下领域：政治上敌视中国共产党和中国人民，意识形态的斗争从未消停；指责中国的宗教政策、民族政策并不惜歪曲事实颠倒黑白；否定中国的市场经济地位，无视中国的民主法制进程；对中国为实现国家统一的政策和努力说三道四；夸大中国的军事威胁；把中国的"一带一路"倡议歪曲为新殖民主义，把中国在海外设立的孔子学院说成是中国的文化侵略手段；把中国奥运健儿所取得的成绩说成是"举国体制为了金牌牺牲运动员"（借以攻击中国的社会制度，其实当今世界上绝大多数的运动员都是专业运动员）；以他们的标

---

① 梁凯音：《中国拓展国际话语权的思考》，《中共中央党校学报》2009年第3期。
② 陈正良：《软实力发展战略视阈下的中国国际话语权研究》，人民出版社2016年版，第48页。

准来评判中国的内政外交,等等。一言以蔽之,中国当前的诸多内政外交在他们眼里都是"另类",被他们一概否定。

第一节 以美国为首的西方国家对中国国际话语权的打压

以美国为首的西方国家对于话语权的研究及掌控远比中国熟练,他们早就认识到话语权是一国软实力的重要组成部分,深知如何保住自己已有的国际话语权优势,更懂得如何防范和打压潜在的话语权大国。随着中国经济实力及国际影响力的不断上升,美国等国感到自己的国际话语权有可能受威胁,为了防患于未然,中国也就成了他们打压潜在话语权大国的首要目标。

一、西方国家利用意识形态渗透与文化霸权来打压中国的国际话语权

近代以来,西方国家一直没有停止从经济、政治、文化上对中国进行进攻。关于这一点,中华人民共和国成立之前毛泽东已有清醒的认识。在1939年《中国革命和中国共产党》一文中,毛泽东指出,西方列强在武力侵略、经济掠夺的过程中"对于麻醉中国人民的精神方面也不放松。这就是他们的文化侵略政策。传教、办医院、办学校、办报纸和吸引留学生等,就是这个侵略政策的实施。其目的,在于造就服从它们的知识干部和愚弄广大的中国人民"[①]。相比军事侵略、经济剥夺,政治打击、文化进攻、宗教传播所带来的危害更大、更持久,它会造成被侵略民族长期不自信,从而心甘情愿地接受西方列强的话语霸权。

美国阿拉伯裔知名学者萨义德也曾撰文分析了西方文化与殖民主义、帝国主义的内在关联,指出"文化绝非心平气和、彬彬有礼、息事宁人的所在;毋宁把文化看作战场,里面有多种力量崭露头角、针锋相对"[②]。事实上,文化领域一直是国与国之间话语权争夺的重要阵地。过去在西方媒体的宣传下,中国取得的成就往往被无视,而某些问题则被无限放大,中

---

① 《毛泽东选集》第2卷,人民出版社1991年版,第126页。
② [美]爱德华·W.萨义德著,李琨译:《文化与帝国主义》,上海三联书店2003年版,第16页。

国的国际话语权的突围之路也就更加曲折。

不少西方学者有关中国的认知和理论增添了价值观方面的含义,进而使他们的学术研究潜藏着鲜明的政治意义。掌握话语权优势的西方国家对中国的发展道路与制度肆意歪曲、抹黑与妖魔化,进而实现挤压中国国际话语权空间的目的。20世纪末21世纪初,不少西方学者及政客轮番鼓吹的"中国威胁论""中国崩溃论""中国傲慢论""中国掠夺论""中国搭便车论"等一系列毫无事实依据的论调①,不仅在国际媒体上大行其道,甚至在中国国内也有一些别有用心的学者附和,其目的不外乎是打压、围堵、"唱衰"中国,从而实现打压中国话语权的目的。

尽管针对中国的"和平演变"战略已经彻底失败,但是以美国为首的西方国家仍未放弃打压中国、围堵中国、演变中国的企图,各种国际组织及国际会议以及相关的大型国际活动无疑是最好的下手机会。过去有的时候,西方国家在对中国下手时往往善于瞅准时机,有时甚至令中国措手不及。比如,2008年北京奥运会前夕,西方媒体集中关注2008年3月14日中国发生的"拉萨事件"、"藏独"势力,将其纳入新闻议程,并且经由西方舆论的大肆渲染,将世界人民的目光聚焦到了对所谓的"中国安全"的质疑上。又如,自1990年起,以美国为首的西方国家每年都要在世界人权大会上对中国的人权问题发难,企图以人权为推手干预中国的内政。甚至是源于美国进而席卷世界的2008年金融危机,西方居然也将矛头指向了中国,诬蔑说是中国人民储蓄率过高而引发欧美国家的金融危机。此外,人民币汇率也是西方国家指责中国的惯用工具。在2009年年底的哥本哈根世界气候大会上,西方国家以中国是大国为由要求中国承担超出自己能力与责任的减排目标和任务。世纪之交,中国虽然发展很快,但是还不太适应国际话语权的激烈斗争。这里一个主要表面因素在于中国始终坚持走社会主义道路,但意识形态也只不过是原因之一,事实上只要中国发展势头不减,不管中国走什么道路都会引起西方国家尤其是美国的焦虑不安。

二、西方国家利用自身的话语霸权压制中国

世纪之交,中国备受西方强势话语的围堵、压制、攻击。一般来说,当中国对西方国家在国际社会的胡作非为视而不见时,西方国家对中国的

---

① 如美籍华人章家敦多次抛出所谓"中国崩溃论",希拉里2012年在哈佛大学演讲时声称"20年后,中国将会成为一个非常贫穷的国家",奥巴马多次声称"中国搭了美国便车"。

攻击会稍微缓和一点；一旦中国秉持自己的价值观去关注国际交往及呼吁公正处理国际争端时，西方国家便会歇斯底里地攻击中国。例如，针对20世纪末21世纪初以美国为首发动的或积极参与的科索沃战争、伊拉克战争、阿富汗战争、利比亚战争、叙利亚战争等一系列国际冲突，中国始终主张以和平手段处理冲突，反对动辄使用武力，揭露了西方国家的险恶用心，得到了广大发展中国家的赞同，却也招致了西方国家的忌恨和报复。为了报复中国在这些冲突中不与以美国为首的西方国家合作，这些国家故意拿中国的人权说事，利用其国际话语霸权地位，抢占所谓的人道主义道德高地，长期恶意攻击中国人权状况。同时，在中国加入世界贸易组织前，美国每年都会将中国的人权状况与给予中国最惠国待遇联系起来，不厌其烦地一年一审，完全是利用自己的话语霸权打压中国。

西方国家还经常粗暴干涉中国内政。与众多的多民族国家一样，中国也饱受民族分裂主义侵扰之苦。中国政府粉碎国内民族分裂势力的正义之举，却频遭西方媒体的话语攻击和不公正待遇，西方媒体在这类事情上甚至故意颠倒黑白。例如，在对2008年西藏"3·14"事件、"东突"恐怖分子先后制造的2013年10月28日撞击天安门金水桥及2014年3月1日昆明火车站袭击平民等暴力恐怖事件的新闻报道中，在关于西藏和新疆问题的历史和现实的西方表述上，西方国家完全违背基本的事实指责中国。虽然在国际上以这些问题来指责中国的是少数发达国家，但是它们的声浪却盖过众多发展中国家。

本来世界各地恐怖主义的性质与表现都是一样的，中国也深受恐怖主义之害，但是西方国家却执掌了恐怖主义定义的"解释权"，在判定恐怖主义时故意执行双重标准，给中国打击境外"三股势力"的国际合作制造障碍。类似的黑白颠倒和恣意妄为充分说明，话语霸权已经成为西方世界推行压制、遏制中国整体战略的重要手段，话语权领域的国际斗争已经成为国家间竞争的重要战场。

三、西方国家利用自己的传播平台及媒体资源的优势，打压中国的话语权

据统计，当今世界有影响的大型传媒集团大约有300家，其中美国144家，占比50%；欧洲80余家，占比27%；日本49家，占比为16%。总体来看，美国及其他发达国家控制了全球90%的媒体。[①] 进入21世纪尤其是

---

① 《新世纪新阶段的政治宣言和行动纲领》，中国人民大学出版社2002年版，第134页。

特朗普上台以来，美国虽然在世界上的经济地位有所下降，但在媒体世界的话语地位依旧。美国在媒体界的影响力远超其经济实力在世界的比重，它依然拥有着全球新闻、文化传播和影响全球舆论的超强能力。笔者认为，在可预见的将来，其他任何国家都不可能在传媒领域对美国构成威胁和挑战，自然也就不可能挑战美国的话语霸权。凭借美国强大的平台优势及资源优势，美国文化产品独步天下。美国人口只占世界总人口的5%，但美国的电视节目生产制作却占全世界75%，每年向世界其他国家发行的电视节目总时长达30万小时，世界各地播出的新闻90%以上由以美国为首的西方国家媒体制作出来。不仅如此，许多发展中国家的电视节目有60%～80%的内容也来自美国；但是在美国国内播出的电视节目中，外国节目的占有率仅有1.2%。① 在过去很长时间里，欧美几大媒体几乎成为"权威公正"的代名词，《纽约时报》《华盛顿邮报》《华尔街日报》等几家世界最有影响力的报纸长期以来已成为世界各国政要、世界各国金融人士必须时常关注的对象。那个时期在全世界许多地方，每当人们翻阅报纸、收看电视、浏览网站，耳闻目睹的信息还是以来自美国的居多。这种无可匹敌的传媒综合实力、充裕厚实的传媒资源供给、无处不在的美国声音，必然直接导致美国超强的话语霸权形成，人们难以想象在美国话语所到之处如何能做到不被其左右。这种不正常局面的形成固然有其历史原因，比如英语作为通用的国际语言为这种局面的形成提供了便利条件。根据有关统计，互联网上有90%左右的信息是以英语作为传播载体。② 更重要的是，美国多年来一直重视如何打造各种平台传播自己所生产的各种信息，并且不断挤压发展中国家的话语空间。2018年10月，美国政府及一些媒体炒作斯里兰卡、肯尼亚因为从中国贷款而陷入债务陷阱；2018年10月18日，美国国务卿蓬佩奥访问加勒比海地区，声称中国企业在拉美搞掠夺性经济活动，还毫无根据地表示中国对埃及的投资是对该国的经济威胁。③ 尽管这种说法没有任何依据，相关国家也出来澄清事实，但在一些西方国家依然有市场。④

除美国外，像英国、法国、德国、俄罗斯、日本等国，也凭借各自的国家综合实力以及它们在语言、文化、历史传统等方面的优势，成为当今

---

① 姜飞：《美国的传播霸权及其激发的世界范围的文化保护》，《对外大传播》2005年第4期。
② 薛中军：《中美新闻传媒比较：生态·产业·实务》，复旦大学出版社2005年版，第11页。
③ 《西方借斯局势炒作中国"债务陷阱" 专家：唯恐天下不乱》，《中国经济报》2018年10月29日。
④ 今天西方媒体的公信力已遭到极大削弱。特朗普任总统时，就特别反感CNN、《纽约时报》《华盛顿邮报》等老牌媒体，直呼它们是"fake news"（假新闻）。

跨区域的文化语言传播大国。

西方国家的声音无处不在，中国的媒体出到国外几乎没有话语影响力；即使在中国国内，中国媒体的话语权也面临着来自欧美媒体的挑战。也就是说，无论在国内还是国外，中国媒体的话语权都受到欧美的打压。

中国媒体的发声之所以在过去一段时间里在海外没有产生巨大的影响，关键在于其在话语权领域没有掌握与西方世界有效斗争的手段。西方社会成天盯着中国的新疆、香港、西藏、台湾、南海等地，拿中国的内政说事。而中国媒体对于他们存在的敏感问题，如英国的北爱尔兰问题、苏格兰的公投、与阿根廷的马岛之争，美国国内根深蒂固的种族歧视问题、毒品及枪支泛滥问题，加拿大、澳大利亚等国的原住民所受的屈辱和伤害等，在以往很少做出深刻揭露。但是近段时间，中国外交部门以及主要媒体增加了就这些问题发表意见的频次，可以看作是对于西方"双重标准"言行的反击。

四、西方国家人为地控制话语权的流向，使得话语主要从发达国家流向中国等发展中国家

对国际话语流向进行人为控制，中国以往在这方面意识和经验都比较欠缺。相反，西方国家一直严格把控话语的内容和流向，对于如何从技术层面上打压中国话语权驾轻就熟。关于这一点，学者边芹曾在《人民日报》上发表过一篇题为《话语的流向》①一文，以翔实的材料证明，许多西方国家已经把话语权的构建上升到政治高度，成为一项被精心操控的巨大工程。

西方国家的政客及媒体从业人员深知，一个国家要想抢占文明制高点，就必须占据道德高地，牢牢地控制话语权的流向，只有如此才能进入国际谋略的中心，才能真正拥有国际话语权。大致来说，西方国家的一般策略是，让自己的话语畅通无阻地流向中国及其他发展中国家，同时阻止中国及其他发展中国家的话语流向西方国家。当今这个世界所谓的"拥有话语权"，其本质就是这样。

话语的流向堪称一场没有硝烟的战争。法国一位懂汉语并且专门研究话语流向的学者洞悉当前中西方话语权的控制与反控制现状后，深为中国忧虑，因为他发现中国在这场西方国家图谋已久的话语权战争中没有做好准备，根本没有认识到问题的严重性。在他看来，发达国家几乎所有资讯都可以传播到中国，畅通无阻；而中国很多资讯在西方的人为阻滞下根本无法流向西方。

---

① 边芹：《话语的流向》，《人民日报》（海外版）2011年6月15日。

各种体育比赛和艺术节就是一个很好的例子。发达国家极力把自己国内的各种体育比赛向全世界推销，如欧洲杯足球比赛、欧洲足球五大联赛、英国斯诺克公开赛、职业网球公开赛、美国职业篮球赛，还有各种电影节、艺术节等，既开发了中国市场，又培养了一群忠实拥趸。而中国的各种国际性比赛、各种文化艺术节，不管有没有外国人参加，欧美国家基本不予报道。

西方国家极力封锁中国及其他发展中国家近年来的信息，这样一来，东方人对于西方的认知远比西方人对东方的认知多得多。以法国为例，法国民众对于中国近年来的变化了解不多，几乎是两眼一抹黑，"新闻自由"更多是"操纵自由"。比如"嫦娥二号"上天的新闻被法国媒体过滤了；法国人也不知道中国的高铁比法国的高速列车快；普通法国人甚至不知道中国有退休制度，不知道中国妇女与男人同工同酬（法国妇女平均工资比男人少30%）；不知中国能用高科技织布（至今多数民众认定中国人连织布技术都要偷法国的）、炼铁、造汽车；很多法国民众对于中国的历史以及近代英法殖民者对中国所犯的罪行更是一无所知。

掌握话语权的国家与话语权缺失的国家之间这种不对称的话语流动状况，足以证明话语的流向绝不是自发的，而是人为把控好的"人工渠"，是有意识的接力的传递过程。话语权的争夺绝对不是一场公平游戏，而是从一开始就设计好了方向。"构建自身和解构对手的'话语平台'两者缺一不可；这里面更不存在偶然，'从天而降'的馅饼无一例外都落在被挑中的人手里；话语是现代战争的标准武器，话语流向事关国家与文明的生死存亡，像打仗一样需要知己知彼，精心谋划。"① 但在话语权战争中，中国在过去一段时间基本处于守势，主动进攻则显得不足。

第二节 周边国家及广大发展中国家对中国国际话语权的支持不足

一、中国需要周边国家及广大发展中国家对于自己国际话语权的支持

中国要赢得国际话语权，首先要力争获取地区话语权，即在中国周边地区确立自己的话语权。不过，周边国家对中国的猜疑及不信任始终存在。

---

① 边芹：《话语的流向》，《人民日报》（海外版）2011年6月15日。

第六章 世纪之交中国提升国际话语权受到的制约

中国要赢得国际话语权,同样需要广大发展中国家的支持和尊重。如果这二者都不能支持中国的国际话语权,势必会影响到中国国际话语权的提升。

改革开放40多年来,中国与世界各国建立了广泛而紧密的经济文化联系。据中国外交部官方网站公布,截至2019年9月,中国已经与180个国家建立了正式的外交关系,迎来了对外交往最好的时期。① 习近平总书记在党的十九大报告上总结道:"全方位外交布局深入展开。全面推进中国特色大国外交,形成全方位、多层次、立体化的外交布局,为我国发展营造了良好外部条件。实施共建'一带一路'倡议,发起创办亚洲基础设施投资银行,设立丝路基金,举办首届'一带一路'国际合作高峰论坛、亚太经合组织领导人非正式会议、二十国集团领导人杭州峰会、金砖国家领导人厦门会晤、亚信峰会。倡导构建人类命运共同体,促进全球治理体系变革。我国国际影响力、感召力、塑造力进一步提高,为世界和平与发展作出新的重大贡献。"②

不可否认,改革开放以来,中国外交成果堪称丰硕,但是众多国家与中国建交并不意味其真心支持中国国际话语权(尤其是西方发达国家鲜有支持中国国际话语权者)。周边国家及绝大多数发展中国家之所以与中国有着密切的往来,更多是希望进一步加强与中国的经贸交流与合作,有的甚至是为了从中国获取更多的利益。在对中国国际话语权的支持方面,则明显支持不够。这无疑极大地制约了现阶段中国国际话语权的提升。

二、南海周边国家并不真心支持中国国际话语权不断提升

中国与菲律宾、越南、马来西亚等国在南海的岛礁及海域方面的争端由来已久,这些国家与中国的关系时好时坏,对中国提升国际话语权并不热心。中国提出"一带一路"倡议之后,一些东南亚国家一度希望借美国和日本的力量来制衡中国的地区影响力以及话语权,在这个问题上,越南、菲律宾和新加坡三国表现得十分活跃。

越南与菲律宾同属发展中国家,也是在南海与中国存在岛礁争议最多的两个国家。随着南海发现并开发出油气资源,这两个国家与中国的关系

---

① 《中华人民共和国与各国建立外交关系日期简表》,外交部网站,https://www.fmprc.gov.cn/web/ziliao_674904/2193_674977/。

② 习近平:《决胜全面建成小康社会,夺取新时代中国特色社会主义伟大胜利——在中国共产党第十九次全国代表大会上的报告》,人民出版社2017年版,第7页。

就明显不同往昔。虽然中国政府本着"亲、诚、惠、容"的睦邻友好理念处理与邻国的关系,但是在西方国家及日本的挑唆之下,中国与越南、菲律宾的交往过程中始终笼罩着阴影。最明显的是2014年上半年,中越两国在南海持续了较长时间的撞船冲突;而菲律宾更是在美国的支持下,于2013年1月向国际仲裁庭申请仲裁中菲两国在南海的海域争端。当越南、菲律宾觉得自己实力不够时,引进外援也就成了必然的选项。菲律宾和越南分别在2013年和2015年接受了日本的大量军事援助。① 而美国自2010年宣布重返亚太以来,与菲、越两国的军事合作明显增强。

随着中国在南海影响力的不断增加,马来西亚对中国的态度发生了转变。近年来,马来西亚也不断地在南海展开军事演习,并对中国在南海的军事行动做出激烈批评。② 2018年,马来西亚总理纳吉布下台,93岁的老将马哈蒂尔出任新一届总理,对于此前中马达成的多项合作协议,马哈蒂尔并不打算全部履行。这既不利于中马交往的进一步推进,也从实质上削弱了中国在周边国家的话语权。

新加坡作为一个与南海争端无关的国家,在打压中国国际话语权方面积极配合美国。近几年来在整个南海争端的处理过程中,新加坡一直积极挑大南海问题,选边站队,虽然宣称自己从不结盟,但是事实上却坚定地站在美国一边。在这一点上,新加坡做足了功课。第一,新加坡向美国指点迷津。新加坡虽然与中国经济联系密切,但一直对中国的发展怀有戒心,在打压中国的国际话语权方面更是走在他国前面。事实上,2010年美国提出重返亚太就是新加坡出的主意。这个信息是美国前总统奥巴马在2015年对新加坡前总理李光耀去世表示哀悼时透露的。据奥巴马回忆,2009年李光耀的一席话启发了他的亚太再平衡战略的形成。他还称赞李光耀是"了不起的战略家",对于亚洲的发展动态及国际局势的掌握有先见之明。③ 第二,新加坡多次在国际场合大谈特谈南海问题。2012年9月8日,亚太经合组织领导人非正式会议在俄罗斯举行,会议期间,新加坡总理李显龙与时任菲律宾总统阿基诺三世会面时谈到了南海问题,阿基诺三世当面对李

---

① Anh Duc Nyuyen. "How China Boosts Japan's Security Role in Southeast Asia". May 16, 2016. http://thediplomat.com/2016/05/how-china-boosts-japans-security-role-in-southeast-asia.

② Chang F. K. "A Question of Rebalancing: Malaysia's Relations with China". Foreign Policy Research Institute, July, 2014. http://www.fpri.org/article/2014/07/a-questoin-of-rebalancing-malaysia-relations-with-china.

③ 《奥巴马:李光耀启发了我的亚太再平衡战略》,《参考消息》2015年3月23日。

显龙表示,"感谢新加坡支持菲律宾对南海问题的立场"。① 2016年7月12日南海仲裁决议出来之后,新加坡是东盟众多国家当中唯一一个明确支持仲裁决议的。过了不到一个月(8月6日),新加坡总理李显龙访美,在记者会上,李显龙声称新加坡希望各国都能尊重国际法,接受南海仲裁裁决的结果,② 实际上是公开支持菲律宾,向中国领导人喊话。一个多月后,即9月21日,第17届不结盟运动峰会在委内瑞拉首都加拉加斯召开,这为新加坡再次炒作南海问题提供了很好的机会(中国是不结盟运动的观察员,未能与会)。据说在这次会议上,"新加坡曾执意要求塞入为菲律宾南海仲裁案背书的内容,企图强化成果文件涉南海内容,由于多个国家明确反对未能得逞"③。9月28日,李显龙访问日本,在两国领导人的记者招待会上,李显龙再次重弹南海仲裁的老调,呼吁中国领导人遵守南海仲裁决议。④ 事实上,自2010年以后,新加坡在各种国际大会小会上,只要中国不在场,必然炒作南海问题。第三,向美国提供军事基地。从2001年开始,新加坡的樟宜军事基地成为美国在南海地区重要的军事驻地和补充基地,这里长年累月驻泊有美军濒海战斗舰、两栖攻击舰、P-3C反潜机、伯克级导弹驱逐舰等;在其他海域执行任务的美国的航母及其他战斗舰船也经常停靠在新加坡进行补给。新加坡成为美军介入南海事务,牵制中国在南海的军事力量,威胁中国能源补给线的重要支点。

三、在中国周边地区,日本也一度借助美国的力量限制中国国际话语权

前首相安倍晋三领导下的日本不仅与美国在防务方面进一步深化合作,同时积极拉拢南海周边国家,介入南海争端。⑤ 日本重要领导人如首相、外相、防卫大臣等频繁与越南、菲律宾、新加坡领导人会见,向这些国家表明日本坚决支持南海仲裁决议的立场;同时,日本还不断向欧洲国家呼吁,希望欧洲国家与美国、日本站在同一立场。

---

① 《菲媒称菲律宾对南海问题立场获新加坡支持》,《环球时报》2012年9月9日。
② 《新加坡声称南海仲裁强而有力》,《联合早报》2016年8月6日。
③ 《新加坡在不结盟峰会妄提南海仲裁,多国反对》,《环球时报》2016年9月21日。
④ 《新加坡再搅南海局势,李显龙与安倍提南海秩序》,《环球时报》2016年9月29日。
⑤ 汪树民:《南海仲裁后中国面临的困境》,《中共云南省委党校学报》2017年第6期。

2013年7月，安倍晋三访问菲律宾，主要目的是联合菲律宾向中国施压。① 2013年12月，日本国会制定《国家安全保障战略》，提出将要大幅度增加日本的国防经费。日本增加国防经费的真正目的是抵消中国在亚洲的影响力，削弱中国在亚太地区的话语权；但是他们所找的借口却是——"中国不顾日本和周边国家的感受和一直以来的态度，试图凭借自身近年来发展起来的力量，改变东海和南海的现状"②，完全是颠倒黑白。

为了打压中国的国际话语权，日本还突破"和平宪法"对其向海外派兵的限制，于2014年10月首次参加了美国与菲律宾组织的海上登陆演习。与此同时，日本还主动向菲律宾及越南等国赠送海上防卫装备，以增强越南、菲律宾等国海上执法能力。2015年5月22日，日本又派自卫队参加了美军和菲律宾的联合军事演习，显示了日本要在南海问题上遏制中国的鲜明立场。这一举动也是日本海上自卫队海外行动的巨大突破。③

日本还积极游说欧洲在南海问题上发声，打压中国在南海地区的话语权。2016年5月上旬，安倍晋三出访欧洲，会见意大利时任总理伦齐、法国时任总统奥朗德，要求意法两国在南海问题上支持日本的立场。外相岸田文雄则访问了泰国、缅甸、老挝、越南等东盟重要成员国，在与这些国家领导人会谈时，不厌其烦地谈论南海问题，甚至声称南海问题相当紧迫，还表示"日本政府对于中国在南海不断强化军事化深表担忧"。④

日本是第一个站出来表态支持南海仲裁决议的国家。2016年7月12日17点，备受世界各国瞩目的南海仲裁案决议出炉。在仲裁结果公布5分钟后，即17点05分，日本外相岸田文雄召开记者招待会，声称根据《联合国海洋法公约》有关规定，国际仲裁庭有关南海问题的裁决为最终结果，对中国和菲律宾两国都具有法律约束力，两国都应该接受裁决。2天之后（7月14日），日本自卫队幕僚长河野克俊也出来发表声明，声称南海仲裁案裁决有足够的影响力，中国作为国际上的大国应该遵从国际规则，而对于日本在国际仲裁庭的组建过程中的种种小动作只字不提。

2016年7月15日，在蒙古国首都乌兰巴托召开了第十一届亚欧首脑峰

---

① 《日本首相安倍晋三访问菲律宾》，《光明日报》2013年7月27日。
② 《日本批准国家安全保障战略》，《英国金融时报中文版》2013年12月18日。
③ 《菲律宾分别与美国日本举行联合军演》，新华网，2015-06-22，http://www.chinanews.com/gj/2015/06-22/7358736.shtml。
④ 《日本经济岌岌可危，赴京求援，离开后却放刀》，搜狐网，2016-07-19，http://www.sohu.com/a/106589559_157495。

会，安倍晋三也是这次会议的嘉宾。① 安倍晋三借此机会拉拢各国向中国施压，并在会议的第一天就提出要将南海问题作为会议议题。为此，安倍还特地会见了与会的菲律宾时任外长亚赛和越南时任总理阮春福，以寻求越、菲两国对日本的这一主张的支持。

四、与中国没有任何领土纠纷的澳大利亚也一直配合美国打压中国的国际话语权

澳大利亚与中国经济有着很强的互补性，早在2007年，中国就已成为澳大利亚最大的贸易伙伴和出口目的地，也是澳大利亚最大的外贸顺差来源国。中国是澳大利亚矿产资源的最大买主，也是其红酒的重要进口国。同时，中国还是澳大利亚最大的留学生生源国。② 相当一部分先富起来的中国人到澳大利亚投资置业，而前往澳大利亚旅游观光的中国游客更是一年比一年多。2016年中国赴澳游客达到120万人次。2017年是"中澳旅游年"，中国游客赴澳热情更加高涨。据相关机构统计，2017—2018年度中国赴澳旅游人数突破140万人次，中国成为澳大利亚第一大客源地。③ 另据澳大利亚外国投资审查委员会（Foreign Investment Review Board）的数据显示，近几年来中国已经成为澳大利亚最大的投资国，截至2016年，中国投资者在澳投资总额达473亿澳元，其中大部分为房产投资，把排在第二位的美国远远甩在后面。④ 面对自己的最大贸易伙伴，澳大利亚却不忘打压中国的话语权。2017年11月，澳大利亚政府发布《外交政策白皮书》，故意夸大中国对本国的威胁。白皮书声称澳大利亚"对于中国在世界上日益增大的影响力感到非常忧虑"，澳大利亚政客甚至毫无根据地表示，中国日益增加的力量极有可能导致本地区不确定性和危险性增加。⑤

由于澳方的歪曲和故意渲染，自2016年以来，中澳关系明显在走下坡

---

① 《亚欧首脑会议"过道外交"：中俄德欧首脑交谈 日本首相安倍加入》，观察者网，2016 - 07 - 15，https://www.guancha.cn/strategy/2016_07_15_367622_s.shtml。

② 《2017年23.2万，为什么中国留学生更偏向去澳洲》，看准网，2018 - 04 - 13，https://www.kanzhun.com/news/76042.html。

③ 《2017年中国赴澳洲旅游人数将突破140万人次》，搜狐网，2017 - 09 - 26，http://www.sohu.com/a/194799060_100020062。

④ 《根本停不下来，看看中国人在澳洲投资置业有多疯狂》，搜狐网，2017 - 07 - 04，http://www.sohu.com/a/154268996_633284。

⑤ *2017 Foreign Policy White Paper*. https://www.fpwhitepaper.gov.au/files/2017foreign - policy - white - paper.pdf.

路。随着特朗普上台,中美贸易战全面爆发,夹在中美之间的澳大利亚一方面在与中国的经济往来中获得了巨大的利益,一方面基于意识形态与战略认同又跟在美国后面充当美国打压中国的帮凶。近几任澳大利亚总理——阿伯特、特恩布尔与莫里森在大肆赚取中国外汇的同时也在不断掏空中澳双方友好的基石。澳大利亚一参议员因为接受华商的捐赠,经媒体的炒作而被迫辞职。这一事件在澳大利亚国内引发了关于"中国政治渗透"的大讨论,澳政府以此为借口,出台了新的《反间谍和外国干预法》。① 事实上,近年来,澳大利亚国内反华事件不断上演。例如,以国家安全为由,拒绝中国国家电网公司投资新南威尔士州电网公司;② 澳大利亚情报部门甚至声称受到中国的情报渗透和间谍威胁;③ 还无端指责中国对澳大利亚进行网络攻击,④ 等等。2016年7月25日,即南海仲裁案结果公布不到10天,澳、美、日三国随即发表联合声明,公开谴责中国的南海行为主张,要求中国确保南海水域"航行自由",遵守南海仲裁庭的最终仲裁结果。⑤ 澳大利亚作为南海域外国家,经常派军舰出入南海海域,在南海周边刷存在感,打压中国在南海地区的话语权。2017年9月至11月,澳大利亚以"地区安全合作"为由,出动9艘军舰进入南海海域,举行"印度洋—太平洋奋进2017"军事演习。该演习持续3个月,其主要目的是彰显澳大利亚在南海的军事存在,同时提升与越南、菲律宾等东南亚国家的军事合作关系。⑥ 在澳大利亚2016年和2017年的国防白皮书里,堪培拉连批评中国在南海的填海工程及基础设施建设。进入2018年,澳大利亚在南海的活动依然活跃有加,与越南的往来尤为密切。2018年3月17日,澳大利亚在悉尼邀请东盟国家领导人召开东盟—澳大利亚特别峰会,并在这次峰会上与越南达成了南海合作声明;⑦ 2018年4月,澳大利亚派遣3艘军舰到访越南,挑衅中国

---

① 《因澳大利亚媒体炒作中资捐款事件 华商辞去智库职位》,观察者网,2016-09-24,https://www.guancha.cn/global-news/2016_09_24_375339.shtml。
② 《国家电网和长江基建购澳大利亚电网遭拒》,中国电力电子产业网,2016-08-23,http://www.p-e-china.com/neirz.asp?newsid=87867。
③ 《澳情报机构指责中国渗透,将华列为"极端威胁"》,《环球时报》2018年2月1日。
④ 《中国被列最大"网络攻击"源头,澳教授:夸大威胁》,环球网,2013-01-24,http://world.huanqiu.com/exclusive/2013-01/3578370.html。
⑤ 《外交部发言人陆慷就日本、美国、澳大利亚发表联合声明涉南海、东海问题事答记者问》,外交部网站,2016-07-27,https://www.fmprc.gov.cn/web/fyrbt_673021/t1385098.shtml。
⑥ 《澳大利亚海军精锐尽出来南海,吓唬人还是争宠》,《环球时报》2017年9月20日。
⑦ 《东盟—澳大利亚峰会在悉尼闭幕》,搜狐网,2018-03-19,http://www.sohu.com/a/225891265_402008。

的意味相当浓厚。可以说，澳大利亚已经不再将自己视作南海域外的国家，而是积极关注事态的发展，并试图在南海反制中国。

澳大利亚还跟在美国之后，以国家安全为由，编造莫须有的理由打压中国通信产品。2018年3月，澳大利亚国防部向外界宣布，它们将不再使用华为手机和中兴通讯手机。其之所以做出这一决定，主要是受到美国的影响。稍后不久，澳大利亚有关部门又以安全为由，紧跟美国之后通知中国华为和中兴公司，禁止它们为澳大利亚提供5G技术。① 2018年11月7日，澳大利亚政府以国家安全为由拒绝了中国香港长江实业旗下长江基建以130亿澳元收购澳洲最大天然气管道运营商APA集团的计划。② 在今后的一段时间里，澳大利亚配合美国打压中国的动作估计仍不会停止。③

五、作为中国的邻国，印度一直与中国争夺地区的话语权

印度作为世界上有影响的发展中大国，又是中国的邻国，在与中国争夺地区话语权的问题上一直很活跃。④ 自独立以来，印度就立志做一个"有声有色的大国"，成为南亚的霸主，并肆意干涉邻国内政。因此，中国与尼泊尔的经贸合作、与斯里兰卡的合作中总会遭到印度的各种无端猜忌。⑤ 2013年下半年，中国国家主席习近平提出建设"丝绸之路经济带"和"21世纪海上丝绸之路"（"一带一路"）的倡议后，引发全球强烈反响，很多国家公开表示愿意积极加入。但是印度却对中国的"一带一路"倡议并未公开表态，实际上，印度对中国的"一带一路"倡议带有明显偏见。有学者分析，印度国内对于中国的"一带一路"倡议有五种观点：一是霸权论，认为中国提出"一带一路"倡议真正的目的是与美国争夺国际领导权，把中国的影响扩展到印度洋地区。二是黑箱论，认为"一带一路"是中国政府提出的空洞倡议，缺乏具体的内容，难以看出中国政府的真正目的。三是围堵论，认为中国政府提出"一带一路"倡议会对印度在南亚地区的主

---

① 《澳大利亚禁止华为提供5G技术，华为表示：将采取一切可能的法律措施》，凤凰网，2018-08-24，http://tech.ifeng.com/a/20180824/45137930_0.shtml。
② 《澳大利亚一边和中国做着150亿的生意，一边却阻止中企进入国内》，中油网，2018-11-09，http://www.cnoil.com/oil/20181109/n90565.html。
③ 针对澳大利亚政府的一系列反华言论与行为，中国政府已采取了一系列有效的反制措施。
④ 《抓捕中国公民：中印在尼泊尔的较量》，腾讯网，2011-01-21，http://view.news.qq.com/zt2011/china_india/index.htm。
⑤ 《印情报局妄测中国往尼泊尔派间谍监视印度》，《环球时报》2009年10月2日。

导权产生冲击,甚至有可能是中国围堵印度的一个计划。四是竞争论,认为"一带一路"倡议是与美国"新丝绸之路"、TPP、日本亚洲经济走廊、印度"向东看"等相竞争的战略,印度应当提出与之相竞争的战略计划。五是合作论,认为中国的"一带一路"倡议也会给印度带来机遇,中国这一计划对于印度来讲是利大于弊。① 不过,合作论者在印度影响力很小,大多数人都认为中国的"一带一路"倡议是对印度的威胁,是一种不友好的战略。所以,印度从上到下缺乏真正支持中国国际话语权的声音及行动。

六、中美贸易战爆发以来,公开支持中国立场的国家不如预期

虽然中国与周边国家的关系得到了很大改善,但是周边国家依然没有改变他们的摇摆政策,他们更愿意在中美两国交锋中左右逢源,以谋求利益最大化。许多从"一带一路"倡议中受惠的亚非发展中国家,面对中国所遭受的来自美国的打压和不公正对待,往往是保持沉默。"一带一路"倡议的受惠国之所以对于美国打压中国的贸易战保持沉默,一个原因是得罪不起美国,另一个重要的原因还在于在一定程度上中国在贸易战中所遭受的损失正是他们所获得的利益。一些经济学者认为,中美贸易摩擦升级,将迫使中美两国寻找第三国的替代供应商,也可能让中国周边国家尤其是越南及非洲国家因祸得福。② 事实上,作为中国产品的重要替代国,2018 年越南等国与美国的贸易量迅速提升。③ 这也从另一个角度证明当前中国的国际话语权影响力仍然不能与欧美强国相提并论。

面对美国针对中国发动疯狂的贸易战,绝大多数国家保持沉默,也是由于害怕美国转而打压自己。美国与以往的西方大国一样,以为武力能够解决一切问题,所以动不动就露出自己的獠牙,虽然有少数国家不吃这一套,但对绝大多数中小国家还是有一定的恐吓作用。

---

① 梅冠群:《印度对"一带一路"的态度变化及其战略应对》,《印度洋经济体研究》2018 年第 1 期。
② 《非洲国家密切关注中美贸易战》,商务部网站,2018 - 08 - 07,http://www.mofcom.gov.cn/article/i/jyjl/k/201808/20180802781608.shtml。
③ 《2018 年上半年越南对美国出口查鱼将保持增长》,商务部网站,2018 - 06 - 27,http://www.mofcom.gov.cn/article/i/jyjl/j/201806/20180602755710.shtml。

第三节　过去一段时间中国自身掌控
国际话语权的经验不足

世纪之交中国国际话语权的不足与中国掌控国际话语权的经验不足也有很大关系。

一、话语设置能力仍有待提高

话语权的设置是话语权有无的关键。讨论什么很重要，也很关键。国与国之间的对话交流不可能什么都谈，总得分清主次。世事千千万，哪些可以讲，哪些不可言，这就是话语权设置的重要体现。在媒体极为发达、信息传播几乎畅通无阻的全球化、信息化时代，国际社会对一国的认知与评价很大程度上来自媒体的描述与评价，而那些所谓权威媒体的报道与评价就显得格外重要。到底哪些与中国有关的内容能登上国际权威媒体，中国能否左右别国媒体对自己的描述与评价，这就是国际话语权的议程设置能力。事实上，作为国际议程设置最重要的主体——国家，其在国际议程设置上所体现出的意向及相应的能力，直接关系到本国能否在国际社会得到自身所期望的客观的认知评价，因而也成为一国国际话语权的重要考量指标。在这一点上，中国主导话语的能力还比较缺乏。

中国过去缺乏自己独立的话语体系。以往在讨论国际话语权时，中国方面在很大程度上受制于西方术语、概念、范畴与理论。① 如民主、法治、平等、自由等概念，西方国家已经建立了一套固定的话语体系，中国在谈论这些话题时亦难免受其影响。中国理论界一直在摸索如何来很好地讲清楚中国的过去（历史文化传统）、现在（基本国情及中国社会主义道路、制度的合理性及独特性）与未来（主要是中华民族最深沉的精神追求，中国进一步发展的价值理想及文明方向）。当理论和话语表达不能够充分达到习

---

① 方兰欣：《中国国际话语权提升的制约因素、战略机遇与核心路径》，《学术探索》2016年第9期。

近平总书记提出的"四个讲清楚"① 要求时,也就表明,一方面中国的话语体系不能准确地用外语阐述自己的内外政策(西方国家对中国的很多政策存在明显的误解),另一方面是西方社会对于中国各个方面的故意误读。

因为话语权缺失,中国的舆论在评论国际国内事务也难免会跟随西方媒体的声调人云亦云,评价标准是西方的,议程也是由西方话语霸权国家设定的,难有中国的议程。比如针对中国的减排问题,中国的政治发展进程问题,中国法制建设面临的问题,所有的批评都聚焦中国当下与西方国家仍然存在差距的领域,完全不顾当前中国发展的实际阶段以及改革开放40多年来中国所取得的巨大成就。西方媒体完全用西方的标准来衡量中国的发展现状,相当于用成人标准来衡量一个未成年人的发展状况,这是一种极不合理的做法。事实上,中国的价值观与西方的价值观有本质的区别,中国的发展程度也与西方国家存在着明显的差异。西方国家生搬硬套自己的那套所谓三权分立、自由、民主、人权来裁量中国的现状,是典型的西方话语权的滥用,也反映了中国话语权的严重缺失。

对于西方攻击中国的各种话语,中国的应对有时候不得要领,没有对症下药,因此很难争得主动权。打开电视、翻开报纸、点开网站会发现,对于当今世界所发生的种种事件,鲜能听到中国的声音,即使有些许中国声音也不够响亮。这固然与中国的传统有关——即中国对于其他国家尤其是西方国家的内部事务很少主动关注及发表意见。自从东西方发生交往以来,中国从来就不曾插手西方国家的内部事务,更不会想过要加害西方国家。不过西方对中国的态度就完全不一样,这么多年来西方国家从未停止过干涉中国事务,甚至多次设局构陷中国。如此作为,他们不仅毫无羞耻感,还常常振振有词,甚至已经成为某些西方政客及媒体工作的一部分。比如香港回归已经有 24 年了,英国政府还要定期发布《香港问题半年报告》,对于中国的内政横加干涉。此外,英美等国还经常就纯属中国内政的台湾问题发表评论,同时暗地里一直在煽动"三股势力"兴风作浪,唯恐

---

① 习近平总书记在 2013 年 8 月 19 日召开的全国宣传思想工作会议上发表的重要讲话指出,在全面对外开放的条件下做宣传思想工作,一项重要任务是引导人们更加全面客观地认识当代中国、看待外部世界。宣传阐释中国特色,要讲清楚每个国家和民族的历史传统、文化积淀、基本国情不同,其发展道路必然有着自己的特色;讲清楚中华文化积淀着中华民族最深沉的精神追求,是中华民族生生不息、发展壮大的丰厚滋养;讲清楚中华优秀传统文化是中华民族的突出优势,是我们最深厚的文化软实力;讲清楚中国特色社会主义植根于中华文化沃土、反映中国人民意愿、适应中国和时代发展进步要求,有着深厚历史渊源和广泛现实基础。见《习近平在全国宣传思想工作会议上强调:胸怀大局把握大势着眼大事,努力把宣传思想工作做得更好》,《人民日报》2013 年 8 月 21 日。

中国不乱。而中国对于英国的北爱尔兰问题、苏格兰问题，法国的科西嘉岛独立问题，土耳其的库尔德人问题，德国的历史问题，西班牙的加泰罗尼亚分裂主义问题等都仍始终坚持不干涉别国内政的原则。中国总以为我不犯人，人亦不会犯我，其实不然。西方国家是典型的欺软怕硬，所以如何对西方的无理举动进行有理有节斗争，需要有具体的思路和举措。

二、中国需要逐步建立自己的国际话语体系

新中国成立之初，中国实行计划经济，经济生活中流行的是计划经济话语。改革开放以来，中国实行社会主义市场经济，在话语权上表现为对世界已经确立的话语的接受与话语权的认同。因此，西方国家早已流行的有关市场经济的基本概念、语法结构、话语风格、逻辑体系也取代了原有的计划经济话语。如经济领域中的"商品、价值、股份制、私有产权……"已经取代了原有的计划经济话语；政治领域中的"民主、自由、人权、公民社会……"，外交领域中的"软实力、地缘政治、人道主义灾难"，人文和社会科学领域中的"存在主义、非理性主义、后现代、后结构主义、历史的终结"等，各个领域都大量使用这些源自西方的概念和话语。然而，理论界对这些概念和话语也需要做出客观评价和理性批判，但在这方面，中国做的工作还远远不够。

中国要获取应有的国际话语权，必须建立自己的话语理论体系，将国家综合实力、发展道路、发展模式转化为高质量的国际话语权。① 可喜的是，在中国共产党、政府、外交部门、宣传机构、学术界的不懈努力下，这方面已经取得了一些成绩，如多党合作、人民代表大会制、政治协商、中国道路、"一带一路"倡议、人类命运共同体等话语逐渐在世界媒体上产生一定影响。只有越来越多的中国话语理论体系被国际社会所接受，中国的国际话语权才会真正提升。

三、抢占话语权制高点不够主动

国际话语权的争夺不仅表现在议程的设置上，也表现在对话语制高点的争夺上。过去，中国在抢占话语制高点方面明显不敌西方世界，处于下

---

① 方兰欣：《中国国际话语权提升的制约因素、战略机遇与核心路径》，《学术探索》2016年第9期。

风。从近些年中西方的话语权争夺战中可以发现，西方舆论凭借各种优势在第一时间夺取话语制高点，从而迅速为事件定调，然后展开一系列相关的舆论造势。因此在第一个回合，中国方面便处于下风。丧失制高点的中国媒体想要澄清舆论，还原事实真相，通常要付出巨大的代价，而且常常只能被动地跟在西方舆论之后，四处灭火。

话语权的构建是需要精心操控的巨大工程，只有抢占了话语制高点，才能控制话语的流向，才能占据道德制高点，才能因此进入国际谋略的中心，才能真正拥有国际话语权。传播学上有一个"首因效应"，也就是"第一印象"非常重要，受众对于首先接收到的观点一般持有先入为主的习惯。即使这个印象可能与事实不相符，后续的话语观点也需要投入极大的宣传成本来解释说明，而最后能否有成效并不能有确定的保证。在话语权争夺的战场上，在很长时间里，话语制高点常被西方先占，作为世界大国的中国经常不得不处于守势。

以20世纪末21世纪初中国在苏丹的开发建设为例。由于中国的无私帮助，非洲的不发达国家苏丹在短时间内取得不俗的经济发展成就。不过中国的这一努力及成就不仅没有赢得世界的好评，相反却频遭西方抹黑。从这一事例中可以看到西方是如何凭借其所占话语高地肆意指鹿为马、混淆事实真相、蒙蔽世人的。① 苏丹在中国的帮助下获得快速发展这一成功例证，充分展示了中华文化传统中所蕴含的善于设身处地、重视他人的特质，在当下的国际交往中无疑是一股清流，具有西方殖民主义无可比拟的魅力，也是西方国家做不到也学不来的。但是西方媒体及政要把这一切歪曲成是中国人的到来导致苏丹的内乱和纷争，而之后西方媒体的大肆抹黑及伺机挑起的内斗使得中国的前期努力付诸东流。再如非洲国家卢旺达，近年来学习中国的经验，经济建设及社会发展成就令人刮目相看，然而对此了解的人非常少，这说明光做不说是行不通的。②

对于一些突发事件的报道，西方更是善于抢占先机，常常使中国只能被动地按照西方设置的议程走。典型的例子是2008年北京奥运会前夕，西方媒体把拉萨事件、"藏独"势力纳入了新闻议程，并且经由西方舆论的大肆渲染，将世界人民的目光聚焦到了对"中国安全"的质疑上，以达到其破坏中国举办的奥运会的目的。

另外，在一些国际会议和国际组织中，西方也常常利用自己的话语霸

---

① 王立强：《苏丹奇迹与中国"话语权"》，《观察与交流》2008年第17期。
② 《卢旺达，被抛弃后成就经济奇迹》，《环球时报》2018年7月23日。

权掌控有关中国的新闻议程。例如，几乎每一届世界人权大会上都有国家要对中国的人权问题进行动议（一般是由美国教唆某些小国出面），这是西方国家对于中国新闻议程设置的操纵的主要表现。2009年年底的哥本哈根世界气候大会，西方国家一边倒地斥责中国没有承担其该有的大国责任和义务。另外，2008年世界金融危机，西方也将矛头指向了中国，人民币汇率也是指责中国的惯用工具，等等。

中国在话语权的反击方面不够主动，不够有力。放眼所及，在西方话语充斥国际舆论的环境下，缺乏国际话语权自觉意识和强大话语权实力支撑的中国，习惯性的反应方式是被动招架、委屈自辩。这种自辩很难达到预期效果，对于改变成见偏见已深，且本就缺乏善意诚心的对方的看法基本起不到什么作用。

中西话语权之争本质上仍然是利益之争。西方媒体歪曲事实、颠倒黑白，自然不仅仅是为了娱乐，也不仅仅是为了单纯的话语权，归根结底还是一个"利"字。在中国与西方的多次交锋中，可以看到：中国经常受到来自西方国家的各种指责和攻击，于是竭力地为自己辩解；西方国家则是不依不饶，一再纠缠，不时施以威胁恐吓，中国据理力争之余，常常也会作出些让步；西方在得益之后不久，又另开衅端，中国又被迫开始新一轮的自我辩护……西方国家的政客及媒体在获取中国利益这一点上手法是出奇地一致。

实事求是地分析，形成这样的局面，其中的原因固然大多数源于中国之外的因素，但无疑也有中国自己需要反思的地方。一方面，中国与其他国家，特别是其国内普通民众之间没有建立起合理的话语沟通途径，其发声效果就大打折扣；另一方面，中国所做的一些就事论事式的解释常常难以做到自证其清。因此，笔者认为从长远计，中国政府需要对于内政、外交、军事等方方面面的国策做出更开放的说明解释，并且将这些领域的对外传播形成规则，依照程序，坚持下去（如每年形成惯例的专项白皮书说明、更为开放的外媒采访等），同时，中国媒体要主动地对外宣传，这样才可以渐进改变外部世界对于中国的偏见，逐步争取在更大范围的认知了解和理解认同。那种认为只要自己坚定走和平发展道路，没有侵害他国之心，就可以身正不怕影子斜，无须顾虑其他国家感受的想法和做法，已经难以适应当前信息社会国际舆论斗争、话语权竞夺的实际需要。在全球化、信息化时代，一个国家只有积极主动宣传自己，让他国更多地了解自己真实的状况，才能避免被他国误读或别有用心、随心所欲地曲解、诬蔑甚至妖魔化。值得欣慰的是，中国在这方面正逐步往积极的方向改变。

四、话语传播渠道数量及效果需要提升

话语要传出去,传播渠道十分关键,而中国的话语传播渠道面临的困境比西方发达国家要多得多。

中华人民共和国在成立之初,话语传播渠道几乎是一张白纸。一方面中国完全没有注意到话语权的重要性,另一方面中国话语传播渠道的基础也几乎为零(主要是经济方面的制约因素)。一直以来,西方发达国家牢牢把持着国际话语权;放眼中国,从上到下,从官方到民间,对话语权还很陌生。西方国家话语权的优势得益于其在话语传播渠道方面占有绝对优势。当时话语的传播媒介主要是无线电台和电视。相比中国,西方在这方面普及的时间要早几十年。例如,电视机在欧美地区普及是在"二战"结束后不久,中国则要到20世纪末21世纪初才家家户户普及电视机。

与美国及其他西方强国相比,中国在信息传媒资源及对外传播力等方面也还有明显的差距,从而影响了中国的国际话语权。统计数据显示,目前,新华社在海外已经拥有180个海外分支机构,并且已经开展网络和音频视频业务;中央电视台也已经走出国门,实现了用6种联合国工作语言向全球播出节目;中国国际广播电台每天用65种语言向外广播。从这些数字来看,中国在信息传媒资源的提升上成绩的确不错,但实事求是来看,仍然未达到与中国的国际地位和经济实力相称的程度。换言之,中国虽然在传媒数量上突飞猛进,已经有"5000多种报纸,9000多种杂志,2000多家电视台,500多家广播电台,160多个有资质开展新闻信息业务的新闻网站,这些已经相当于美国的89%;而在国际传播实力方面……只相当于美国的14%。国际上以汉语为传播信号的信息量只占总量的5%左右"[1]。关于这一点,香港凤凰卫视行政总裁刘长乐先生在2010年第11届上海国际电视节论坛上曾提到过这样的事实:"在世界500强企业中,有8家传媒公司,其中美国4家,法国2家,德国、日本各1家。中国入选世界500强的企业18家,但没有一家是传媒企业。美国文化产业年生产总值占GDP的1/3,中国的文化产业仅占GDP的3.1%。美国400家最富有的公司里有72家是文化企业,中国100家最强的公司里没有一家文化企业。美国的音像业出口达到1000多亿美元,居出口贸易的第一位,并占据了40%的国际市场份额;英

---

[1] 钱海红:《当前中国软实力建构中的问题和对策》,《对外传播》2007年第4期。

国文化产业年产值近 60 亿英镑，而中国的音像制品出口仅为 1 亿元人民币。"①

话语的传播载体及渠道是媒体、信息传媒资源与技术。中国在这几个方面与西方国家仍然存在着巨大差距，而这种差距将在今后较长时间内制约着中国国际话语权的提升。

但可喜的是，今天打开电视机，人们也可以在荧幕上看到越来越多的外国本地人为中国的新闻节目提供服务，充当中国媒体的境外特约记者。这既是向欧美学习的结果，另一方面也能够使中国的声音得到更广泛的认同。

五、话语传播者的素质有待提升

第一，中国话语传播队伍素质无法适应当前需要。欧美发达国家传播话语的队伍多种多样，既有官方的，也有民间的，既有他们自己本国公民，也有其他国家公民，自然也有中国公民。② 相比之下，中国的话语传播队伍的多样性明显不敌欧美，具体而言，中国话语传播过度依赖政府外宣，民间宣传力量及宣传效果远不及欧美发达国家。另外，当前中国政府机构中不少外交人员的知识结构、理论素养、战略思维能力总体水平与国际需要还有一些差距，主要是经验较为缺乏，未能完全胜任传播中国话语权的重任，但现在这种情况已有了很大的改善。政府作为话语传播的主体，往往因形式限制而不能深入不同传统、信仰与文化习惯的受众，也由于其政治和意识形态的因素而受到不同程度的防范与排斥。同时，中国媒体队伍对"中国道路""中国理论"和"中国制度"等理解不到位、宣传水平不够，这些不足也会影响到自己的话语权效果。

第二，中国少数民众的国民精神与形象同样抑制了中国话语权的提升。国家虽然强大了，但是两极分化也比较严重：一部分民众刚刚解决温饱但消费能力不足；而那些"能够走出国门的人绝大多数都是不太缺钱的人。但是，即使那班能够走出国门的人距离'缺钱窘境'的日子其实并不久

---

① 刘长乐：《争夺话语权是中国融入世界的前提》，凤凰网，2005 - 06 - 11，http://phtv.ifeng.com/lcl/yanjiang/detail_2012_11/02/18784641_1.shtml。

② 如 2018 年 10 月 2 日在沙特驻土耳其大使馆被暗杀的沙特记者卡舒吉为《华盛顿邮报》专栏记者。

远"。① 所以经常可以从媒体的报道中了解到,很多走出国门的中国人并不受外国待见,外国媒体甚至发明一个新词叫"厌迎中国游客"。近些年,中国出国的人数越来越多,外国人正是通过他们的一举一动来了解中国的。而外国媒体笔下中国人的某些负面行为,如不习惯排队、大声喧哗、在旅游景点乱涂乱画、海外留学生学风不好等也一度十分突出。在中国政府及媒体致力于塑造中国的积极形象时,少数民众的负面行为也可能会给国家形象带来一定的负面影响,从而不利于中国国际话语权的提升。

提升中国的国际话语权,既是一项紧迫性的任务,又是一项长期性的工作。需要从长计议,又必须马上行动,不能再把国际话语权拱手让人。

第一,继续推动中国经济向前发展。历史经验表明,一个国家的话语权与自身的实力密切相关。改革开放以来,中国的国际话语权有了明显的提升,只不过与中国的经济实力相比并不完全同步。日本、韩国、新加坡、澳大利亚等国家能够活跃在国际舞台,与他们经济实力的提升有密切的关系。

第二,破除欧美霸权话语,构建中国特色的国际话语。如果仍然沿袭过去的做法,用西方的话语体系来解释中国现状和观察世界,中国要建立自己的国际话语权会面临很多困难。习近平总书记先后提出了"人类命运共同体""中国梦""一带一路"等话语体系,旨在发挥中国的作用和影响力,促进全世界、全人类的和谐发展与共同繁荣。这些话语比起以往的西方话语更显公平、正义、包容,也更能为世界多数国家和人民所接受。

第三,为建构中国话语提供相应的制度保障。习近平总书记上任以来,积极重视话语权的制度建设。中国牵头组建并积极参与亚投行、金砖国家和上海合作组织等国际项目或国际组织,使得中国在西方主导的机构之外有了新的话语平台,为中国的国际话语权提供了相应的组织保障和机制保障,从而大大提升了中国的制度性国际话语权。

第四,优化话语传播渠道,让全世界了解、理解并认同中国提出的国际话语。习近平总书记指出,讲好中国故事是进行国际传播的最佳方式。如何讲好中国故事,提升中国国际话语的传播能力,这对中国媒体提出了新的要求。在这方面,中国需要借鉴欧美国家的经验,抢占国际传媒高地,打造中国传媒平台,发布迅速权威的媒体资讯,提升中国媒体的话语权。

第五,加强精神文明建设,提升中国人的国际形象。提升中国国际话

---

① 华智库、刘伯奎:《从"大国小民"到"富国强民":国民精神文化转型指南》,暨南大学出版社2014年版,第24-25页。

语权需要每一个中国人,尤其是有机会有条件走出国门的中国人的努力,这是全民皆可为,全民皆要为之事。

在当今时代,世界越来越重视中国,因为他们看到了中国所取得的巨大成就,不得不承认中国走自己的道路获得了成功。中国的崛起之路并不平坦,话语权是一国崛起之后的必然追求。尽管中国提升国际话语权的努力会遇到各种各样的障碍,但是只要吸取经验教训,共同努力,相信随着中国综合实力的增强,中国国际话语权提升同中华民族伟大复兴一样,不可阻挡。同时,中国政府和中国人民所致力打造的中国国际话语权与欧美国家的国际话语权又有本质的区别。其主要目的是让世界各国人民了解中国的主张:共谋世界发展,不干预他国事务,真心帮助广大发展中国家,促进人类共同进步。

第七章　习近平提升中国国际话语权的积极实践

——以施政方略为视角

中国缺乏应有的国际话语权已颇有时间。中华人民共和国成立前，中国不仅在国际事务上的话语权微不足道，就连自己的正当利益也得不到维护，自身命运被西方列强主宰。最典型的例子是在第一次世界大战结束后的巴黎和会上，对战败国德国在华侵略权益的处理结果，以及在第二次世界大战末期的雅尔塔会议上，美苏两国背着中国达成损害中国主权和领土完整的协议。

1949年中华人民共和国成立，标志着中国结束了历时100余年的半殖民地半封建状态。理论上，中国此时已经能够分享国际话语权，可实际上中国国际话语权依然很少，在争取自己的国际话语权方面也不够积极。中国政府在20世纪50—90年代虽然也通过一些渠道发出了自己的声音，如毛泽东提出的"三个世界"理论、周恩来提出的"和平共处五项原则"、邓小平的"和平与发展是当今世界的主题"等，这些观点一度在世界上产生了深远影响，尤其受到发展中国家的一致称赞，但在具体维护中国利益的问题上，话语权不多，联系度也不够。

提升中国国际话语权与增强中国的综合国力同样重要，虽然两者之间并不同步。随着中国日益走向世界舞台的中心，提升中国国际话语权显得尤为迫切。习近平就任中国新一届党和国家最高领导人以来，在治国理政方面实施了一系列方略，使中国国际话语权得到了明显提升。

第一节　一直以来，西方国家试图围堵中国的国际话语权

一、国际话语权的内涵

国际话语权不仅是一个国家在世界上"说话"的权利，更是指"说话"

第七章 习近平提升中国国际话语权的积极实践——以施政方略为例

的有效性和影响力。一般认为,国际话语权应该包括以下方面的内容:一国对于国际议程的设计能力,政治操作能力,对国际舆论的主导能力与理念贡献能力,对国际事务或国际事件的定义、各种国际标准和游戏规则制订上的影响能力,以及国际事务的主导权、市场定价权与利益分配权,涉及政治、经济、军事、文化、外交、传媒等各个领域,本质上体现的是一国在国际社会权力结构中的地位和影响力,构成一个国家"软实力"的重要组成部分。① 对照这个定义,在很长时间里,中国在国际话语权的争夺中总体上还只是被动参与,话语权主导能力仍然较弱。

二、中国国际话语权经过了一个从高到低再到复兴的过程

古代中国尽管没有国际话语权的意识,但由于那时中国的话语地位和国家实力在世界上鲜有匹敌者,中国作为"天朝上国"的形象深入人心。

从鸦片战争一直到中华人民共和国成立前夕,中国处于"东方主义"的殖民话语体系之中,国家主权受到侵蚀,不仅国际话语权旁落,自身的形象也被丑化和矮化,与西方列强的话语权完全不在一个级别。

中华人民共和国成立至改革开放前夕,中国的话语权意识有所觉醒,但由于开放度不够,加上社会主义阵营与资本主义世界是两个相互对立且各自相对封闭的体系,中国依然未能融入世界话语体系,总体上仍然是负面形象多、正面形象少。

改革开放后,特别是21世纪以后,中国政府坚持以经济建设为中心,综合国力不断增强,政府及民间组织在对外交往当中也比较注意淡化意识形态,尤其在对外交往过程中逐渐认识到国际话语权的重要性。在政府和民间及媒体的共同努力下,中国逐步争取和掌握了一定的话语权,整体国家形象已有明显改善。②

中华人民共和国成立以来,中国构建并提升国际话语权的实践,主要取得了三方面的成果。

第一,彻底挫败了"历史终结论",回应了对落后国家独立自主建设社会主义的质疑,正面回答了社会主义的前途和命运问题,总结了社会主义国际话语权构建的基本经验。

第二,提供了社会主义国际话语权构建的基本经验。面对两种社会制

---

① 陈正良:《软实力发展战略视阈下的中国国际话语权研究》,人民出版社2016年版,第48页。
② 吴贤军:《中国国际话语权构建:理论、现状和路径》,复旦大学出版社2017年版,第27页。

度并存,资本主义总体上占优势并长期把持国际话语权的客观现实,中国提出了如何构建社会主义国际话语权的问题。中国的实践表明,坚持推动自身发展,不断增强综合国力是构建社会主义国际话语权的基础和前提;借鉴国际流行话语,创造容易为国际社会所理解的话语,深刻阐释自身成就,准确表达对国际事务、人类前途和命运的主张,是构建社会主义国际话语权的关键;在国际交往中坚持平等互利、合作共赢,敢于并善于与国际话语霸权做斗争,主持公道,伸张正义,是构建社会主义国际话语权的重要条件。

第三,证明了经济社会发展落后国家可以实现社会主义现代化。世界上第一个社会主义国家苏联成立之后,经济社会发展落后国家能否建成社会主义的争议就一直存在。中华人民共和国的成立,虽然增添了经济社会发展落后国家走向社会主义的范例,但并未停息这一争议。中国构建国际话语权,生动展示、深刻论证了后发国家的跨越式发展的实践逻辑,确证了经济社会发展落后国家建成社会主义、发展社会主义的现实可能性和实践可行性,检验了马克思主义创始人关于共产主义实现方式的设想和预言。①

三、在西方操持的话语体系里,中国仍难以被公正客观地看待

1949年以前,中国还是一穷二白,西方列强在中国领土的租界内公然挂出"华人与狗不得入内"的牌子,明目张胆地歧视中国人。曾经有一段时期,中国要么关起门来搞建设,要么长时间忙于阶级斗争,西方世界更是觉得匪夷所思。到20世纪80年代,中华人民共和国成立30余年,中国人口快速增长,已经达到10亿。面对这个庞大的数字,西方社会一时恐慌不已。西方一些政客及学者称中国"正在毁灭地球",炮制出《谁来养活中国》的博眼球著作,书中观点耸人听闻,混淆视听。中国政府也认识到人口短期内快速增长,面临较大的资源压力,其他相关配套设施暂时又跟不上,于是果断实行计划生育基本国策。此时,西方马上又变换了一套说辞,他们马上板着面孔胡说中国的计划生育政策是对于人权的公然侵犯。

改革开放以后,中国大力推进工业化,全国各地都在比拼实施优惠政策,吸引各路资金发展现代工业。一方面中国实施出口替代战略的结果是西方国家能够以低廉的价格获得中国生产的工业品,另一方面他们又恬不

---

① 杜黎明:《构建中国国际话语权的多重维度》,《人民论坛》2019年第30期。

知耻地指责中国是世界污染源的制造者。21世纪以来,虽然中国在经济、科技、文化、国防等领域取得了一个又一个成就,但是中国也像其他国家一样,在发展过程中面临诸多困难和压力,尤其一段时间内腐败突出,贫富差距迅速增大,群体性事件频发,西方社会又一而再、再而三地抛出了"中国崩溃论"①。中国加入世界贸易组织后,中国经济再次驶入发展的快车道,彼时中国经济虽然是粗放经营、效益不高,但毕竟积累不少自有资本,于是,部分先富起来的中国人"买遍全球"又引起了西方社会的惊恐。换言之,当中国抛弃计划经济而拥抱市场经济、自由贸易时,欧美发达国家却一致将怒火撒在中国人民头上,诬称中国人民"抢走了发达国家工人的饭碗"。

西方国家通过一次又一次的中东战争牢牢控制盛产石油的中东,中国作为一个人口大国同时是能源需求大国,只得前往治安不佳、经济落后的非洲腹地如苏丹、尼日利亚、安哥拉等地开发石油资源。中国的投资开发给当地带来了生机和活力,却被西方诬陷为掠夺世界、制造种族屠杀。② 可是,当西方国家自己为了控制石油资源,多次不顾世界多数国家的强烈反对,执意要颠覆中东诸多合法政权时,他们居然解释这样做是为了"解放人类"。对于西方国家在话语权领域翻手为云覆手为雨的做法,虽然中国人民早就见怪不怪,但是它们如此执着地颠倒是非、诬蔑中国还是令人感到震惊。

一句话,在过去100多年时间里,国际话语权一直掌握在西方国家手中。无论中国怎样做,他们都是一味地嘲讽甚至批评;无论中国政府及中国人民如何做,在西方政客及媒体的眼中,都是一错再错。

四、近年来中国的国际话语权有所改善,但仍需继续提升

当前中国政府及中国媒体就中国问题或者世界问题经常发出中国的声音,虽然自己感觉在理也不刺耳,但很多时候、很多地方、很多人还是听不到。中国声音很多情况下要么根本发不出去,要么即便发出去了也不响亮,音调比较单一,不够动听,还缺少应有的影响力和足够的吸引力,中

---

① 罗思义:《美国对外政策屡屡受挫,章家敦们功不可没》,新浪网,2017 - 07 - 28, http://finance. sina. com. cn/zl/china/2017 - 07 - 28/zl - ifyinvwu2868371. shtml?cre = financepagepc&mod = f&loc = 5&r = 1&doct = 0&rfunc = 32。

② 潘光:《改革开放30年来的中国能源外交》,《国际问题研究》2008年第6期。

国的真实情况、真实意图依然时不时遭到西方社会的误解、曲解，甚至抹黑。这与中国作为一个大国的地位和应有的影响力不相称，也充分显示了中国当下在国际话语权建设上仍然存在的诸多缺失与不足。[①]

比如，中国经济总量虽然在2010年已经超过日本，跃居世界第二，但是中国在经济领域的话语权却相当有限。在世界经济规则的制定及解释、国际市场上大宗商品定价、知识产权的判定及价格机制、证券市场、国际期货市场、金融机构的投票权、世界支付货币的种类及比重、信誉评级机构等领域，基本上是西方国家说了算。

经过几十年努力，中国走特色社会主义道路获得了巨大成功，不过这种结果明显有违西方世界的"初衷"，导致中国在世界上的政治话语权非常有限。当今世界，所有发达国家走的都是资本主义道路，世界上绝大多数亚非拉国家也是跟着西方国家走资本主义道路。这样就导致在意识形态、价值观念、政治制度等领域，中国话语权依然处于被孤立、被封锁、被围堵的局面。

中国文化话语权也非常微弱，中国媒体要发出自己的声音困难重重。国际上普通民众所能听到的声音仍然主要是由西方几大媒体如美联社、路透社、法新社、国际文传电讯社、德意志新闻社这些媒体巨头发出来的，中文信息只占传媒信息量的5%，甚至中国不少媒体所引用的新闻来源基本上都是以上几大西方媒体。要知道，任何一家媒体在内容的选择上都会具有明显的倾向性，中国要用西方平台发出中国声音，难度更是可想而知。所以，中国文化话语权的提高任重道远。

中国军事话语权同样有待大力提高。中国虽然是世界第二大经济体，但是中国的国防开支前几年还只有美国的1/10，现在也只有美国的1/5左右；中国军队的信息化水平、协同作战能力、远距离作战能力都与美国军队存在一定差距；在现代化战争经验的累积方面，美国长期以来从未停止在海外的军事行动，而中国的实战经验颇为缺乏。在西方国家的眼里，中国军费虽然有了大幅增长，装备也有长足进步，但是想拥有这个星球上的军事话语权仍然需要经历更多的考验。

---

① 陈正良：《软实力发展战略视阈下的中国国际话语权研究》，人民出版社2016年版，第25页。

第二节　大力反腐，为提升中国国际话语权塑造良好的政治形象

一、腐败与人类文明共存

腐败既是历史性问题，又是现实性问题。当今世界无论穷国还是富国，不管走社会主义道路还是走资本主义道路，腐败都不可能绝迹，差异在于程度不同。联合国前任秘书长潘基文曾经把腐败视为"全球级别的威胁"。中国也有学者指出，"腐败给社会带来的危害是全方位、多层次、各领域的，其中一个重要方面就是对经济发展的巨大危害。腐败严重干扰党的路线方针政策的贯彻执行，严重影响经济改革和经济建设，恶化经济环境，阻碍经济增长"①。

谈到腐败问题时还必须注意这样一个事实，即中西方关于腐败的定义并不相同，不少中国社会中的腐败现象和行为在西方国家却是合法的。这种有关腐败定义上的差异所造成的结果就是，表面上看起来，过去一段时间内西方国家的腐败程度不及中国严重。

二、腐败是一个国家的内政，但在全球化的今天，也会成为国际性的问题

腐败不仅影响当事国的政治及经济，也有损该国的国际形象。21世纪以来，西方国家一方面继续从意识形态方面猛烈攻击中国的社会主义制度，另一方面也试图以政治廉洁度来证明西方国家走资本主义道路的优越性。一些西方国家喜欢动辄给中国贴上"政治腐败"的标签，然后通过这个标签来解读中国。

但是，中国也必须正视自身仍然存在的较为严重的腐败问题，因为这显然会对中国的国际话语权产生不利影响。习近平就任新一届党和国家最高领导人以来，在反腐败方面表现了绝不妥协的坚定立场，这也是致力于提高中国国际话语权的一个重要举措。近几年来，中国政府在反腐败斗争所采取的一系列措施及取得的成效对于树立积极的国家形象是非常有利的。

---

① 张建明：《反腐败会影响经济发展吗？》，《求是》2016年第8期。

一方面，中国加入《联合国反腐败公约》后①，通过国内立法和执法有效履行了有关承诺，得到了国际社会的积极评价；另一方面，从中央到地方党政机关，对中国经济发展过程中各种腐败现象始终保持着高压态势。

三、党的十八大以来，中国反腐败斗争在治标及治本方面都取得显著成就

据统计，党的十八大至2016年年底，中管干部被中央纪委立案审查240人，处分223人；处分乡科级及以下党员、干部1143万人；处分农村党员、干部554万人。2017年一年中（截至2017年12月22日），纪检监察机关共公布职务犯罪大要案信息316条，涉及厅局级以上官员共282人。在这282名高级官员中，落马省部级以上高官有39名，其中包括副国级官员1名、正部级官员9名、军队高级干部3名、中央纪委委员5名。另据统计，2018年1月到4月，已经有8名中管干部被立案审查。

在海外追逃方面也取得重大进展，截至2017年10月，中国已从90多个国家与地区追回外逃人员3587人，追回赃款95.41亿元人民币。

以上这些都标志着中国反腐败及追逃追赃工作取得重要阶段性成果，为国际反腐败事业贡献了中国智慧、提供了中国方案。以习近平同志为核心的党中央履职以来严惩腐败，充分向全国人民和全世界释放出一种信号——那就是中国共产党和中国政府反腐败的坚定决心和不变立场。

四、反腐败客观上有利于中国提高自己在发展领域中的国际话语权

在持续发力打击腐败的同时，中国在着手构建制度性的反腐体系。2017年10月在中国共产党十九次全国代表大会上，党中央对反腐败做出更有效的制度性安排，深化国家监察体制改革，决定组建国家、省、市、县监察委员会，同党的纪律检查机关合署办公，实现对所有行使公权力的公职人员监察全覆盖。2018年，十三届全国人大一次会议制定并通过《中华人民

---

① 2003年10月31日，第58届联合国大会全体会议审议通过了《联合国反腐败公约》，于同年12月9—11日，在墨西哥南部城市梅里达举行的联合国国际反腐败高级别政治会议上开放，供各国签署，并在第30个签署国批准后第90天生效。2005年10月27日，中国第十届全国人大常委会第十八次会议批准《联合国反腐败公约》，同年12月24日正式生效。

共和国监察法》，依法赋予监察委员会相应的职责权限和调查手段。近几年在党中央的坚强领导下，纪检监察部门坚持反腐败无禁区、全覆盖、零容忍，坚定不移"打虎""拍蝇""猎狐"，不敢腐的目标初步实现，不能腐的笼子越扎越牢，不想腐的堤坝正在构筑，反腐败斗争压倒性态势已经形成并巩固发展。① 经验证明，加强反腐，提高政治廉洁度有益无害，不仅有助于吸引外资前来投资，也有利于中国经贸及其他行业的发展，更有利于提升中国的形象。中国自然需要在这方面继续努力，以赢得更多的尊重与话语权。

第三节 弘扬大国外交、秉承亲诚惠容的理念，提升中国的大国地位

一、外交政策及外交成果直接影响一个国家的国际形象

中国与其他国家关系如何，直接影响到中国的发展与稳定，也关乎中国的国际形象，对于中国国际话语权的提高也会产生直接影响。相比美国、英国、澳大利亚、加拿大、日本等发达国家，中国与周边国家关系的复杂程度独一无二。一方面中国被多个拥核国家所包围，另一方面中国与不少国家的边界纠纷仍然悬而未决，海域纠纷就更为复杂。在过去很长的一段时间内，中国国力羸弱，不会对周边国家的发展构成压力，周边国家面对中国多少有一定的优越感；21世纪以来，随着中国国力越来越强，周边国家的心态明显发生了变化。如何营造与周边国家良好的政治及经济关系，既是对中国提出的"和平崛起"宣言的检验，也关乎中国在东亚地区的话语权。对于以习近平为核心的这一届领导集体而言，显然是一个重大的考验。

国家首脑外交对于发展双边关系十分重要，既有带动作用，更有巨大的广告效应。习近平就任党和国家最高领导人以来，不顾山高路远，秉承"朋友越走越亲"的理念，把改善与巩固世界各国的关系放在外交工作的重要位置。从2013年就任国家主席到党的十九大前夕，习近平出访了28次，年均出访时间超过一个月，足迹遍及五大洲、56个国家以及主要国际和区

---

① 习近平：《决胜全面建成小康社会，夺取新时代中国特色社会主义伟大胜利——在中国共产党第十九次全国代表大会上的报告》，人民出版社2017年版，第8页。

域组织。① "领导外交"极大地提升了中国的国际形象。

二、广结善缘，与周边国家关系再上新台阶

习近平提出了新的外交理念，极大地改善了中国在周边国家眼中的形象。党的十八大以来，以习近平为首的中国领导人坚持"结缘不结怨、结伴不结盟"的外交原则，将"亲、诚、惠、容"的理念内化于心、外化于行，不断巩固与周边国家的传统睦邻友好关系，进一步加强与他们在经贸上的互利合作。

针对朝鲜半岛延续多年的紧张局势，中国政府始终秉承三个原则：坚持半岛无核化目标，坚持维护半岛和平稳定的安定局面，坚持通过对话谈判解决半岛长期存在的问题。为贯彻以上原则，中国外交部门提出了以下思路：朝鲜半岛无核化，同时半岛由停战状态转变为和平状态，努力推动核问题重回谈判轨道。针对美国近年来在半岛进行的各种遏制、威胁中国的军事行动，中国政府坚决反对美国以朝鲜核问题为借口在半岛部署"萨德"反导系统，因为这关乎中国的战略安全，没有哪个国家（除朝韩外）比中国更关心朝鲜半岛的和平安宁。2018年4月27日，韩国总统文在寅和朝鲜最高领导人金正恩在板门店韩方一侧实现了南北领导人的历史性会晤，这是韩朝历史上的第三次首脑会晤。② 而金正恩在半岛双方举行会晤之前，更是特地来北京出席中朝双方最高领导人会晤，体现了中国在半岛事务上的主导地位。而举世瞩目的2018年6月12日在新加坡举行的朝美领导人会晤更与中国的外交努力分不开。

柬埔寨作为东盟的重要成员国，一直与中国保持特殊的友好关系，在南海仲裁案中坚决顶住来自欧美大国的压力，始终赞同中国所提出的通过双边谈判的方式解决海域争端的主张。仲裁闹剧后3个月，即2016年10月，中国国家主席习近平对柬埔寨进行了国事访问。习近平主席的这次访问既是中柬友谊的深化，同时中国政府也向全世界发出了中国珍视老朋友、帮扶老朋友的清晰信号，③ 也是中国政府用实际行动答谢柬埔寨在南海仲裁

---

① 沈嘉：《聚焦十九大：习近平28次出访勾勒中国外交全方位外交图景》，中国新闻网，2017-09-24，http://www.chinanews.com/gn/2017/09-24/8338753.shtml。

② 薛晶：《历史总是惊人的相似，朝韩领导人三次会晤对比图》，环球网，2018-04-27，http://world.huanqiu.com/article/2018-04/11934567.html。

③ 霍小光、郝薇薇：《一花一木总是情——习近平主席访问柬埔寨受到热烈欢迎》，新华网，2016-10-14，http://www.xinhuanet.com/world/2016-10/14/c_1119721143.htm。

问题上对中国的支持。这次出行,习近平主席还访问了孟加拉国。值得指出的是,这是中国国家元首 30 年来首次到访孟加拉国。① 通过这次访问,中国正式成为孟加拉国第一个战略合作伙伴,双方就对接发展战略、共建"一带一路"达成重要共识,树立了"南南合作"的新典范。② 2016 年 9 月,在中国与老挝建交 55 周年之际,中国国务院总理李克强对老挝进行友好访问。这种国家领导人的外交有助于提升双边的全面战略合作伙伴关系。③

对于在南海问题上不愿与中国直接和谈的菲律宾,中国政府始终保持耐心。阿基诺三世当政时,中菲双方根本没办法坐下来谈。但中国政府及中国人民始终坚持寄希望于菲律宾人民,坚持不懈做菲律宾各界工作并取得成效。2016 年 6 月,新一届菲律宾总统杜特尔特就任后着手改善对华关系,将中国作为东盟以外的首访国,中菲关系实现"华丽转身",中菲两国重回睦邻友好、健康发展的正轨。④ 同时,中国政府继续加强中越关系、中缅关系、中斯(里兰卡)关系。经过习近平及其他领导人的不懈努力,中国在亚洲尤其在周边的"朋友圈"越来越广、越交越深。

中印关系在这段时间内也获得了稳步推进。2014 年 9 月,习近平主席访印⑤;2016 年 11 月 11 日,习近平主席再次访问印度,与莫迪总理会面。2017 年 6 月中旬起,中印两国因为洞朗问题发生长达 70 多天的对峙,两国民间敌对情绪一度高涨,国际上也有各种势力在煽风点火,企图挑动双方走向更大的冲突,但对峙事件经过双方领导人,尤其是军队及外交部门的努力最终得以和平解决。⑥ 2018 年 4 月,中印领导人在武汉举行非正式会晤,这是 2017 年 9 月中国厦门金砖国家领导人峰会后两国领导人的再次会晤,说明双边关系进一步改善。两国领导人在 2018 年 6 月 9 日在青岛又一次会面,莫迪来华参加中俄两国领导的地区安全性组织——上海合作组织

---

① 刘春涛:《习近平抵达达卡,开始对孟加拉人民共和国进行国事访问》,新华网,2016 - 10 - 14,http://www.xinhuanet.com/world/2016 - 10/14/c_1119719986.htm。
② 倪红梅:《中国提出新时期南南合作倡议广受赞赏》,《经济日报》2015 年 9 月 28 日。
③ 刘振民:《亲诚惠容结善缘,周边外交续新篇》,《人民日报》(海外版)2017 年 1 月 10 日。
④ 周骥滢:《菲律宾新总统杜特尔特宣布就职,并发表就职演讲》,《环球时报》2016 年 6 月 30 日。
⑤ 李斌、李建敏、陈赞:《习近平在印度总理莫迪陪同下访问古吉拉特邦》,新华网,2014 - 09 - 18,http://www.xinhuanet.com/world/2014 - 09/18/c_1112523438.htm。
⑥ 周良臣、任重、柳玉鹏:《中印洞朗对峙 72 天,为何印度主动撤出》,《环球时报》2017 年 8 月 29 日。

的年度峰会。① 这些都是双边关系不断提升、缓解矛盾与冲突的明显信号。

三、维护并巩固中国与世界大国的双边关系

中国作为世界上重要的大国,与世界其他大国之间能否和睦相处,直接关系到亚太地区的和平稳定。习近平上任以来,中国致力于发展与主要大国稳定健康的关系,努力让中国发挥地区形势"稳定器"的作用。对于超级大国——美国,中国积极努力构建"不冲突不对抗、相互尊重、合作共赢"②的中美新型大国关系,两国领导人时常沟通,共同减小中美两国关系中存在的负面力量。无论是奥巴马还是特朗普当政,习近平始终与美国领导人保持着密切的联系,所讨论的话题不仅有双边经贸合作方面的事务,更有举世关注的国际问题,如朝鲜半岛核危机、巴以冲突、伊核协议等。

中国继续加强与俄罗斯在国际和地区事务上的战略协作,携手应对各种挑战,维护地区和平稳定与战略均衡。自从20世纪90年代中俄建立起战略合作伙伴关系以来,中俄双方在国际事务中一直相互支持。这一点在中国对俄交往上体现得尤为明显。2014年在中央外事工作会议上,习近平提出"要坚持正确义利观,做到义利兼顾,要讲信义、重情义、扬正义、树道义"③。中国不仅这样说,而且把它落实到行动上。2014年2月,美国以"乌克兰危机"为由宣布威胁抵制俄罗斯索契冬奥会,其他西方国家跟着一起鼓噪,中国国家主席习近平却亲自前往索契参加开幕式,以实际行动显示中国是俄罗斯值得信赖的战略伙伴。事实上,在国际事务中,尤其是反对美国的单边主义这一点上,中俄两国一直是通力合作。

近年来,中日两国关系因为历史教科书问题、钓鱼岛问题出现多次反复,给中日两国间的官方往来和政府间合作带来不利影响。习近平主席一方面坚定维护国家主权,同时从东亚地区的发展前景出发,积极参加多边活动,使中日关系朝好的方向发展。2014年11月10日在北京,习近平与前来出席亚太经合组织领导人非正式会议的日本首相安倍晋三会晤。④ 2015

---

① 《印度总理莫迪抵达青岛》,《青岛日报》2018年6月9日。
② 《习近平就下阶段中美关系发展提出六点建议》,央广网,2015-09-26,http://china.cnr.cn/news/20150926/t20150926_519982414.shtml。
③ 《习近平出席中央外事工作会议并发表重要讲话》,新华网,2014-11-29,http://news.xinhuanet.com/politics/2014-11/29/c_1113457723.htm。
④ 杨晓娜、尚明桢:《习近平会见日本首相安倍晋三》,《人民日报》2014年11月10日。

年 4 月 22 日在东盟峰会上，习近平又应约与安倍首相会面。① 2016 年 9 月 5 日在杭州 20 国集团领导人峰会上②，2017 年 7 月 8 日在德国汉堡 20 国领导人峰会上③，2017 年 11 月 11 日在东盟 "10 + 3" 领导人峰会上④，习近平与安倍晋三多次就中日共同关心的问题交换了意见。2018 年 5 月 9 日上午，中国国务院总理李克强访问日本，标志着两国关系进一步回暖。⑤ 习近平及其他中国领导人多次提醒日方领导人，中日两国作为邻国，保持健康稳定的双边关系对于中日两国及国际社会都非常重要。习近平主席特别指出，构建稳定健康的中日双边关系，必须顺应时代进步潮流。在与日本领导人谈到中日关系时，习近平主席对日方提出了三点希望：一是希望日本继续走和平发展道路；二是希望日本采取审慎的军事安全政策；三是希望日本多做有利于增进同邻国互信的事，为维护地区和平稳定发挥建设性作用。

构筑良好的周边环境，推进中国与美国、俄罗斯、日本、欧盟等大国或者国际组织的双边合作，是中国外交的重要工作。从 2012 年习近平就任最高领导人以来，中国外交工作取得了丰硕的成果，中国在国际事务中的话语权也有了明显的提高。

第四节 提出"一带一路"倡议，提升中国在世界经济发展中的话语权

一、提升中国的国际话语权，中国需要扩大与世界各国的经贸合作

在当前的国际经济秩序和合作框架下，中国近年来逐渐成为国际社会的积极参与者，但难以成为话语权的执掌者，因此中国需要另辟蹊径。2013 年 9 月和 10 月，国家主席习近平在出访哈萨克斯坦和印尼时分别提出了共

---

① 《习近平会见日本首相安倍晋三》，人民网，2015 - 04 - 22，http://politics.people.com.cn/n/2015/0422/c70731 - 26888825.html。

② 《习近平会见日本首相安倍晋三》，新华网，2016 - 09 - 06，http://www.xinhuanet.com/photo/2016 - 09/06/c_129270599.htm。

③ 《习近平会见安倍晋三》，央广网，2017 - 07 - 08，http://china.cnr.cn/gdgg/20170708/t20170708_523840007.shtml。

④ 《习近平会见日本首相安倍晋三》，新华网，2017 - 11 - 11，http://www.xinhuanet.com/politics/leaders/2017 - 11/11/c_1121941111.htm。

⑤ 《李克强与日本首相安倍晋三、韩国总统文在寅共同会见记者》，《人民日报》2018 年 5 月 10 日。

建"丝绸之路经济带"和"21世纪海上丝绸之路"的倡议。这就是"一带一路"概念的由来。2015年在博鳌亚洲论坛年会上,习近平再次向世界阐述了"一带一路"互利共赢的丰富内涵及国际社会尤其是广大发展中国家合力推进"一带一路"的必要性。① "一带一路"是扩大中国在国际经济格局中的地位和话语权的重要举措。中国作为发起国,愿意与沿线国家一道推进世界经济向前发展,并为"一带一路"基金提供巨大的资金支持,这无疑将进一步提升中国的经济影响力。"一带一路"是人类社会发展的新创举,秉持"共商、共建、共享"的发展原则,它不是封闭的,而是开放包容的。它与近代以来西方国家所走过的道路截然不同。"一带一路"不是中国一家的独奏,而是沿线国家的合唱。"一带一路"建设不是空洞的口号,而是看得见、摸得着的实际行动,已经并且还将继续给相关国家带来实实在在的利益。可以说,"一带一路"越向前推进,中国这一倡议的正确性就会越发显现。

二、围绕"一带一路"发展思路,加强与周边国家的经贸合作,提升了中国在国际经济领域的话语权

中国政府提出"一带一路"倡议以来,取得了一系列丰硕成果。从2013年开始,在中国与巴基斯坦的真诚合作下,中巴经济走廊项目已经全面实施,并且力争早日完工,成为"一带一路"境外全要素建设进展最快的项目。② 2013年,李克强总理访问印度时提出推动孟中印缅经济走廊启动政府间合作进程。③ 2015年12月上旬,中泰铁路政府合作框架协议正式签署。④ 2016年3月24日,印尼雅万高铁动工修建先导路段动工。⑤ 2016年6月,中国与蒙古国、俄罗斯签订了《建设中蒙俄经济走廊规划纲要》。⑥ 2016年12月,中老铁路举行全线开工仪式。⑦ 2018年4月3日,中马双方

---

① 习近平:《迈向命运共同体,开创亚洲新未来——在博鳌亚洲论坛2015年年会上的主旨演讲》,新华网,2015-03-29,http://www.xinhuanet.com/politics/2015-03/29/c_127632707.htm。
② 庞无忌:《李克强访巴基斯坦:打造经济走廊,实现双赢合作》,中国新闻网,2013-05-24,http://www.chinanews.com/gn/2013/05-24/4853223.shtml。
③ 陶短房:《总理访印:中印孟缅经济走廊值得期待》,《新京报》2013年5月21日。
④ 王晓枫:《李克强赴泰国签高铁,中泰铁路合作"好事多磨"》,《新京报》2014年12月20日。
⑤ 刘迪:《印尼雅万高铁先导段开工》,《人民日报》(海外版)2016年3月25日。
⑥ 《〈建设中蒙俄经济走廊规划纲要〉正式签署》,《中国改革报》2016年6月26日。
⑦ 马勇幼:《中老铁路项目举行开工仪式》,《光明日报》2016年12月26日。

合作项目马来西亚南部铁路项目正式动工。① 此外,还有中国企业中标缅甸皎漂深水港及工业区项目②,斯里兰卡汉班托塔港二期工程在有序推进,科伦坡港口城项目全面复工③,等等。

产能合作全面展开。中国先后与东盟国家及澜湄合作机制成员国签署产能合作联合声明,与东南亚、南亚国家加快建设产业园区、跨境经济合作区、临港工业园项目,一些早期的合作项目已经初见成效。在非洲、东南欧、南美洲,"一带一路"倡议也得到越来越多国家的响应,取得了一个又一个合作成果。

三、东北亚一体化不断推进

虽然中日韩三国、中国与东盟及其他周边国家的经济合作一体化历经波折,但中国政府牢牢把握东亚区域合作的正确方向,继续推动中日韩、"10+3"(东盟与中日韩)等合作机制向前发展,排除东亚峰会各种干扰因素,与各国一起共同寻找经济发展与政治安全合作的"最大公约数"。中国政府继续践行"共同、综合、合作、可持续"的亚洲安全观,探寻适合本地区的安全合作机制。习近平主席继续力推中日韩自贸区建设以及"区域全面经济伙伴关系"(Regional Comprehensive Economic Partnership,简称 RCEP)谈判进程,力争早日建立亚太自贸区(Free Trade Area of the Asia-Pacific,简称 FTAAP)。中国以博鳌亚洲论坛为平台,积极向世界各国传播中国声音,向发达国家宣传亚洲机遇,坚定各方对亚洲和中国发展前景的信心。同时,继续推进金砖国家峰会、推进泛亚合作。

四、创设亚投行,为"一带一路"建设提供资金支持,提升中国的金融话语权

习近平主席在 2013 年首次提出创建亚洲基础设施投资银行(Asian Infrastructure Investment Bank,简称 AIIB,"亚投行")的倡议,获得了众多亚洲区域内发展中国家乃至部分西方发达国家的积极响应。亚投行作为真

---

① 刘彤、林昊:《中马合作建设马来西亚南部项目正式开工》,《光明日报》2018 年 4 月 3 日。
② 隆洋:《中企"组团"中标缅甸皎漂经济特区深水港口、工业园项目》,观察者网,2016-01-01,http://www.guancha.cn/Neighbors/2016_01_01_346662.shtml。
③ 雷丽娜:《"一带一路"建设海上合作设想》,新华网,2017-06-30,http://www.gov.cn/xinwen/2017-06/20/content_5203985.htm。

正由发展中国家发起、主导的政府间多边金融机构,其成功筹建、发展壮大对亚洲基础设施互联互通、"一带一路"建设及国际金融体系改革创新具有重要意义。亚投行2015年12月成立,到2017年先后经过4次扩容吸收新成员,共有成员国84个。从成员数量看,亚投行仅次于世界银行,超过亚洲开发银行、美洲开发银行和欧洲复兴开发银行等重要区域性多边开发银行。亚投行成立两年以来,规范经营、稳健发展,取得了不错的社会效益和经济效益。据统计,2016年,亚投行总资产为178亿美元,当年营运净利润1.67亿美元;2017年9月底,亚投行总资产达185亿美元,净利润达2亿美元。即使一向以严格和戴着有色眼镜著称的国际信用评级机构穆迪和惠誉都给予亚投行AAA的最高信用评级;2017年10月,亚投行又获得巴塞尔银行监管委员会零风险权重的认定。中国虽然是亚投行的发起国,但亚投行并非主要为中国经济发展服务,到目前为止,亚投行在中国境内只有一个合作项目。中国以实际行动向世人证明,亚投行是一个开放性的银行,主要为广大发展中国家提供融资服务。

五、设立南南合作援助基金,进一步提升中国在国际经济发展中的话语权

2015年9月,习近平主席在纽约联合国发展峰会上宣布,中国政府将设立"南南合作援助基金",并为基金首期提供20亿美元,以实际行动支持发展中国家落实2015年后发展的相关议程。[1] 中国领导人还在这次峰会上表示,中国将继续增加对最不发达国家的投资,力争2030年达到120亿美元。此外中国领导人还承诺,中国将免除世界上最不发达国家、内陆发展中国家、小岛屿发展中国家截至2015年年底到期未还的政府间无息贷款债务。中国领导人进一步表示,中国将设立国际发展知识中心。国际发展知识中心是一个研讨性的学术机构,主要任务为中国同各国一道研究和交流适合各自国情的发展理论和发展实践。中国领导人还郑重承诺以落实2015年后发展议程为己任,团结协作,推动全球发展事业不断向前。[2] 所有这些举措都是为了提升中国在国际经济发展中的话语权。

---

[1] 习近平:《提供南南合作首期援助基金20亿美元》,《新快报》,2015年9月26日。
[2] 习近平:《提供南南合作首期援助基金20亿美元》,《新快报》,2015年9月26日。

第五节　积极参与全球治理，提升中国在全球治理中的话语权

一、应对全球性问题，中国身影不曾缺失

气候变化，是当前最为紧迫的全球性问题。面对西方社会对于发展中大国也是排放大国中国所施加的强大压力，中国政府一方面坚定维护了中国发展的权利，同时本着对全球负责的精神，拿出了中国方案，更做出了令世界各国赞赏的成绩。

2015年巴黎世界气候大会后，中国同美国、法国、欧盟、印度、巴西相继发表气候变化联合声明，同时中国向世界宣布将出资200亿元人民币建立"中国气候变化南南合作基金"，受到国际社会的广泛称赞。[1]

二、消除贫困，提升中国在全球减贫领域的话语权

中国发展本身就是对人类的巨大贡献，中国贫困人口减少也意味着世界贫困人口的大幅减少。近年来，中国政府更加关注消除中国国内贫困问题，并通过艰苦卓绝的脱贫攻坚战，彻底消除了中国的绝对贫困问题。改革开放40多年来，中国累计7.7亿贫困人口成功脱贫。据统计，党的十八大以来，中国现行标准下的农村贫困人口9899万人全部脱贫。[2] 党的十八大以来的脱贫成绩，不仅创造了中国扶贫史上的最好成绩，也使中国减贫事业继续在全球保持领先地位。

三、反对一切形式的恐怖主义，同国际社会积极开展反恐合作，加大参与联合国维和行动力度，大力维护国际公共安全，提升在反恐领域的话语权

近几年，全球恐怖主义出现新一轮回潮，严重威胁国际和地区安全稳定，恐怖主义袭击此起彼伏。

---

[1] 张春晓、丁小溪：《国际社会点赞"中国气候变化南南合作基金"》，新华网，2015-10-14，http://www.xinhuanet.com/world/2016-11/16/c_1119924181.htm。

[2] 习近平：《在全国脱贫攻坚表彰大会上的讲话》，《人民日报》2021年2月26日。

2015年1月7日,法国首都巴黎发生恐怖袭击,10多条生命倒在恐怖分子的枪口之下。之后不久,北非的突尼斯、中东的科威特先后发生人质劫持事件,东非的索马里、东南亚的泰国相继发生自杀式爆炸袭击,俄罗斯客机被击落。2016年2月16日,南亚国家巴基斯坦多座清真寺发生爆炸,造成72人死亡,200多人受伤。① 2017年11月13日,巴黎再次发生一系列恐怖袭击事件,百余人死亡。2017年12月2日,美国拉斯维加斯音乐节上发生血腥的屠杀事件。②

从中东到欧美,从非洲到亚洲,一张沾满了鲜血的恐怖主义大网向全球撒开。恐怖主义是人类文明的毒瘤,是全世界人民的公敌。面对恐怖主义威胁,任何一个国家都不可能独善其身。

中国国家主席习近平就反恐问题多次发声。2015年巴黎发生恐怖袭击后,习近平立即给法国时任总统奥朗德通电话,表达中国反对恐怖主义的一贯立场。当巴黎再次遭受恐怖袭击,习近平正在土耳其参加金砖国家领导人非正式会议。在发言中,习近平特地谈到了中国反对恐怖主义的坚定立场,表示"中国坚决反对一切形式的恐怖主义,恐怖主义是人类的公敌,是全球性挑战,需要国际社会携手应对。我们应该加强联合国在国际反恐行动中的协调作用,形成反恐合力。国际社会应该致力于从政治、经济等方面解决恐怖主义根源问题,实现标本兼治"。③ 习近平同时提醒某些西方国家不要在反恐问题上搞双重标准,否则终有一天会惹火上身。他还特地强调金砖国家应该在反恐经验交流、情报分享、线索核查、执法合作等领域开展广泛合作。④

中国之所以坚定反对任何形式的恐怖主义,是因为自身也深受"东突"等恐怖主义的危害。中国一直是国际反恐的中流砥柱,但是某些西方国家在高喊"反恐"的同时却暗地里支持中国境内外的恐怖主义组织。每当中国境内发生恐怖袭击时,这些国家要么装聋作哑,要么把中国境内的恐怖主义组织称作"民族政策的受害者",甚至对这些恐怖主义势力在中国境内

---

① 刘天、张琪:《巴基斯坦一清真寺发生爆炸,致72死200多人伤》,新华网,2017-02-16,http://www.xinhuanet.com/world/2017-02/17/c_1120480709.htm。

② 《美国拉斯维加斯发生严重枪击案,至少50人死200人受伤》,搜狐网,2017-10-02,http://www.sohu.com/a/196007205_526397。

③ 魏建华、李斌:《习近平会见土耳其总统埃尔多安》,新华网,2015-11-15,http://www.xinhuanet.com/world/2015-11/15/c_128429520.htm。

④ 习近平:《开拓机遇,应对挑战——在金砖国家领导人非正式会晤上的讲话》,新华网,2015-11-16,http://www.xinhuanet.com/world/2015-11/16/c_1117147080.htm。

制造恐怖事件幸灾乐祸。尽管如此，中国仍然秉持国际道义，在反恐立场上不搞双重标准，同时为国际反恐和维护世界和平提供了道义支持和巨大的物质支持，赢得越来越多国家的好评。

四、积极参与对外援助工作，赢得国际社会的尊重，提升中国在对外援助领域的话语权

习近平就任中国最高领导人后，以实际行动加大对外援助。2014年，非洲一些国家埃博拉病毒肆虐。这些国家既缺乏药品又缺乏医务知识，对疫情无能为力。本来欧美国家无论是在资金方面还是医术方面都比中国更有优势，但是真正在需要他们的时候，欧美国家却踌躇不前。有些国家政府出高薪招募抗病毒医生，却无人响应；某些发达国家甚至把本国援助人员、工程人员、医疗人员撤回国内，唯恐这些人感染病毒；唯有中国挺身而出，派出了一批又一批的援非医疗队。正如非洲朋友所说的，"别人因埃博拉撤了，中国因埃博拉来了"。2014年，在西非疫情最危急的时刻，中国率先行动，对非洲兄弟伸出援手，向几内亚、利比里亚、塞拉利昂等非洲国家及国际组织派出大量传染病专家和医务人员，引领国际社会援非抗疫。在中国政府的大力支持下，非洲终于取得了抗击埃博拉疫情的决定性胜利。国际社会尤其是非洲国家给予了中国很高的评价，在危难关头到底是西方国家可信还是中国政府及中国人民可靠，非洲人民自然心中有数。2015年，中国向巴基斯坦、莫桑比克、瓦努阿图、智利等21个遭遇自然灾害的国家提供多轮紧急人道主义救援。中国与世界同舟共济，各国对此掌声四起。

五、探索热点问题和全球性问题解决之道，为维护国际和地区和平做出新贡献

习近平主席曾经向世界做出庄严承诺，中国始终做世界和平的建设者，致力于同各国共谋和平、共护和平、共享和平。①

2015年9月，中国政府举办中国人民抗日战争暨世界反法西斯战争胜利70周年纪念活动，发出维护第二次世界大战胜利成果、捍卫世界和平的时代强音。

---

① 习近平：《开拓机遇，应对挑战——在金砖国家领导人非正式会晤上的讲话》，新华网，2015-11-16，http://www.xinhuanet.com/world/2015-11/16/c_1117147080.htm。

多年来，中国一直致力于通过政治手段解决国际和地区热点问题，尽已所能发挥弥合分歧、劝和促谈的建设性作用。在朝鲜半岛核问题上，中国始终坚持朝鲜半岛无核化目标，主张通过和平对话解决持续20多年的半岛核问题，并提出了"双轨并行"思路和"双暂停"倡议，为缓解半岛紧张局势殚精竭虑。不仅如此，对于世界的热点焦点如伊朗核问题及叙利亚、南苏丹、阿富汗等国的和平问题，中国也一直在积极参与调解。中国政府还宣布设立中国-联合国和平与发展基金，率先组建了一支8000人规模的维和待命部队，以实际行动向世界宣示中国是一个维护世界和平的负责任大国。

第六节　提出人类命运共同体理念，提升中国在人类发展道路上的话语权

一、冷静看待"逆全球化"思潮

近年来，一些发达国家从全球化进程的引领者、推进者突然变成了全球化潮流的否定者。2016年6月，英国经过全民公投以微弱多数同意的结果决定退出欧盟。这是发达国家逆全球化的标志性事件。而在大洋的另一边，特朗普上台以后，开启了一系列逆全球化的操作，即退出TPP、退出联合国教科文组织、退出巴黎气候协议、退出伊核协议、退出北美自由贸易协定、退出美俄《中导条约》等，甚至威胁要退出世界贸易组织，令世界各国大感惊愕。

这种局面对于中国来说是一个重大的考验。面对国际局势的风云变幻，中国领导人一方面冷静观察，另一方面沉着应对。

二、西方国家"零和博弈"的发展理念已经越来越不受欢迎

美国及其他西方国家从自身经验和狭隘的民族利益出发，奉行"零和博弈"的发展理念，已经招致越来越多的发展中国家的不满和反对。"零和博弈"在西方一直有市场，在这种理念指导下，国与国之间的交往必然是一方吃掉另一方，一国所得正好是另一国所失，然而整个国际社会的利益并未增加。秉持这种错误的发展理论，不少西方国家在发展过程中以邻为壑，把本国的幸福建立在他国的痛苦之上。"二战"结束以后，西方国家在力量居于绝对优势时，大力推进全球化，把广大发展中国家变成自己的原

材料产地和商品倾销市场,并且凭借自己在政治、军事、科技和服务行业的优势敲碎了发展中国家和不发达国家的一切贸易保护主义栅栏,为自己牟取了丰厚的利益。这也是少数西方国家社会发展程度远超发展中国家及不发达国家的根源所在。随着全球化的不断推进,中国也成为全球化大家庭中的重要一员。改革开放40年来,中国在各领域取得了长足的进步,而发达国家的相对优势逐渐缩小,其贸易保护主义随之抬头,导致全球化进程明显停滞甚至发生倒退。此时,以美国为首的发达国家阵营高筑贸易保护主义的壁垒,自然引起发展中国家的普遍不满。

三、抓住了当前世界经济发展过程中存在的主要问题

2017年1月,中国国家主席习近平出席瑞士达沃斯论坛,在演讲中谈到了当今世界的各种乱象:地区冲突日益频繁,恐怖主义、难民潮等全球性挑战此起彼伏……国际上有不少人认为这些问题的出现是全球化的结果,所以才会有发达国家的逆全球化操作。对于这种做法,习近平认为,"让世界经济的大海退回到一个一个孤立的小湖泊、小河流,是不可能的,也是不符合历史潮流的"①。那么当前世界局势乱象的根源究竟在哪里,如何解决?这既是世界的问题,也是中国在发展过程中需要面对的难题。毫无疑问,只有抓住了问题,才有可能解决问题。习近平指出,当今人类面临的主要问题是,"世界经济增长乏力,金融危机阴云不散,发展鸿沟日益突出,兵戎相见时有发生,'冷战'思维和强权政治阴魂不散,恐怖主义、难民危机、重大传染性疾病、气候变化等非传统安全威胁持续蔓延"②,并进一步指出,当今世界面临这些问题的主要原因在于"全球增长动能不足""全球经济治理滞后""全球发展失衡"。③

---

① 习近平:《开拓机遇,应对挑战——在金砖国家领导人非正式会晤上的讲话》,新华网,2015-11-16, http://www.xinhuanet.com/world/2015-11/16/c_1117147080.htm.
② 王珂、许志峰、林丽鹂:《党的十八大以来扩大对外开放述评:以更开放的姿态拥抱世界》,《人民日报》2016年2月2日。
③ 王政淇:《习近平提出"人类命运共同体"重大意义之一:中国智慧启示全世界》,《人民日报》2018年1月24日。

四、习近平提出人类命运共同体的理念,有力地提升中国在发展领域的国际话语权

在当今世界政治、经济舞台上,中国具有三种身份:利益攸关者、关键行动者和指引方向者。习近平提出人类命运共同体理念,既表明中国领导人看待发展问题的视角与西方完全不同,也是对发展观话语权的重新塑造。习近平提出的人类命运共同体理念是对社会主义未来命运的深度思考,更是在经济共生性国际关系的基础上对人类命运的一种前瞻性规划。①

全球化始于地理大发现和新航路的开辟。但是500多年过去了,人类仍未实现和平共处,美好社会依然是空中楼阁,前进道路上布满荆棘泥泞。当前,人类的发展走到了十字路口,一国无法仅靠自身力量来实现发展,而是需要各国之间的紧密合作。习近平主张国与国之间加强对话协商,致力于建设一个持久和平的世界。他以"四个坚持"为实现人类命运共同体指明了现实路径:必须坚持各国相互尊重、平等相待,必须坚持合作共赢、共同发展,必须坚持共同、综合、合作、可持续的安全,必须坚持不同文明兼容并蓄、交流互鉴。这些观点着眼于全人类的利益,既符合当前人类经济贸易交往继续发展的要求,也是实现人类和谐发展的必然逻辑。

人类命运共同体理念蕴含着丰富的哲学思想,是经济建设、政治建设、文化建设、社会建设、生态文明建设"五位一体"的全新布局,并且秉承创新、协调、绿色、开放、共享的新发展理念。这种发展理念继承了中华民族优秀传统文化的"天下观""整体观"和"和合观"。中国领导人认为,世界好,中国才能好;中国好,世界会更好。"五位一体"另一个贡献就是否定了西方世界盛行的零和博弈理论。近年来,国外对于中国的发展道路一直表示怀疑,中国政府以"三个决心"向国际社会回答了中国未来的政策走向,即中国维护世界和平的决心不会改变,中国促进共同发展的决心不会改变,中国打造伙伴关系的决心不会改变。

五、中国以实际行动切实践行人类命运共同体理念

中国不仅提出了人类命运共同体理念,也在积极践行这一理念。2016

---

① 王珂、许志峰、林丽鹏:《党的十八大以来扩大对外开放述评:以更开放的姿态拥抱世界》,《人民日报》2016年2月2日。

年，中国政府签署和批准生效《巴黎协定》，这一实际行动向世界表明了中国政府对贯彻这一理念是认真的。① 有学者认为"人类命运共同体"的战略意蕴包含如下两个层面："其一，从根本上说，它是新中国乃至近代社会以来，一直不懈追求的一种和平、公正、和谐的世界经济政治新秩序，同时也是全世界最广大发展中国家的共同愿望与福祉；其二，在现实中，仍长期处在不断改革开放进程中的当代中国将会本着'和平共存、包容互鉴'的原则与方法实现自身发展、做出中国贡献，尤其体现为倡导政治上的'合作伙伴主义'、安全上的'集体协商主义'、经济上的'开放包容主义'、文化上的'和而不同主义'、环境上的'自然保护主义'（也就是'五大支柱'）。"②

人类命运共同体理念也得到了国际社会的广泛认同。2017年2月10日，在联合国社会发展委员会第55届会议上，"构建人类命运共同体"首次被写入联合国的决议。这一点意义非同寻常，说明中国领导人提出的理念得到国际认同。2017年3月17日，联合国安理会通过关于阿富汗问题的第2344号决议，"构建人类命运共同体"又第一次被载入安理会决议。2017年3月23日，在联合国人权理事会第34次会议上，"构建人类命运共同体"首次载入联合国人权理事会决议。2017年11月2日，"构建人类命运共同体"又被写入联大"防止外空军备竞赛进一步切实措施"和"不首先在外空放置武器"两份安全决议③……

中国不仅是人类命运共同体这一发展理念的提出者，也是践行者。中国领导人多次表示，中国将始终奉行互利共赢的开放战略，与世界各国分享中国当下的发展机遇。近些年来，世界上不少国家尤其是"一带一路"沿线的许多发展中国家已经搭上中国经济腾飞的"快车"。这些国家因中国的人类命运共同体发展理念而获益，而中国也在当中实现了经济战略的转型。自2013年"一带一路"倡议提出以来，中国已经同沿线80个国家和组织签署了相关合作协议，与30多个国家开展了机制化产能合作，在"一带一路"沿线24个国家建设了75个境外经贸合作区；中国企业主动"走出去"，对沿线国家投资累计超过500亿美元，为这些国家创造了近20万个就业岗位。

---

① 吴炳新：《人类命运共同体——人本哲学的最高境界》，《海峡都市报》2018年4月26日。
② 郁庆治：《理解人类命运共同体的三个重要层面》，《人民论坛·学术前沿》2017年第12期。
③ 常红、徐祥丽、姚雪：《习近平提出"人类命运共同体"重大意义之二：中国方案推动全世界》，《人民日报》2018年1月25日。

2015年亚投行成立，成员国家由成立之初的57个增至84个，为广大的发展中国家基础建设提供了一个崭新的资金来源。在它的支持下，动工项目达到24个，涉及12个国家，获得的信贷资金超过42亿美元，重要的项目包括阿曼杜库姆经济特区建设、巴基斯坦M4高速公路、印度古吉拉特邦农村公路项目等。这些都是中国倡议具体化为构建"人类命运共同体"的生动实践。

中国政府和中国人民深知和平来之不易，营造一国和平需要从国内国外两方面努力，中国领导人对这一点体会更加深刻。2017年9月，习近平出席国际刑警组织大会，在会上发言中谈到了中国对于世界和平事业所做的诸多努力：一直以来，中国政府坚决支持国际反恐怖主义的斗争，积极参与各层面的安全合作组织，如全面参与联合国、国际刑警组织、上海合作组织、中国—东盟等国际和区域合作框架内的执法安全合作。中国还牵头创建了湄公河流域执法安全合作机制，建立了新亚欧大陆桥安全走廊国际执法合作论坛。中国不是当今世界最强大的国家，但是在联合国维和方面贡献最大，中国派出的维和人员数量远远超过其他国家。

自2013年3月首次提出"构建人类命运共同体"以来，习近平在不同场合多次阐释这一理念。① 2017年，二十国集团领导人在德国汉堡召开峰会，习近平在会议上再次提出这一理念。习近平在讲话中说，二十国集团要紧紧抓住世界经济开放的大方向，找寻世界经济的新动力，既要实现发达国家的经济增长，也要让发展中国家不发达国家经济增长，完善全球经济治理，实现共同繁荣，这样才能真正构建人类共同体的宏伟目标。② 2017年11月，在越南岘港举行的亚太经合组织工商领导人峰会中，就当今世界经济发展面临的一些困难，习近平主席提出了应对的四点主张：继续坚持建设开放型经济，努力实现互利共赢；继续谋求创新增长，挖掘发展新动能；继续加强互联互通，实现联动发展；继续增强经济发展包容性，让民众共享发展成果。③ 当然，中国领导人也清醒地认识到，构建人类命运共同体是一个长期过程，不可能一蹴而就，也不可能一帆风顺。"正确的态度应该是为了构建人类命运共同体，我们应该锲而不舍、驰而不息进行努力，

---

① 张历历：《习近平人类命运共同体思想的内容、价值与作用》，《人民论坛》2017年第7期。
② 《习近平在二十国集团领导人汉堡峰会上关于世界经济形势的讲话》，新华网，2017 – 07 – 08，http://www.xinhuanet.com/world/2017 – 07/08/c_1121284462.htm。
③ 颜昊：《2017年亚太经合组织工商领导人峰会在越南岘港开幕》，《人民日报》2017年11月9日。

习近平提升中国国际话语权的积极实践——以施政方略为例

不能因现实复杂而放弃梦想,也不能因理想遥远而放弃追求。"①

习近平就任中国最高领导人以来,在施政方略上为提升中国在发展领域的国际话语权发出了中国声音,拿出了中国行动,并取得了丰硕的成果。当然,提升中国国际话语权是一项长期而又艰巨的任务,需要长时间的努力。相信只要按照既定的方针走下去,其间虽会遇到各种阻力,但是中国的国际话语权必将会螺旋式上升。

---

① 习近平:《携手建设更加美好的世界——在中国共产党与世界政党高层对话上的主旨讲话》,《光明日报》2017年12月1日。

主要参考文献

(一) 著作

[1] 阿尔巴托夫. 苏联政治内幕：知情者的见证 [M]. 徐葵，等，译. 北京：新华出版社，1998.

[2] 阿甘别吉扬. 苏联改革内幕 [M]. 常玉田，等，译. 北京：中国对外经济贸易出版社，1990.

[3] 布罗代尔. 十五至十八世纪的物质文明、经济和资本主义：二卷，上册 [M]. 顾良，施康强，译. 北京：商务印书馆，2018.

[4] 布热津斯基. 大棋局：美国的首要地位及其地缘战略 [M]. 中国国际问题研究所，译. 上海：上海人民出版社，1998.

[5] 陈正良. 软实力发展战略视阈下的中国国际话语权研究 [M]. 北京：人民出版社，2016.

[6] 恩格尔曼，高尔曼. 剑桥美国经济史：第 2 卷 漫长的 19 世纪 [M]. 高德步，等，译. 北京：中国人民大学出版社，2008.

[7] 麦克法夸尔，费正清. 剑桥中华人民共和国史（1949—1965）[M]. 谢亮生，等，译. 北京：中国社会科学出版社，1990.

[8] 韩德. 美利坚独步天下 [M]. 马荣久，牛悦，孙力舟，等，校. 上海：上海人民出版社，2011.

[9] 赫鲁晓夫. 赫鲁晓夫回忆录 [M]. 张岱云，等，译. 北京：东方出版社，1988.

[10] 赫鲁晓夫言论：第 2 集（1942—1953 年）[M]. 北京：世界知识出版社，1964.

[11] 赫鲁晓夫言论：第 11 集（1959 年 1—4 月）[M]. 北京：世界知识出版社，1965.

[12] 加尔通. 美帝国的崩溃：过去、现在与未来 [M]. 阮岳湘，译. 北京：人民出版社，2013.

[13] 加亚尔，德尚. 欧洲史 [M]. 蔡鸿滨，桂裕芳，译. 海口：海南出版社，2000.

[14] 杰拉斯. 同斯大林的谈话 [M]. 司徒协，译. 长春：吉林人民出版

社，1983.

[15] 景勿吾，等. 战后苏联改革的历史透视与思考［M］. 北京：民主与建设出版社，2013.

[16] 科兹，威尔. 来自上层的革命：苏联体制的终结［M］. 曹荣湘，孟鸣歧，等，译. 北京：中国人民大学出版社，2002.

[17] 孔华润. 剑桥美国对外关系史：上［M］. 王琛，译. 北京：新华出版社，2004.

[18] 拉菲伯，波伦堡，沃洛奇. 美国世纪：一个超级大国的崛起与兴盛［M］. 黄磷，译. 海口：海南出版社，2008.

[19] 雷日科夫. 背叛的历史：苏联改革秘录［M］. 高洪山，韩生民，译. 长春：吉林人民出版社，1993.

[20] 利加乔夫. 戈尔巴乔夫之谜［M］. 王廷玉，译. 长春：吉林人民出版社，1992.

[21] 马克思，恩格斯. 德意志意识形态［M］. 中共中央马克思恩格斯列宁斯大林著作编译局，译. 北京：人民出版社，1987.

[22] 麦德维杰夫. 人们所不知道的安德罗波夫：前苏共中央总书记尤里·安德罗波夫的政治传记［M］. 徐葵，张达楠，何香，译. 北京：新华出版社，2001.

[23] 孟. 英国得自对外贸易的财富［M］. 袁南宇，译. 北京：商务印书馆，1965.

[24] 纳扎尔巴耶夫. 探索之路［M］. 陆兵，王嘉琳，译. 乌鲁木齐：新疆人民出版社，1995.

[25] 皮耶鲁齐，阿伦. 美国陷阱［M］. 法意，译. 北京：中信出版社，2019.

[26] 钱乘旦，陈晓律. 在传统与变革之间：英国文化模式溯源［M］. 杭州：浙江人民出版社，1991.

[27] 钱满素. 美国文明［M］. 北京：中国社会科学院出版社，2001.

[28] 萨义德. 文化与帝国主义［M］. 李琨，译. 上海：上海三联书店，2003.

[29] 桑德斯. 我们的革命：西方的体制困境和美国的社会危机［M］. 钟舒婷，周紫君，译. 南京：江苏凤凰文艺出版社，2018.

[30] 斯大林全集：第8卷［M］. 北京：人民出版社，1954.

[31] 斯大林. 斯大林文选［M］. 中共中央马克思恩格斯列宁斯大林著作编译局，译. 北京：人民出版社，1962.

[32] 苏共第二十次代表大会文件汇编：下册［G］．北京：人民出版社，1956．

[33] 王立新．苏共兴亡论［M］．北京：中共中央党校出版社，2007．

[34] 王书中，等．美苏争霸战略问题［M］．北京：国防大学出版社，1988．

[35] 吴贤军．中国国际话语权构建：理论、现状和路径［M］．上海：复旦大学出版社，2017．

[36] 习近平．决胜全面建成小康社会，夺取新时代中国特色社会主义伟大胜利：在中国共产党第十九次全国代表大会上的报告［R］．北京：人民出版社，2017．

[37] 许新，等．超级大国的崩溃：苏联解体原因探析［M］．北京：社会科学文献出版社，2001．

[38] 薛中军．中美新闻传媒比较：生态·产业·实务［M］．北京：复旦大学出版社，2005．

[39] 叶书宗．勃列日涅夫的十八年［M］．北京：人民出版社，2013．

[40] 扎卡利亚．从财富到权力［M］．门洪华，译．北京：新华出版社，2001．

[41] 张焕萍．兴盛与挑战：美国话语权研究［M］．北京：中国广播影视出版社，2015．

[42] 中共中央党史和文献研究院，中央"不忘初心、牢记使命"主题教育办公室．习近平关于"不忘初心、牢记使命"论述摘编［G］．北京：中央文献出版社，2018．

[43] 列宁．列宁全集：第31卷［M］．中共中央马克思恩格斯列宁斯大林著作编译局，编译．北京：人民出版社，1986．

[44] 列宁．列宁全集：第41卷［M］．中共中央马克思恩格斯列宁斯大林著作编译局，编译．北京：人民出版社，1986．

[45] 马克思，恩格斯．马克思恩格斯选集：第1卷［M］．中共中央马克思恩格斯列宁斯大林著作编译局，编译．北京：人民出版社，2012．

[46] 马克思，恩格斯．马克思恩格斯全集：第19卷［M］．中共中央马克思恩格斯列宁斯大林著作编译局，编译．北京：人民出版社，2016．

[47] 朱京哲．深蓝帝国：海洋争霸的时代1400—1900［M］．刘畅，陈媛，译．北京：北京大学出版社，2015．

（二）期刊论文

[1] 陈海宏，赵小卓，李文. 他山之石：美国军事力量的发展与改革 [J]. 军事历史, 2016 (2)：1-10.

[2] 陈亮. 近十年来国内的北约东扩研究综述 [J]. 山东省农业管理干部学院学报, 2011 (3)：127-129.

[3] 代可. 浅谈七十年代苏联缓和外交战略 [J]. 山东省农业管理干部学院学报, 2008 (5)：150-151, 160.

[4] 方兰欣. 中国国际话语权提升的制约因素、战略机遇与核心路径 [J]. 学术探索, 2016 (9)：18-24.

[5] 高放. 苏联解体、苏共灭亡与斯大林的关系 [J]. 马克思主义与现实, 2010 (3)：161-167.

[6] 高萌. 对中央高度集权经济建设模式的改革尝试：赫鲁晓夫和勃列日涅夫时期的经济改革 [J]. 学理论, 2013 (23)：242-243.

[7] 桂立. 苏联霸权主义的形成和发展析论 [J]. 宁夏社会科学, 1999 (2)：81-88.

[8] 郭海龙. 安德罗波夫铁腕肃贪运动评析 [J]. 西伯利亚研究, 2015 (5)：71-81.

[9] 郇庆治. 理解人类命运共同体的三个重要层面 [J]. 人民论坛·学术前沿, 2017 (12)：13-20.

[10] 贾利. 当代美国的特殊利益集团、政治腐败与财富收入不平等 [J]. 广州大学学报（社会科学版）, 2016 (11)：13-17.

[11] 江涌. 中国要说话，世界在倾听：关于提升中国国际话语权的思考 [J]. 决策探索, 2010 (6)：6-9.

[12] 姜飞. 美国的传播霸权及其激发的世界范围的文化保护 [J]. 对外大传播, 2005 (4)：35-37.

[13] 李希光. 全球传播时代的议程设置与文化软实力 [J]. 中国社会科学报, 2009 (1)：5.

[14] 李燕. 勃列日涅夫时期苏共官员的腐败及社会影响：从茨维贡与苏斯洛夫之死窥探端倪 [J]. 俄罗斯学刊, 2013 (6)：81-88.

[15] 李永胜，秦汝刚. 美国金融霸权与发展中国家金融危机 [J]. 开放导报, 1999 (5)：31-33.

[16] 梁凯音. 中国拓展国际话语权的思考 [J]. 中共中央党校学报, 2009 (3)：109-112.

［17］刘火雄. 中东系列战争之2：埃及大战以色列、英法联军 第二次中东战争：喋血苏伊士运河［J］. 文史参考，2011（22）：80-83.

［18］刘吉同. 勃列日涅夫的"理论创新"［J］. 唯实，2012（11）：96.

［19］刘金源. 论近代英国霸权崛起的几个要素［J］. 历史教学（高校版），2008（7）：11-15.

［20］马龙闪. 苏联"大清洗"受迫害人数再考察［J］. 历史研究，2005（5）：160-173，192.

［21］梅冠群. 印度对"一带一路"的态度变化及其战略应对［J］. 印度洋经济体研究，2018（1）：38-57，139.

［22］潘光. 改革开放30年来的中国能源外交［J］. 国际问题研究，2008（6）：29-34.

［23］钱海红. 当前中国软实力建构中的问题和对策［J］. 对外传播，2007（4）：44-46.

［24］秦葆世. 勃列日涅夫时期苏联社会经济的发展和问题［J］. 今日苏联东欧，1983（1）：1-5.

［25］邱巍. 普京时期的俄罗斯与北约东扩［D］. 长春：东北师范大学，2009.

［26］任懿. 浅析葛兰西之文化霸权理论［J］. 社科纵横，2012（3）：124-125.

［27］容弟远. 美国是如何一步步陷入越战泥潭的［J］. 历史学习，2001（9）：16-17.

［28］盛世良. 神秘的安德罗波夫［J］. 党建，2007（10）：61-62.

［29］谭秀英. 近年来中国关于国际政治若干问题研究综述（下）［J］. 世界经济与政治，2004（7）：71-77，6.

［30］汤德森. 试评斯大林的农业全盘集体化运动［J］. 湖北大学学报（哲学社会科学版），2001（5）：11-17.

［31］汪树民. 南海仲裁案后中国面临的困境［J］. 中共云南省委党校学报，2017（6）：158-165.

［32］王立强. 苏丹奇迹与中国"话语权"［J］. 观察与交流，2008（17）：1-7.

［33］王丽丽. 论赫鲁晓夫时期的干部制度改革［J］. 西伯利亚研究，2006（2）：77-81.

［34］吴兴佐. 《反弹道导弹条约》的兴废始末［J］. 国际资料信息，2002（1）：6-12.

[35] 许海．西式民主为什么退潮［J］．前线，2017（3）：61-63.
[36] 张汉清．论20世纪世界的第三次大剧变与社会主义的前途［J］．国际政治研究，1993（1）：4-13.
[37] 张建华．国家利益视野下勃列日涅夫时期的对美关系［J］．杭州师范大学学报（社会科学版），2008（2）：73-78，87.
[38] 张建明．反腐败会影响经济发展吗？［J］．求是，2016（8）：47-48.
[39] 张曙光．近代英国霸权的两个支柱：均势政策和自由贸易［J］．传承，2009（8）：118-119，127.

（三）报刊文献

[1] 埃及总统：阿拉伯之春致100万人死亡，近万亿美元损失［N］．环球时报，2018-01-19.
[2] 奥巴马：李光耀启发了我的亚太再平衡战略［N］．参考消息，2015-03-23.
[3] 奥地利"最帅总理"被罢免［N］．环球时报，2019-05-28.
[4] 澳大利亚海军精锐尽出来南海，吓唬人还是争宠［N］．环球时报，2017-09-20.
[5] 澳情报机构指责中国渗透，将华列为"极端威胁"［N］．环球时报，2018-02-01.
[6] 边芹．话语的流向［N］．人民日报（海外版），2011-06-15.
[7] 勃列日涅夫让苏联盛极而衰［N］．中国日报，2006-12-20.
[8] 长安街知事．文在寅陷"男版闺蜜门"，与朴槿惠风波惊人相似［N］．北京日报，2019-10-11.
[9] 常红，徐祥丽，姚雪．习近平提出"人类命运共同体"重大意义之二：中国方案推动全世界［N］．人民日报，2018-01-25.
[10] 盛大创始人陈天桥向美国大学捐款1亿美元，中国科学界炸窝了［N］．第一财经日报，2020-12-12.
[11] 发生了什么？海外投资者以最快速度撤离印度［N］．参考消息，2019-09-19.
[12] 法国人为啥抛弃萨科齐？这位高调总统太能折腾了［N］．都市快报，2012-05-08.
[13] 法国这周末不好过，马克龙改革有点悬［N］．新文化报，2018-12-07.
[14] 芬兰新一届联合政府5个政党"一把手"均为女性［N］．参考消息，

2019-12-11.

[15] 高瓴资本张磊：我为什么捐款给耶鲁？[N]. 城市信报，2010-01-12.

[16] 国纪平. 中国道路的世界意义 [N]. 人民日报，2014-09-30.

[17] 胡文莉. 上任一周年，特朗普拿到"成绩单" [N]. 中国青年报，2018-01-25.

[18] 李克强与日本首相安倍晋三、韩国总统文在寅共同会见记者 [N]. 人民日报，2018-05-10.

[19] 刘迪. 印尼雅万高铁先导段全线开工 [N]. 人民日报，2016-03-24.

[20] 刘彤，林昊. 中马合作建设马来西亚南部项目正式开工 [N]. 光明日报，2018-04-03.

[21] 刘艳妮，张航. 世界新货币艰难的博弈 [N]. 证券时报，2009-04-02.

[22] 刘振民. 亲诚惠容结善缘，周边外交续新篇 [N]. 人民日报（海外版），2017-01-10.

[23] 龙昊. "碳关税"倒逼中国支付巨额排放成本 [N]. 中国经济时报，2011-03-23.

[24] 马克龙以绝对优势赢得法国大选，勒庞：祝他成功 [N]. 参考消息，2017-05-08.

[25] 马勇幼. 中老铁路项目举行开工仪式 [N]. 光明日报，2016-12-26.

[26] 美国债务总额再创历史新高 [N]. 证券时报，2019-10-09.

[27] 美国总统的"投胎技术"：政治上成功必须选好父母 [N]. 北京日报，2015-06-20.

[28] 美军焚烧叙利亚的麦田：给出了奇葩的理由，其实根本就站不住脚 [N]. 环球时报，2020-05-17.

[29] 美债破25万亿，最大买家解围，狂兜7万亿美元 [N]. 聚富财经，2020-05-28.

[30] 倪红梅. 中国提出新时期南南合作倡议广受赞赏 [N]. 经济日报，2015-09-28.

[31] 日本批准国家安全保障战略 [N]. 英国金融时报中文版，2013-12-18.

[32] 日本首相安倍晋三访问菲律宾 [N]. 光明日报，2013-07-27.

[33] 日本新政权右翼政客集体上位 [N]. 新京报，2012-12-28.

[34] 39岁马克龙成法国总统大选热门人选 [N]. 文汇报, 2020-02-08.
[35] 索博特卡出任捷克新总理 [N]. 光明日报, 2014-01-19.
[36] 陶短房. 宣布放弃"加州高铁",在美国修条高铁咋这么难 [N]. 新京报, 2019-02-12.
[37] 陶短房. 总理访印: 中印孟缅经济走廊值得期待 [N]. 新京报, 2013-05-21.
[38] 特朗普废除"童年抵美者暂缓遣返计划" [N]. 新京报, 2017-09-07.
[39] 特朗普又向"风车"开炮: "我从来都搞不懂风!" [N]. 环球时报, 2019-12-24.
[40] 特蕾莎·梅被迫辞职,英国脱欧之路在何方? [N]. 人民日报(海外版), 2019-05-25.
[41] 20万民众涌上街头,法国"黄背心运动"的台前幕后 [N]. 中国新闻周刊, 2018-12-13.
[42] 王芳. 特斯拉上海投产在即,自主新能源如何应对? [N]. 中国青年报, 2019-10-12.
[43] 王珂,许志峰,林丽鹂. 党的十八大以来扩大对外开放述评: 以更开放的姿态拥抱世界 [N]. 人民日报, 2016-02-02.
[44] 王晓枫. 李克强赴泰国签高铁,中泰铁路合作"好事多磨" [N]. 新京报, 2014-12-20.
[45] 王政淇. 习近平提出"人类命运共同体"重大意义之一: 中国智慧启示全世界 [N]. 人民日报, 2018-01-24.
[46] 卫星图告诉你,沙特石油公司遇袭有多严重 [N]. 中国日报, 2019-09-17.
[47] 吴炳新. 人类命运共同体——人本哲学的最高境界 [N]. 海峡都市报, 2018-04-26.
[48] 西方借斯局势炒作中国"债务陷阱"专家: 唯恐天下不乱 [N]. 环球时报, 2018-10-29.
[49] 西方选举政治的"圈子"现象 [N]. 北京日报, 2015-04-29.
[50] 西门子因全球行贿案被处以13.45亿美元巨额罚款 [N]. 第一财经日报, 2008-12-07.
[51] 希腊回来了 [N]. 北京商报, 2018-06-28.
[52] 习近平: 提供南南合作首期援助基金20亿美元 [N]. 新快报, 2015-09-26.

[53] 享受领袖待遇的"气候少女",通贝里真的能拯救世界吗?[N]. 新民晚报,2020-01-24.

[54] 新加坡声称南海仲裁强而有力[N]. 联合早报,2016-08-06.

[55] 新加坡再搅南海局势,李显龙与安倍共提南海秩序[N]. 环球时报,2016-09-29.

[56] 新加坡在不结盟峰会妄提南海仲裁,多国反对[N]. 环球时报,2016-09-21.

[57] 选战正在烧钱,她却筹不到款:美国非洲裔女总统竞选人宣布退选[N]. 杭州日报,2019-12-05.

[58] 颜昊. 2017年亚太经合组织工商领导人峰会在越南岘港开幕[N]. 人民日报,2017-11-09.

[59] 杨晓娜,尚明桢. 习近平会见日本首相安倍晋三[N]. 人民日报,2014-11-10.

[60] 意数十万人示威要求总理贝卢斯科尼下台[N]. 扬子晚报,2009-12-07.

[61] 印度的经济增长已经连续五个季度减速,达到2013年初以来的最低水平[N]. 国际金融报,2019-09-18.

[62] 印度经济增长持续低迷,海外投资者以最快速度撤离[N]. 新民晚报,2019-09-20.

[63] 印度骚乱持续,死亡人数升至15人,8岁男孩被踩踏致死[N]. 人民日报(海外版),2019-12-22.

[64] 印度总理莫迪抵达青岛[N]. 青岛日报,2018-06-09.

[65] 印情报局妄测中国往尼泊尔派间谍监视印度[N]. 环球时报,2009-10-02.

[66] 张建伟. 政治与法律题材的完美联姻[N]. 检察日报,2015-01-16.

[67] 中方警告外国势力不要干预香港事务,分裂图谋将被粉碎[N]. 参考消息,2019-09-11.

[68] 周良臣,任重,柳玉鹏. 中印洞朗对峙72天,为何印度主动撤出[N]. 环球时报,2017-08-29.

[69] 周琪,付随鑫. 美国政府债台高筑给世界带来什么?[N]. 人民日报,2016-12-11.

[70] 纵论七十年来历史,畅谈苏联改革问题[N]. 人民日报,1987-11-04.